# 111 GRÜNDE, FRAUENFUSSBALL ZU LIEBEN

Rosa Wernecke und Stine Hertel

111 GRÜNDE, FRAUENFUSSBALL ZU LIEBEN

Eine Liebeserklärung an den großartigsten Sport der Welt

SCHWARZKOPF & SCHWARZKOPF

INHALT

VORWORT
DIESE LIEBE IST NOCH LANGE NICHT GENUG............................... 9

1. KAPITEL
PIONIERINNEN, VERBOTE UND BRUSTPANZER – DIE STEINZEIT 13

Weil wir Fußball lieben – Weil schon Lotte Specht sagte: »Was die Männer können, können wir auch.« – Weil Lily Parr mit ihrem legendären Schuss einem Torwart den Arm brach – Weil man sogar das Überfallkommando rief – Weil Nettie Honeyball sich schon 1895 vorstellte, dass Frauen einmal im Parlament sitzen würden, und Florence Dixie darüber einen Roman schrieb – Weil Hannelore Ratzeburg einen goldfarbenen Seidenblouson trug – Weil »Eintracht Kopftuch« gegen »United Strumpfhose« spielte – Weil der Otto die Bärbel mit auf den Platz genommen hat – Weil Maribel Mario und Patricia Peter hieß – Weil ein Mann den Brustpanzer erfand und keine Frau ihn anzog – Weil Beverly Ranger keine TV-Serie ist – Weil Tina Turner mit Idgie, Keks und Krümel Fußball spielte – Weil Steffi Jones zu ihrer Mutter sagte: »Schneid mir die Haare ab, sonst bring ich mich um.« – Weil ohne Geschwister wär's einfach trister – Weil man nicht so viel Kohle ansparen kann, dass man danach sagt: »Cool, ich kauf mir jetzt 'ne Villa in Afrika, und dann ist alles tutti.« – Weil wenn etwas verboten ist, wird's trotzdem gemacht – das ist doch immer so

2. KAPITEL
REKORDE, SUPERLATIVE UND ENDLICH KÖLN – WAS WEITER GESCHAH 51

Weil Frauenfußball eine Tautologie ist – Weil wo liegt überhaupt Berlin? Wir fahren nach Köln! – Wegen des Thrills und der Torhüterin – Because it's magic – Weil der Hubschrauber seltener kommt – Weil die Mannschaft wissen will, was sie draußen taktisch umsetzen muss – Weil der Rasen grün ist – Weil das alles eigentlich ein Paradox ist, und wenn A gilt, dann gilt B – Weil das Ziel im Weg liegt – Weil Manndeckung nichts für Fußballerinnen ist – Weil zusammen ist man weniger allein – Weil wer kein Tor schießt, kann das Spiel nicht gewinnen – Weil der Ball so rund ist wie nie zuvor

3. KAPITEL
VON TORBIENEN, LÖWINNEN UND HEIKE RHEINE – IM VEREINSHAUS 83

Wegen Dem-Ernst-Kuzorra-seine-Frau-ihr-Stadion – Weil der FFC Heike Rheine nach Heike benannt wurde – Weil Bernd Schröder statt einen Broiler zu bestellen, Frauenfußball-Trainer wurde – Weil der SC 07 Bad Neuenahr ein absoluter Traditionsclub ist war – Weil Bettina Wiegmann weiß, wann man aufhören muss – Weil ein Bänderriss schließlich zum ersten Frauen-Fußball-Club Frankfurt führte – Weil in Duisburg der gute Rasen für die unterklassigen Herren geschont werden sollte und die Frauen sich das nicht bieten ließen – Weil Monika Schmidt bei 40 Grad noch den Turbo einschaltete – Weil Siegen von Gewinnen kommt – Weil das hier kein betulicher Damentreff auf grüner Wiese ist – Wegen den »Mädels mit der Riesenschusskraft« – Weil AlsRudelSindWirStark – Weil Melanie Behringer beim SC Freiburg einschlug wie eine Granate – Weil man Männern, die einem Blumen mitbringen, nicht trauen sollte – Weil Heidi manchmal gar nicht weiß, wo der Ball ist, aber sie hat ihn – Wegen des ersten Tangos – Weil beim FSV in den 90ern bunte Schuhe noch verboten waren – Weil Geld keine Tore schießt oder manchmal doch – Weil alle Ähnlichkeiten mit lebenden Personen beabsichtigt und nicht zufällig sind

4. KAPITEL
VOM MUTTERLAND DES FUSSBALLS, KLEINEN FÜSSEN UND PIAS RHYTHMUS – ODER: DON'T DARE THE HAIR! 127

Weil Michelle Akers eventuell nicht von diesem Planeten ist – Wegen Hope in der Höhle der Löwinnen – Weil Sūn Wén das Spiel lesen kann wie kaum eine andere – Weil die Skandinavierinnen auf Zack waren – Weil Nordkorea gerne mal verwechselt wird und vom Hirsch vorm Blitztod gerettet werden musste – Weil Pia Sundhages Hund Cruyff Pelé Beckenbauer heißt – Wegen der Black Queens – Weil Fußball wie Malen, Schreiben oder Singen ist: eine Kunst, die man einfach ausleben muss – Weil »Michael Jackson« Brasilien das ABC beibringen will – Weil die Dinge sich langsam ändern und die Mentalitäten auch – Weil fuck sports, let's dance – Weil Abby Wambachs Kopf und Megan Rapinoes Haare twittern können – Weil man mit Schuhgröße 34 bei der WM mitspielen und auch noch Weltmeisterin werden kann – Weil dem Frauenfußball auf die Sprünge zu helfen, perfektes, pures Glück sein kann

5. KAPITEL
VOM KAFFEESERVICE ZUR TITELVERTEIDIGUNG – ODER: WARUM HIER NICHT RUMGEMEMMT WIRD 159

Weil Marion Isbert Nerven aus Stahl hatte und verantwortlich war für den Stau in Osnabrück – Wegen Birgit Prinz – Weil Silvia Neid eigentlich einen Lotto-Toto-Laden aufmachen wollte und dann aber nicht mehr dazu kam – Weil Ulrike Ballweg die beste Frisur hat und auch sonst weiß, wie der Hase läuft – Weil niemand so schnell war wie Heidi Mohr – Weil wir den Schweizer Käse und das Staffelholz haben – Weil die WM wie ein Martini ist und geschüttelt gehört, nicht gerührt – Weil das hier eine WM ist, da wird nicht rumgememmt – Weil man sich unnütze Informationen immer noch am besten merken kann – Weil: Wer pfeift hier eigentlich? – Weil Nia Künzer im richtigen Moment den Kopf hinhielt – Wegen der »Zwanziger Jahre« – Weil da die Post abgeht – Weil Karla Kick immer noch besser war als Goleo – Weil man nie weiß, wie die Heldinnen morgen heißen

6. KAPITEL
DIE FRAGEN, DIE UNS ALLE BESCHÄFTIGEN – WAS SIND DAS FÜR MÄDCHEN UND WARUM MACHEN DIE DAS? 195

Weil Wim Thoelke schon in den 70ern alle Chauvi-Sprüche innerhalb einer einzigen Sendung verbraucht hat – Weil Auf Los Geht's Los – Weil Sabine Töpperwien keinen Bock auf Rhythmische Sportgymnastik hatte – Weil Frauen langsam kommen, aber gewaltig – Weil man beim ZDF weiß, wie man Wäsche wäscht – Weil man sich musikalisch wirklich für nichts zu schade ist – Weil immer alle glauben zu wissen, was andere zu wollen glauben, und dabei keiner so richtig weiß, was eigentlich los ist – Weil »Niedlich« die kleine Schwester von »Peinlich« ist – Weil unsere Nationalspielerinnen nebenbei Magisterarbeiten schreiben – Weil »Don't judge a book by its cover«

7. KAPITEL
WIR MACHEN ALLES, WAS WIR WOLLEN – UND JETZT IST AUCH MAL SCHLUSS MIT LUSTIG! 219

Weil manche es immer noch nicht müde sind, die Klischees zu bedienen, und wir immer noch nicht müde, sie zu belächeln – Weil man sich der kapitalistischen Ausbeutung des Spielerinnenkörpers auch verweigern kann – Weil wir ein Team sind mit Torfrau und Libera – Weil man Blatter der alten Natter dringend ein

Gatter vor sein Geschnatter knallen sollte – Weil wir im 21. Jahrhundert leben: Und der Fußball eine Scheibe ist – Weil müssen wir eigentlich wissen, wer homo oder hetero ist? Können wir nicht einfach alle lieben und sie danach verurteilen, was für ein Auto sie fahren? – Denn sie gehen zum Punkt, legen ihn hin und knallen ihn ins Eck – Weil Fußball Grenzen überwinden kann: ob undercover oder out in the open – Weil die FIFA nicht weiß, was eine Frau ist – Weil Fußball stärkt – Wegen »Lasst sie spielen« – Weil »It's not about the bra« – Weil Fußball entdecken und entdeckt werden kann

8. KAPITEL
DIE ZWÖLFTE FRAU 251
Weil das Stadion fetzt und der Fernseher nur flimmert – Weil man die ganze Schönheit nicht sieht, wenn man beide Augen zudrückt – Wegen des Aufstellungsballetts – Weil es süchtig macht – Weil der Vereinspräsident auch mal im Kassenhäuschen aushilft – Weil da wo ihr spielt, sind wir – Weil die Fans in Duisburg versuchten, ihren Verein zu retten – Weil wenn Sie unsere Frauen nicht atemberaubend finden, dann haben Sie was mit den Bronchien – Denn ich habe Männerfußball immer sehr geliebt und dennoch gehe ich fast nie mehr hin – Weil »Lasst die Fans gewahren, dass ihr arbeitet und nicht zaubert, Freundinnen« – Weil wir uns vorstellen, es ist Frauenfußball und alle gehen hin

Diese Liebe ist noch lange nicht genug

Vorwort

Um es gleich klarzustellen: Es geht hier um die wahre Liebe. Da wird nicht drum herum geredet, es geht um echte Gefühle ohne Geige und kitschige Sonnenuntergänge, sondern mit salzigem Schweiß auf der Stirn und Herzklopfen bis unters Kinn. Wer dafür nicht bereit ist, kann das Buch gleich wieder zuklappen, denn diese Liebe ist nichts für die Zartbesaiteten. Hier geht es um Existenzielles und den Sinn des Lebens, und wer uns Größenwahn unterstellt, hat absolut und uneingeschränkt recht, hier wird nicht mit Wasser gekocht und wir wollen die Rosen genauso wie das Brot. Schon Oscar Wilde ahnte, dass das mit der Liebe zum Fußball kein Klöppelverein ist, und sprach: »Fußball mag ein durchaus passendes Spiel für harte Mädchen sein, als Spiel für feinsinnige Knaben ist er wohl kaum geeignet.«[1] Man braucht eben ein dickes Fell in diesem Biz, und zugleich ist diese Liebe klug, intensiv, fürs Leben, sie hat Humor, kann aber auch sehr ernsthaft sein, verlässt dich nie, hat einen höheren Sinn und ist absolut salonfähig.

Aber mal ehrlich: Trotz all der tollen Wahnsinnigkeit ist das hier natürlich nur ein winziger, verschämter Tropfen auf den heißen Stein. 111 Gründe, ts, ts und pfff – da kann ja jeder kommen, das ist ja Pipifax und Killefitz und ein Pups und ein Sturm im Wasserglas und den Braten macht das noch lange nicht fett! Es gibt natürlich mindestens 111 Gründe zum Quadrat, den Frauenfußball zu lieben, und unser Büchlein kann nur als Prolog oder bescheidener Anschubser verstanden werden – und hoffentlich schnurstracks dazu führen, dass überall auf der ganzen Welt die Menschheit ihre komplexe Liebe zu diesem großartigen Sport laut und schwarz auf weiß kundtut.

Aber Achtung, seien Sie gleich an dieser Stelle auch gewarnt. Teil unserer Liebe ist es nämlich, bei all der Huldigung auch kritisch zu sein. Wir lieben den Sport natürlich uneingeschränkt und mit geschlossenen Augen, und wir können alle WM-Heldinnen von 2003 alphabetisch rückwärts aufsagen, wenn wir um halb fünf Uhr morgens aus dem Schlaf gerissen werden, nein, nein, da macht uns niemand was vor. Aber dieses ganze Frauengefußballere und das ganze Männergefußballere führt uns auch immer wieder beinhart und ohne Rücksicht auf Verluste vor Augen, dass das alles kein Ponyhof ist und kein Karnevalsverein, sondern ziemlich echte Wirklichkeit, inklusive Leistungsdruck, medialer Verwertung, Kapitalismus bis zum Get-no. Alles passiert direkt vor unserer Haustür, und es ist gleichermaßen zum Freuen und Totlachen wie zum Heulen und Die-Hände-über-dem-Kopf-Zusammenschlagen. Wie im echten Leben, sozusagen. Denn auch auf dem Feld ist eben nicht immer alles Friede, Freude, Eierkuchen, sondern schonungsloser Querschnitt durch Strukturen, die blöderweise immer gleich aussehen: Die Männer stehen an der Spitze und ziehen an den Fäden und die Frauen kümmern sich an der Basis um alles, meistens mit ohne viel Geld.

Und trotzdem kommt hier wieder die Liebe ins Spiel, denn wir lieben es unendlich mal fünf, dass innerhalb dieser garstigen Strukturen immer wieder Leute die Initiative ergreifen und eigene Ideen verwirklichen. Und dann schafft man Gelegenheiten und fördert und fordert, und die Unterdrückten raffen sich auf und zwar gemeinsam und zeigen den dicken Alten da oben, was 'ne Harke ist, und piesacken diese so lange, bis sie was erreicht haben und bis das Erreichte dann eingemeindet und institutionalisiert und in den Kreislauf des neoliberal-kapitalistischen Systems einverleibt wird und man fast schon wieder resigniert. Und dann entscheidet man sich um, weil es noch was zu tun gibt, dort, wo noch nichts gesagt wurde, wo es eine Stimme braucht und Hände, die mal anpacken und was verändern und verrücken, und dann geht der Kreislauf wieder von vorne los. Anstrengend und vollkommen ineffizient, was wir kleinen Menschen da manchmal tun. Aber das tut der Liebe keinen Abbruch, denn die bleibt immer da, die führt keine Listen über ihre Einsätze und macht sich nichts aus den ewigen Wiederholungen in den Kämpfen, denn alles hat, wenn man genau hinguckt, seinen Sinn, und aus der Resignation kommen neue Ideen und neue Wut und ein neuer Grund zu feiern, alles erhebt sich immer wieder neu aus der Asche, ganz wie der Phönix oder wie dieser Vogel auch immer heißt.

»Liebe ist schön, macht aber auch viel Arbeit«, wissen wir frei nach Karl Valentin.[2] Unsere Liebe hat uns ganz schön viel Schweiß gekostet, das war Hochleistungssport, umso beglückter sind wir, dass Sie dieses Buch jetzt in den Händen halten! Jeder Kreuzbandriss und jede Wadenzerrung hat sich bis hierhin gelohnt. Denn auch hier wusste schon Oscar Wilde: »Liebe ist nur ein Wort, aber sie trägt alles, was wir haben. Ohne sie wäre die Welt leer.«[3]

Rosa Wernecke und Stine Hertel

1. KAPITEL

PIONIERINNEN, VERBOTE UND BRUSTPANZER

DIE STEINZEIT

1. GRUND

Weil wir Fußball lieben

Fußball ist Sport, Taktik, ein großes Spektakel, eine diffizile Denkübung, Thriller, Spiel und bitterer Ernst. Fußball ist Konzentration, Leichtfüßigkeit und Doppelpass. Fußball ist Hackentrick und Volleyschuss. Ballstafetten und hohe Flanken. Es wird gezaubert und gerackert, es geht um Punkte, um Geld, um den Abstieg, um den Titel. Der Ball ist rund, das Tor ist eckig, die Welt ist kompliziert, Fußball auch – aber eben nicht ganz so doll wie das eigene Leben, und deshalb lieben wir es, auf und neben dem Feld zu stehen.

So mancher Fußballprofi hat schon tolle Weisheiten über den Fußball von sich gegeben. »Fußball ist wie eine Frikadelle, man weiß nie, was drin ist«, wusste schon Martin Driller. Giovanni Trapattoni setzte der Tiefsinnigkeit noch einen drauf: »Fußball ist immer Ding, Dang, Dong.« Auch Philosoph Jean-Paul Sartre hatte was zu dem Thema zu sagen: »Bei einem Fußballspiel verkompliziert sich allerdings alles durch die Anwesenheit der gegnerischen Mannschaft.«[4] Otto Rehhagel fasste die Dimension des Sports in einem Satz zusammen: »Mal verliert man und mal gewinnen die anderen.«[5]

Worum geht's eigentlich? Wenn wir von Fußball sprechen, wissen einige nicht gleich, was gemeint ist. Ein tiefer Riss spaltet immer noch die Fußballlandschaft in Deutschland, manch eine_r spricht sogar von einer Zweiklassengesellschaft.

Männer- und Frauenfußball gehören letztendlich zusammen wie Hänsel und Gretel, aber auch zusammen kann man sich mal verrennen. Die enge Verbindung zwischen Fußball und Männlichkeit ist über viele Jahrzehnte mühsam zusammengestrickt worden, auch wenn im Grunde genauso viel für die Verbindung von Fußball und Weiblichkeit spricht. Abgrenzung ist hier das Stichwort, da wird eben nicht nur gedribbelt und geflankt, gerackert und gezaubert, sondern auch das eigene sportliche Territorium behauptet. Fußball ist die Immer-wieder-neu-Behauptung von sportlicher Männlichkeit. Deshalb heißt Frauenfußball auch immer noch Frauenfußball. Denn der »richtige« Fußball wird im altertümlichen Volksdenken immer noch nur von Männern gespielt.

Das Gemeine: Spielen die Frauen »richtig« Fußball, dann sind sie keine Frauen mehr. Alles zu aggressiv, unästhetisch, mannweibisch. Spielen die Frauen, wie sie spielen wollen, dann ist es kein Fußball mehr. Dann wird es zu dem »anderen« Sport. Entweder also kein Fußball oder keine Frauen? Nee, da machen wir nicht mit, denn wir lieben Fußball genauso wie alle anderen, die Fußball lieben. Und Birgit Prinz hat es schon auf den Punkt gebracht: »Wenn jemandem Frauenfußball nicht gefällt, habe ich überhaupt kein Problem damit. Soll er ihn sich eben nicht ansehen.«[6]

Letztendlich passierte allen Menschen, die Fußball lieben, doch Ähnliches: Sie wussten eigentlich nicht so recht, wie ihnen geschah, aber eines Tages war dieser ominöse Sport, über den es so vielfältige wie tiefsinnige Definitionen gibt, unwiederbringlich mit ihrem Leben verknüpft. So etwa bei Silvia Neid, bei der Gehenlernen gleich Fußballspielen war. Oder Nationalspielerin Dagmar Pohlmann, die glaubt, mit dem Fußball auf die Welt gekommen zu sein.[7]

Lore Barnhusen, damals noch Karlowski, spielte am 23. September 1956 beim ersten inoffiziellen Länderspiel der Fußballfrauen mit – und war damals erst 16 Jahre alt. Es ging gegen eine Auswahl aus den Niederlanden, und Barnhusen machte sich zu Fuß auf den Weg nach Essen: »Wann ist man damals als Mädchen schon von zu Hause weggekommen? Wir hatten ja nicht mal ein Fahrrad.«[8] Fußball war damals schon der Geruch von Aufbruch und Freiheit. Barnhusen erntete Kartoffeln und schaufelte Kohle, um sich ihr erstes Paar Kickschuhe zu gönnen – voll und ganz selbst erarbeitet! Denn: »Fußball ist doch dat Schönste, was es gibt!«[9]

2. GRUND

Weil schon Lotte Specht sagte: »Was die Männer können, können wir auch.«

29. Januar 1930 im Gasthof »Steinernes Haus« in Frankfurt am Main. Die 19-jährige Lotte Specht aus dem Frankfurter Gallusviertel hatte in einer Zeitungsannonce fußballinteressierte Frauen dazu aufgerufen, sich mit ihr zur Gründung eines Frauenfußballteams zu treffen. Nun kamen circa 35 Frauen und gründeten den ersten bekannten Frauenfußballverein Deutschlands, den 1. Deutschen Damen Fußballclub Frankfurt. Das Steinerne Haus beherbergt heute den Frankfurter Kunstverein und Frankfurt ist mittlerweile eine Frauenfußball-Hochburg: Internationale Titel der DFB-Auswahl werden am Römer gefeiert. Lotte Specht und dem 1. DDFC Frankfurt erging es weniger gut. Nach einer kurzen Phase des Aufsehens, in der es Lotte Specht im März 1930 sogar auf die Titelseite des *Illustrierten Blatts* schaffte, wurde das Team nach einem Jahr wieder aufgelöst. Den Männern in Frankfurt und auch einigen Frauen war das sportliche Treiben der Damen auf der Seehofwiese zu wild, es wurde gelästert und gehöhnt, über Mannweiber und Suffragetten. Suffragetten? Was nach Halstabletten klingt, bezeichnete Anfang des 20. Jahrhunderts ein wichtiges Phänomen: selbst organisierte Frauenrechtlerinnen, die sich vor allem für das Wahlrecht engagierten.

Auch Lotte Specht ging es nicht vorrangig um den Spaß am Fußballspielen, auch wenn sie schon länger Anhängerin des FSV Frankfurts war. »Meine Idee, die kam nicht nur aus der Liebe zum Fußballsport, sondern vor allen Dingen frauenrechtlerisch. Ich habe gesagt, was die Männer können, können wir auch.«[10] Die »flotte Lotte« lief für den Club als Stürmerin auf und resümierte 70 Jahre später in der *Süddeutschen Zeitung*: »Damals wehte schon ein brauner Wind durch Deutschland: Die deutsche Frau, so hieß es, die raucht nicht und die trinkt nicht und die spielt erst recht nicht

Fußball.«[11] Die bösen Stimmen und Anfeindungen im Viertel und in der Presse häuften sich so sehr, dass immer weniger Spielerinnen zum Training kamen, meist von den Eltern zurückbefohlen. Einzig Helli Knoll hatte in den *Frankfurter Nachrichten* gute Worte für den 1. DDFC: »Wir Frauen treiben den Sport, den wir wollen, und nicht den, der uns gnädigst von den Männern erlaubt wird.«[12] Dass die Spielerinnen von manchen Zuschauern mit Steinen beworfen wurden, mag der letzte Grund zum Aufgeben gewesen sein. Lotte Specht wurde stattdessen Kabarettistin in Frankfurt und gründete Jahre vor Liesl Christ die erste Frankfurter Mundartbühne. Ihren Neffen Walter nahm sie regelmäßig mit zum FSV Frankfurt an den Bornheimer Hang und versuchte ihm die Abseitsregel zu erklären. Aber Walter Specht gibt zu: »Als Kind habe ich das nicht verstanden.«[13]

3. GRUND

Weil Lily Parr mit ihrem legendären Schuss einem Torwart den Arm brach

Viele denken, dass es mit den Fußball spielenden Frauen auf so richtig ernsthaftem Niveau erst in den 90er-Jahren des 20. Jahrhunderts losging – diesen Irrtum kann man nur tantenhaft belächeln. Denn natürlich weiß jedes Mädchen, dass schon Anfang des 20. Jahrhunderts echte Stars das Fußballfeld bespielten. Die Rede ist von dem legendären Frauenwerksteam »Dick, Kerr Ladies FC«. Der Name wurde von der Munitionsfabrik Dick, Kerr und Co. übernommen, in der die Spielerinnen während des Ersten Weltkriegs arbeiteten. Ursprünglich sollte lockeres Spiel zwischen den Arbeiterinnen und Arbeitern die Moral heben – die Damen schickten die Herren bei diesem Spiel locker nach Hause und gaben den Offiziellen der Firma genug Gründe, das Team weiterzuführen.

Die Dick, Kerr Ladies wurden zu Recht schnell im ganzen Land bekannt. Gleich im ersten Jahr 1917 kamen über 10.000 Zuschauer_innen zu einem Spiel! Im Goodison Park Stadion in Liverpool kamen 1920 statt der üblichen 29.000 Stadionbesucher_innen 53.000 enthusiasmierte Fans zum Spiel der Ladies; etwa 14.000 weitere wurden nicht mehr ins Stadion gelassen. Als wäre das alles aus heutiger Perspektive nicht schon verrückt genug: Die Spiele der Dick, Kerr Ladies hatten auch einen festen Platz in den Wochenschauen der Pathé News, die im Kino gezeigt wurden. Das Team unternahm Auswärtsfahrten nach Frankreich, Kanada und in die USA und erspielte dabei Tausende Pfund für wohltätige Zwecke. Und es kommt noch dicker: Das Team erfand das Flutlicht! Um auch bei Dunkelheit am Abend und in der Nacht spielen zu können (schließlich arbeiteten die Spielerinnen alle »nebenbei« noch Vollzeit in der Fabrik), baten sie das Kriegsamt 1921 um zwei Suchscheinwerfer, die für das Aufspüren feindlicher Flugzeuge benutzt wurden. Auf dem so beleuchteten Feld und erstmals mit einem weißen Ball wurde eine Auswahl der Besten Englands mit 4:0 in die Knie gezwungen.

Nun aber zu Lily Parr. Sie debütierte 1920 im Alter von 15 Jahren und spielte bis 1951 für die Dick, Kerr Ladies auf der linken Außenbahn. In dieser Zeit schoss sie sensationell über 1.000 Tore – nur Pelé kann diese Zahl noch toppen. Parr quarzte wie ein Schlot und ließ sich ihr Gehalt in Naturalien aufstocken: mit Zigaretten der Marke Woodbine, natürlich ohne Filter.

Lily Parrs linker Fuß war der Schrecken für jede und jeden, die im gegnerischen Tor stand. Die Wucht ihres Torschusses war im ganzen Land bekannt und soll immer wieder die Tornetze zerfetzt haben. Geholfen hat ihr hierbei sicherlich regelmäßiges Training im Rugby, für ihre Dropkicks war sie berüchtigt. Ihre Teamkollegin Joan Whalley schrieb über Parrs Flanken, sie seien so kraftvoll getreten gewesen, dass Whalley auf der rechten Seite bei der Ballannahme immer wieder fast ausgeknockt wurde. Bei einem Spiel in Lancashire sah Lily Parr sich einem männlichen Torwart gegenüber, der sie provozierte: Ihre Schusskraft möge für andere Frauen beeindruckend sein, er hingegen werde ihre Torschüsse mit links abwehren. Parr ließ sich nicht zweimal bitten und bratzte volle Kanne auf den Kasten. Der Keeper hätte sich besser demütig zu Boden geworfen, stattdessen probierte er die Abwehr. Resultat: ein gebrochener Arm und der legendäre Ausruf: »Bloody hell, get me to the hospital as quick as you can, she's broken me bloody arm.«[*][14] Die Einnahmen aus den Spielen der Dick, Kerr Ladies kamen stets wohltätigen Zwecken zu, unmittelbar nach dem Krieg insbesondere arbeitslosen Kriegsveteranen, aber auch lokalen Arbeiterfamilien in Not. Bei den immensen Zuschauer_innenzahlen kamen durchaus ordentliche Sümmchen zusammen. Man geht davon aus, dass die Ladies über die Jahre insgesamt über 180.000 Pfund erspielten, ein heutiger Geldwert von über zehn Millionen Pfund. Nach dem Krieg begann sich das Team für die Arbeiter_innenbewegung zu engagieren. Als es 1921 zu einer extremen Gehaltskürzung bei den Minenarbeitern und zu dem sogenannten »Lockout«, dem Ausschluss solcher, die nicht für das wenige Geld arbeiten wollten, kam, zeigten sich die Dick, Kerr Ladies wieder solidarisch und spielten drei Soli-Spiele in den besonders betroffenen Gebieten, zu denen im Schnitt 20.000 Zuschauer_innen kamen.

Die Beliebtheit des Frauenfußballs und seine Bedeutung für aktuelle politische Statements waren zu der Zeit größer, als sie es danach im Fußball je werden konnten – und diese unbequemen Frauen bereiteten dem Englischen Fußballverband FA Kopfzerbrechen. Reglementierungen und Verbote mussten her und zwar schleunigst. Ein krudes Gesetz über Buchhaltung und Barzahlungen sollte Trainer Alfred Frankland in die Handlungsunfähigkeit drängen. Das hatte allerdings nicht die gewünschte Wirkung, und kurz danach schob die FA noch ein Gesetz hinterher, das es allen Clubs des Verbandes untersagte, ihre Sportplätze für Frauenfußball

---

[*] (dt.: Verdammter Mist, bringt mich schnell ins Krankenhaus, sie hat mir den verdammten Arm gebrochen.)

zur Verfügung zu stellen. Gestützt wurde das Gesetz noch von medizinischen Gutachten, die die ernste Gefährlichkeit des Fußballspielens für Frauen betonten – und zwar vor allem, natürlich, für ihre Fruchtbarkeit. Die Frauen der Dick, Kerr Ladies waren mächtig geworden. Sie bedrohten das politische Monopol der Männer, denn sie hatten plötzlich was zu sagen.

Mit ein paar Märchen im Frack der Wissenschaft wurde das männliche Herrschaftssystem schnell wiederhergestellt. Für die Spielerinnen war die neue Regelung ein riesiger Schock, aber trotz des Verbots spielte das Team weiter. Statt in den großen Stadien vor Zehntausenden Menschen nun auf den kleinen Plätzen außerhalb des Verbandes und ab 1926 unter dem neuen Namen Preston Ladies FC.

Nachdem das Fußballteam nicht mehr von der Firma unterstützt wurde, mussten sich einige der Spielerinnen nach neuen Jobs umsehen. Lily Parr begann als Krankenschwester eines lokalen Krankenhauses zu arbeiten und lernte dort ihre Lebensgefährtin Mary kennen. Parr lebte offen lesbisch und gilt für LGBT/Q-Rechtler_innen als eine Ikone der Frauen- und Homosexuellenbewegung, in London wurde sogar der Pokal einer lesbischen Fußball-Freizeitliga nach ihr benannt. Die Frau mit dem starken linken Fuß und den Woodbine-Zigaretten spielte für die Preston Ladies, bis sie 46 Jahre alt war, und starb im Alter von 73 Jahren an Krebs.

4. GRUND

Weil man sogar das Überfallkommando rief

Schon immer war es Männern unheimlich, wenn Frauen Sport trieben. Klare Rollen sollten verteilt und eingehalten werden. Zwar gab es im antiken Griechenland Sportveranstaltungen nur für Frauen, bei den offiziellen Spielen mussten sie aber in den letzten Reihen des Stadions Platz nehmen. Über die Jahrhunderte spielten Frauen keine oder höchstens eine kleine Rolle bei Turnieren oder Spielen. Den Begriff »Sport« im Sinne der Leibesübungen und des friedlichen Wettkampfes gibt es eh erst seit dem 18. Jahrhundert, und eben seitdem sollten die Rollen klar verteilt sein. Alles, was mit Körperkontakt der Sporttreibenden zu tun hatte und später dann mit Motoren jeglicher Art, sollte den Männern vorbehalten sein. Alles, was die Anmut des Körpers in irgendeiner Art im Zentrum hatte, durfte von den Frauen betrieben werden. Auf diesem Gebiet ist der Spieß natürlich oft genug umgedreht worden, aber mit anmutigen Männern und starken Frauen lässt sich offenbar kein großer Preis gewinnen. Also zurück zu den Frauen: Tanzen, Turnen und Reiten – in Ordnung. Aber alles, was irgendwie mit Kraft, Gewalt und Aggression zu tun hat – auf keinen Fall.

Das galt auch für den Fußball als »Kampf«-Sportart. Über Jahrzehnte fand man Studien und Annahmen zur Unvereinbarkeit des weiblichen Körpers mit der kämpferischen Geste als logische Begründung für das Verbot des Frauenfußballs. Während der beiden Weltkriege kam es durch die Abwesenheit der Männer zu kurzen Emanzipationsschüben der Frauen, einschließlich dem Treiben von Sport. Nach dem Zweiten Weltkrieg und der Neugründung des Deutschen Fußball-Bundes war aber erst mal Schluss mit legalem Frauenfußball.

Eine zentrale Rolle dabei spielt der damalige DFB-Präsident Peco Bauwens, dem immer wieder eine Nähe zum Naziregime nachgesagt wird. Bauwens äußert 1955: »Fußball ist kein Frauensport. Wir werden uns mit dieser Angelegenheit nie ernsthaft beschäftigen.«[15] Offiziell erklärt der DFB etwas später: »Im Kampf um den Ball verschwindet die weibliche Anmut, Körper und Seele erleiden unweigerlich Schaden, und das Zurschaustellen des Körpers verletzt Schicklichkeit und Anstand.«[16] Einstimmig wird beschlossen, dass es Vereinen verboten sein soll, Frauenteams aufzunehmen und ihnen Sportfelder oder Schiedsrichter zur Verfügung zu stellen.

Der DFB hatte ganz Fußball-Deutschland besetzt. Ganz Fußball-Deutschland? Nein! Einige von unbeugsamen Frauen belagerte Vereine hörten nicht auf, den Usurpatoren Widerstand zu leisten. Im widerborstigen Ruhrgebiet wurden weiterhin Partien vor bis zu 10.000 Zuschauenden ausgetragen. Im Juli 1955 verabreden sich zwei Teams aus Duisburg und Essen zum Spiel, ein Platz in Duisburg ist angemietet. Doch das neue Gesetz des DFB soll diesmal durchgesetzt werden, den Frauen wird Platzverbot erteilt. Kurzerhand beschließen die Damen vom 1. DFC Duisburg-Hamborn und von Gruga Essen, auf einen benachbarten Platz umzuziehen. Das Spiel kann vor 100 Zuschauer_innen beginnen. Doch nach 20 Minuten steht plötzlich der 2. Vorsitzende des Platz-besitzenden Vereins im Strafraum und will das Spiel verhindern, als Verstärkung hat er einen Schutzmann an seiner Seite. Es bricht ein kurzer Tumult aus, das Spiel wird abgebrochen. Vor dem Sportplatz wartet sogar ein Überfallkommando der Polizei für den Fall der Eskalation. So weit muss es nicht kommen, der Widerstand der Frauen hält sich in Grenzen. »Es war diesmal nichts mit der Gleichberechtigung«, schreibt die *Westdeutsche Allgemeine Zeitung*.[17]

Doch trotz Verboten und Überfallkommandos kicken die Frauen weiter, alles natürlich inoffiziell und illegal. Zu den Spielen des Fußball-»Untergrunds« im Ruhrgebiet kommen immerhin im Schnitt 5.000 Zuschauer_innen. Und ein Jahr nach dem Polizeieinsatz in Duisburg findet in Essen das erste inoffizielle Länderspiel einer Frauenauswahl statt. Gegen eine Auswahl aus Holland kann man vor 18.000 Zuschauenden 2:1 gewinnen und die *Ruhr Zeitung* schreibt: »Dieses Spiel zeigte, dass der Damen-Fußball doch einiges Interesse erregt und dass die Sportart, die in Deutschland bisher nur den Männern vorbehalten war, auch für Frauen durchaus möglich ist.«[18]

Wieder gegen Holland geht es 1957 in München. Wieder kommen fast 18.000 Zuschauende. Der *Münchner Merkur* schreibt wohlwollend, prägt aber auch die geflügelten Worte: »Es knallten haushohe Kopfbälle von Dauerwelle zu Dauerwelle, es wurde gestoppt und gedribbelt, zugespielt und kombiniert.«[19] Die *Münchner Abendzeitung* unterstellt den Zuschauenden aber ein anderes Interesse und spricht von Zuschauern, mit Feldstechern ausgerüstet, »die eher zur Inspektion der westdeutschen und holländischen Hügellandschaften erschienen waren, als das fußballerische Kombinationsspiel der Damen zu prüfen.«[20] Die Presse und die Zuschauer_innenzahlen üben Druck auf den DFB aus, deren Funktionäre sich wegen der Ausrichtung der Spiele sogar bei dem Münchner Oberbürgermeister beschweren, man sei ihnen in den Rücken gefallen. Ein Überfallkommando zur Verhaftung des Oberbürgermeisters schickte man aber nicht.

5. GRUND

Weil Nettie Honeyball sich schon 1895 vorstellte, dass Frauen einmal im Parlament sitzen würden, und Florence Dixie darüber einen Roman schrieb

Unter den Fußballerinnen der ersten Stunde waren viele, die über den Sport hinaus politisch waren und dachten. Ob Frauenrechtlerinnen auch Fußballerinnen sein wollten, oder andersherum, jedenfalls kämpften sie sich in der den Männern vorbehaltenen Welt Schritt für Schritt vor. Feminismus und Fußball sollten dabei Hand in Hand gehen. Und das natürlich zuallererst in England, dem Mutterland des Fußballs und der Frauenwahlrechtbewegung.

Nettie Honeyball gründete 1894 den ersten Frauenfußballverein der Geschichte, den »British Ladies' Football Club«, und sagte der Zeitung *Daily Sketch* dazu im Interview: »Ich habe den Verein Ende letzten Jahres mit dem festen Vorsatz gegründet, der Welt zu beweisen, dass Frauen nicht die ›dekorativen und nutzlosen‹ Wesen sind, wie sie Männer sich vorgestellt haben. Ich muss zugeben, dass ich in allen Dingen, bei denen die Geschlechter so weit voneinander entfernt sind, auf der Seite der Emanzipation stehe, und ich freue mich auf die Zeit, wenn Frauen im Parlament sitzen werden und bei wichtigen Angelegenheiten mitreden dürfen, besonders bei solchen, die sie am meisten betreffen.«[21] Weder dekorativ noch nutzlos, sondern unabhängig auf dem Fußballfeld und auf dem Spielfeld der Gesellschaft, das Ganze am besten noch im Herrensattel. Eine Komplizin fand sie in der Frauenrechtlerin Florence Dixie, die ebenfalls den Damensattel für die absurdeste Erfindung seit dem Kuhfladen-Bingo hielt. Dixie wurde Präsidentin des Fußballclubs, einige Jahre zuvor hatte sie den Roman *Gloriana, or the Revolution of 1900* veröffentlicht, in dem die Frauen sich das Wahlrecht erkämpfen und am Ende England 1999 friedlich und wohlhabend unter einer Frauenregierung steht. Damals noch Science-Fiction, aber Dixie und Honeyball ließen sich nicht unterkriegen. Bald kamen mehrere Tausend Zuschauer_innen zu den Spielen von Honeyballs Team. Eines der größten Talente, die Goalgetterin Daisy Allen, soll damals erst elf Jahre alt gewesen sein. Weitere Gerüchte aus der Zeit: Honeyballs linkes Auge war ein Glasauge und Honeyball ein Alias, die wahre Identität lässt sich nicht mehr sicher rekonstruieren. Sie lief für ihr Team als Verteidigerin auf. Mythen ranken sich auch um Daisy Allen: Der Name ein Pseudonym und die Spielerin in echt eine gewisse Miss Gilbert? Ganz in echt aber ein Junge? Eventuell sogar der Sohn einer anderen Spielerin?[22] Das Publikum verpasste »ihm« den Spitznamen Tommy. Auf die Frage, ob das wirklich ein Mädchen sei, soll es die wunderbar queere Antwort »Ja, ist er« gegeben haben.

 6. GRUND

Weil Hannelore Ratzeburg einen goldfarbenen Seidenblouson trug

Sie erinnere sich noch gut an die erste Sitzung der Kommission für Frauenfußball der FIFA, sagt Hannelore Ratzeburg. Auf dem Gruppenfoto sticht sie in ihrem goldfarbenen Seidenblouson deutlich hervor – alle anderen auf dem Foto haben langweilige schwarze oder graue Anzüge an. 1981 fand diese Sitzung statt und Hannelore Ratzeburg engagierte sich zu dem Zeitpunkt schon seit elf Jahren für den Frauenfußball. Sie ist nämlich der heimliche Star hinter der Bewegung für den Frauenfußball, die Chewbacca der UEFA, die Gabrielle an der Seite von Xena, die Willow an der Seite von Buffy. Xena und Buffy sind in dem Vergleich die in Schale geworfene, aber etwas dümmliche FIFA. Hannelore Ratzeburg zieht schon seit über 40 Jahren die eigentlichen Fäden hinter dem Rücken der greisen Funktionäre. Und drängelte sich dabei nie in den Vordergrund, außer in ebenjener ersten Sitzung, in der sie den goldenen Seidenblouson trug. *All eyes on her!*

Mit 19 Jahren fing Hannelore Ratzeburg in Hamburg mit dem Fußball an und zwar im Stadtteilverein von Eimsbüttel – als Spielerin, Trainerin und Schiedsrichterin. Schon damals übernahm sie Verantwortung und forderte auf der Mitgliederversammlung bessere Trainingsbedingungen. »Nehmt euch vor solchen Frauen in Acht!«, soll eines der betagten Vorstandsmitglieder gezetert haben.[23] Hannelore ließ sich nicht beirren, sondern direkt in den Vorstand wählen. Von da an sollte sie den Kampfplatz für die Rechte der Fußball spielenden Frauen nicht mehr verlassen. Ohne Hannelore Ratzeburg hätte es zum Beispiel erst sehr viel später ein Nationalteam gegeben. 1979 ging es bei der UEFA um die Abstimmung, entweder einen europäischen Vereinswettbewerb (die heutige Champions League) oder eine Europameisterschaft der Länder auszurichten. Ratzeburg drängte auf den Ländervergleich, denn die Vereine hätten einen europäischen Wettbewerb zu dem Zeitpunkt finanziell noch nicht stemmen können. Die Herren gingen davon aus, dass das Turnier sich nicht nachhaltig etablieren würde, und nannte die Teams vorsichtig »nationale Repräsentativmannschaften«. Am 10. November 1982 durfte Ratzeburg dann 31-jährig mit all den berühmten und wichtigen Herren im VIP-Bereich das erste offizielle Länderspiel gegen die Schweiz verfolgen, der Beginn einer rasanten Entwicklung. Hätte ihr damals jemand prognostiziert, dass die Nationalelf bei der WM, der EM und bei den Olympischen Spielen ganz weit vorne mitspielen würde – sie hätte sich wahrscheinlich auch gegen die Stirn getippt.

Aber Hannelore Ratzeburg blieb nie untätig. Gleich die dritte Europameisterschaft der Frauen 1989 holte sie nach Deutschland. Zum ersten Mal wurde Frauenfußball live im Fernsehen übertragen und zum ersten Mal kommentierte eine Frau – Sabine Töpperwien. Deutschland gewann das Halbfinale gegen Italien, das Finale sollte in Osnabrück stattfinden. Im ausverkauften Stadion an der Bremer Brücke konnte das Team aus der Bundesrepublik Deutschland die Titelverteidigerinnen aus Norwegen mit 4:1 bezwingen. Im offensiven Mittelfeld dabei: Silvia Neid. Mit einem Titel hatte der DFB anscheinend überhaupt nicht gerechnet und rannte schnell noch zu Karstadt: Jede Spielerin erhielt ein Kaffeeservice als Prämie. In seinem Dankesbrief schrieb DFB-Präsident Hermann Neuberger: »Im kleinsten Kreise des Präsidiums haben wir uns darüber Gedanken gemacht, wie wir Ihnen persönlich als Anerkennung wohl am besten eine Freude machen könnten.« Und am Ende: »Schon heute wünsche ich Ihnen eine gute Zustellung ohne Bruch.«[24] Meinte er es ernst oder hatte der Mann Humor? War das eine Alternative zum Hals- und Beinbruch? Hannelore Ratzeburg bekam übrigens kein Kaffeeservice.

Das *Hamburger Abendblatt* titelte 1995 »Stürmt Männerbastion«, da wurde Hannelore Ratzeburg als erste Frau in den DFB-Vorstand aufgenommen.²⁵ 2014 ist sie immer noch die einzige Frau (sic!). Übrigens geschah all das immer auf ehrenamtlicher Basis. Ratzeburg hatte bis 2007 noch einen »echten« Beruf, sie war Vorschullehrerin. Bei der WM 2003 musste sie erst noch auf die Schulferien warten, um dann schnell in den Flieger zu springen und dem deutschen Team hinterherzureisen. Seit Herbst 2007 ist die 60-Jährige Vizepräsidentin und erste Frau im Präsidium des DFB, da bleibt jetzt wirklich keine Zeit mehr für einen anderen Job. Sollte sie aber doch mal ein Mußestündchen haben, würden wir wirklich gerne mal mit ihr schnacken. Was die alles weiß! Frau Ratzeburg, wir schwören: Wenn Sie sich auch nur fünf Minuten mit uns unterhalten, kaufen wir uns dafür beide extra einen goldfarbenen Blouson.

7. GRUND

Weil »Eintracht Kopftuch« gegen »United Strumpfhose« spielte

Einige hatten wahrscheinlich die Nacht vorher durchgemacht, als sich am 1. Januar 1968 zum ersten Mal in Hamburg zwei Frauenteams zum Duell trafen. In Wilhelmsburg fand statt, was als »Juxspiel« in die Geschichte eingehen sollte.²⁶ Zwei Jahre vor der Aufhebung des Frauenfußballverbots hatten Frauen aus der Gymnastikabteilung des TSC Viktoria Wilhelmsburg und die Handballerinnen von ESV Einigkeit Lust auf Kicken. Spontan gründeten sich »Eintracht Kopftuch« und »United Strumpfhose«, Endstand 3:2 vor immerhin 500 Zuschauer_innen. Andere Frauen von Vereinen aus Wilhelmsburg und der Veddel gründeten weitere Spaßvereine: Bald reihten sich »FC Schürze«, »SV Minirock« und »Borussia Bluse« zu einem Turnier ein. Man könnte sagen, die Frauen haben damals notgedrungen erfunden, was sich heute als sogenannte »Bunte Liga« in Deutschland als Alternative zum Vereinssport etabliert hat.

Dass das Ganze in Hamburg stattfand, war auch nicht weiter verwunderlich. Die Stadt war ein Schmelztiegel in allen Belangen der 68er. Straßenschlachten, sexuelle Revolution und auf St. Pauli mingelten die unterschiedlichsten Subkulturen zwischen Politik, Musik und Kunst. Tatendurstig wurde aus dem Spaßturnier für den guten Zweck 1970 die erste inoffizielle Hamburger Frauenmeisterschaft.

Ein Team vom FC St. Pauli durfte natürlich nicht fehlen und mit viel Hartnäckigkeit gelang es den Handballerinnen, den Vereinsvorstand von der Idee zu überzeugen. Das Team konnte zwar die Favoritinnen von HT 16 und Lorbeer Rothenburgsort bei den Stadtmeisterschaften nie übertrumpfen, hatte aber bald einen Ruf und entsprechendes Publikum. Stars waren die Gitarristin Monika Hoppe und die Schlagzeugerin Regina Gronenberg von der Band »The Kids«. Zeitweise kam zu den Spielen mehr Publikum als zu den Spielen der Männer und schließlich wurde den Spielerinnen sogar ein Tag in der Woche die vereinseigene Sauna überlassen. Doch die Stimmung blieb nicht lange ungetrübt, der Verein störte sich an den Treffen der Spielerinnen in der »Frauenkneipe« Camelot und erwirkte schon nach einem Jahr die Auflösung des Teams wegen Spielerinnenmangel.

8. GRUND

Weil der Otto die Bärbel mit auf den Platz genommen hat

Es gibt sie eben doch, die tollen großen Brüder. In den 50er-Jahren, als die Ablehnung von Fußball spielenden Frauen so richtig ausbrach und der DFB »aus ästhetischen Gründen« den Frauen unter Androhung von Strafen das Spielen verbot, kam die zehnjährige Bärbel Wohlleben eines Tages nach Hause, nachdem sie beim Nachbarn ein Fußballspiel im Fernsehen gesehen hatte, und rief: »So! Ich möchte jetzt auch Fußball spielen!«[27] Glücklicherweise wuchs sie in einer sportaffinen Familie auf und Bruder Otto nahm sie gleich mit zum Sportplatz. Als Aufnahmeprüfung musste Bärbel sich im Sand der Weitsprunganlage erst mal im Ringen gegen die anderen Jungen beweisen, und weil sie die Hälfte der Ringkämpfe für sich entscheiden konnte, wurde sie aufgenommen. Bis zur C-Jugend durfte Bärbel Wohlleben mit den Jungs kicken, dann war es erst mal vorbei mit dem Fußball. Die sportlich ehrgeizige Bärbel betrieb weiter Leichtathletik und spielte Handball im Nachbardorf. Erst mit 26 Jahren erfuhr sie 1969 von dem Frauenteam des TuS Wörrstadt und stieg sofort ein. In die Frauschaft und nicht die Mannschaft, versteht sich. Es folgte der erste Meisterinnentitel, gegen Eintracht Gelsenkirchen-Erle. Ihr Tor zum 3:0 wird zum Tor des Monats gewählt und »Fräulein« Wohlleben in die Sendung der *Sportschau* zur Plakettenübergabe eingeladen – soviel mediales Interesse gab es bis dato noch nie für den Frauenfußball! Welch Glück also, dass Otto die kleine Bärbel damals mitnahm.

Das waren die 50er, aber auch in den 90er-Jahren können einem große Brüder noch gut zur Seite stehen. Fatmire Alushi, geborene Bajramaj, hatte einen solchen Bruder. Flakron spielte auch in dem Verein, in dem Fatmire heimlich kickte. Um das Geheimnis vor dem Vater zu schützen, der das Hobby der Tochter zunächst nicht erlauben wollte, sprachen sich die Geschwister für die Spieltage ab. Heute ist Alushi Welt- und Europameisterin. Ebenfalls von ihren großen Brüdern mitgeschleppt wurden die Nationalspielerinnen Sonja Fuss und Anja Mittag. Anne van Bonn, zwischen 2001 und 2011 im Kader des FCR 2001 Duisburg, wollte damals eigentlich nur dem Spiel ihres Bruder zuschauen. Es hatten sich aber so viele Spieler verletzt, dass der Trainer die kleine Anne fragte, ob sie nicht aushelfen könne. Sie spielte mit und blieb seitdem dabei.

Back to the fifties und zu einer anderen Anne: Anne Trabant war von klein auf auf dem Sportplatz zu Hause. Der Vater spielte selber, die Tochter durfte an den Spieltagen mit und bei den Jungsmannschaften mittrainieren. Doch das Verbot des DFB zwang sie wie Bärbel Wohlleben zu einer Pause, obwohl sie sogar besser spielte als die meisten ihrer gleichaltrigen Mitspieler. Erst im Sportstudium fing sie wieder mit dem Fußball an und wurde in den Folgejahren eine der erfolgreichsten Spielerinnen Deutschlands. Und nicht nur das, sie wurde auch Gründungsmitglied der Frauennationalmannschaft 1982 und natürlich deren erste Spielführerin. Spielführerin nach Trabants Rücktritt wurde Rike Koekkoek. Auch sie hatte Unterstützung bei der Sportwahl, allerdings diesmal nicht vom Bruder. Eigentlich schon voll auf Leichtathletik eingeschossen, wurde sie von ihrer Sportlehrerin doch noch zum Fußball überredet.

9. GRUND

Weil Maribel Mario und Patricia Peter hieß

Damals, meine Kinder, damals, als die Philosophen noch dachten, man müsse nur weit genug segeln und würde dann schon über den Rand der Erde ins Nirwana fallen, damals, ja, damals war Frauenfußball verboten. Die Aussprecher des Verbots hatten allerdings wohl nicht mit der überdurchschnittlichen Schläue und Gewitztheit einiger Frauen gerechnet. Einige unbeugsame Frauen ließen sich nicht von den naiven Gesetzesgebern unterkriegen, sondern legten sie selbst aufs Kreuz. Und zwar ganz subtil und ohne großes Aufsehen – sie gaben sich einfach Jungsnamen und spielten bei den Jungs mit.

Und das ist überhaupt nichts Neues. Schon seit Jahrhunderten haben sich Frauen als Männer ausgegeben, wenn Männer ihnen die Teilnahme an etwas verweigern wollten. Das fing ganz simpel damit an, dass man sich mal besser 'ne Hose anzog, wollte man alleine das Haus verlassen – alles andere wäre zu gefährlich gewesen. Zu Kriegszeiten war es auch extrem ratsam, als Mann verkleidet in Hosen rumzulaufen, um Vergewaltigungen zu entgehen. Und ganz generell: Wurde man als Mann wahrgenommen, hatte man freien Zutritt in alle Bereiche der Gesellschaft.

Wenn sich heutzutage Frauen als Männer ausgeben, dann heißt das »drag« und bedeutet, Geschlechterrollen zu hinterfragen. Wer oder was macht uns eigentlich zu Mann und Frau? Warum soll es Kleidung, Gesten, Verhaltensarten geben, die nur dem einen oder anderen Geschlecht vorbehalten sind? Wer hat uns überhaupt diese Grenzen auferlegt und wie können wir mit ihnen spielerisch umgehen? Eine spielerische Art der Selbstermächtigung ist sicher auch auf dem Fußballplatz oft geschehen, auch wenn es für Frauen, die sich als Männer in den verbotenen Sport einschlichen, zunächst um einen ganz pragmatischen Trick ging: Für 90 Minuten wechselten sie ihr Geschlecht und ließen sich damit selbst zu einem Spiel zu, das ihnen eigentlich nicht zugänglich war.

Die Nationalspielerin Patricia Brocker, geborene Grigoli, nahm die Rolle von Peter an. »Wir waren damals zwei Mädchen im Ort, die Fußball gespielt haben. Die eine hieß Paul und ich eben Peter. Man hat das einfach nicht hingenommen, dass die Mädchen unter ihrem Namen dort gespielt hätten.«[28] Ihre Teamkollegin und ebenfalls Europameisterin Birgitt Austermühl hieß in ihrem Spielerpass erst noch eine Weile Bernd, bevor die Ausnahmegenehmigung beim hessischen Fußballverband durchging. »Dann durfte ich offiziell mit meinem Mädchennamen in der Jungenmannschaft spielen.«[29] Und das war natürlich nicht nur in Deutschland immer wieder ein Weg für Mädchen, die Regeln und Verbote zu umgehen. Maribel Domínguez zum Beispiel, Mexikos bekannteste Spielerin, fing mit zehn Jahren an zu spielen; zunächst unter dem Namen Mario im Jungsteam. Als sie zwei Jahre später zu den Mädchen wechselte, kam es wegen ihrer burschikosen Art und ihrem großen Können zu dem Verdacht, sie könne tatsächlich ein Junge sein. »Als eine Instruktorin es tatsächlich wagte, sie aufzufordern, ihre Hose runterzulassen, um zu beweisen, dass sie eine Frau sei, antwortete Maribel: ›Einverstanden, aber nur, wenn Sie gleichzeitig dasselbe tun.‹«[30] Mittlerweile ist sie die Rekordspielerin und natürlich auch Rekordtorschützin der mexikanischen Landesauswahl. Domínguez bekam 2004 sogar einen Vertrag bei einem mexikanischen Zweitligateam der Männer, alles war schon abgemacht und unterzeichnet, die FIFA und Sepp Blatter gaben ihr aber nicht die Spielerlaubnis. Man war der Meinung, dass es eine klare Trennung zwischen den Wettbewerben der Männer und der Frauen geben solle. Maribel: »Ich wollte lediglich eine Chance bekommen. Mir ist durchaus bewusst, dass die Männer kräftiger und schneller sind als ich. Wenn es nicht geklappt hätte, wäre ich die Erste gewesen, die gesagt hätte: Ich kann es nicht, es geht nicht. Aber ich hätte es zumindest versucht.«[31]

10. GRUND

Weil ein Mann den Brustpanzer erfand und keine Frau ihn anzog

Unbeugsam spielten Frauen und Mädchen nun schon seit mehr als 15 Jahren im Schatten des offiziellen Verbots Fußball: Mit gehöriger Verzögerung mussten die Funktionäre des DFB die Popularität des Sports unter Mädchen und Frauen akzeptieren und entschieden 1970, das Verbot aufzuheben. Eigentlicher Grund für das Zurückziehen des Verbots war aber vor allem die Angst, dass die Frauen sich in einem eigenen Verband organisieren und dem DFB somit Konkurrenz machen könnten. Und diese Vorstellung mochten die Herren vom Deutschen Fußball-Bund gar nicht. Dann doch lieber das Ganze unter eigener Fuchtel und Kontrolle. Die Zahlen sprachen schnell für sich: Schon zwei Jahre nach Ende des Verbots hatte der DFB offiziell 111.579 weibliche Mitglieder und 1.788 Frauenfußballteams im Verband.

Ein ebenso hartnäckiger wie unseriöser Mythos begleitet aber die Fortschritte des Frauensports bis weit in die Legalität hinein:

Die über Jahrzehnte so emsig verbreiteten Informationen über die gesundheitlichen Gefahren für Damen beim Fußballsport ruft auch in den 70er-Jahren noch engagierte Erfinder auf den Plan. Im Zentrum steht natürlich die Brustpartie, zu deren Schutz schon die DFB-Schlaumeier in den Damenfußballregeln empfehlen und erlauben, den Ball mit angelegten Händen abzuwehren, Handflächen nach innen. Der Düsseldorfer Geschäftsmann Hans Mehrbrey geht noch einen Schritt weiter und meldet 1974 einen Spezial-BH als Patent an. Die Körbchen bestehen aus stoßelastischem Schaumgummi. Leider erweist sich die tolle Erfindung als unpraktikabel und wird nicht in die Massenproduktion gegeben.

Trotzdem sorgt man sich nach wie vor um die Frau. Das »schwache Geschlecht« soll geschont werden – also gibt's kürzere Halbzeiten, der Ball soll auch leichter sein als normal und Stollenschuhe sind verboten. Der ehemalige Hertha-Profi Uwe Witt prophezeit den Damen extreme X- und O-Beine. Schon 1894 spielt man beim ersten Frauenverein in England den schüchternen Herren zuliebe mit Kopfbedeckung und Rock über den Knickerbockern. Anfang des 20. Jahrhunderts sorgt man sich immerhin schon um die gesundheitlichen Folgen der kultivierten weiblichen Schwäche. Man empfiehlt den schwindsüchtigen, nerven- und haltungsschwachen jungen Frauen der Korsett-Generation leichte häusliche Gymnastik, spielerische Rumpfbeugen und – für Fortgeschrittene – Anheben der Beine nach vorne. Kennen die Damen vom Flanieren, ist also so weit noch kein Angriff auf ihre natürliche Eleganz, denkt der zeitgenössische Medizinmann. Sportlicher Ehrgeiz steht natürlich immer noch auf einem anderen Blatt – man warnt weiterhin vor der Gefahr, »dass durch Springen oder Beinspreizen die Sexualorgane der Mädchen aus ihrer Lage gebracht werden, dass Turnen einen dicken Hals, breite Hände, kurz Mannweiber zur Folge hat, dass die Teilnahme an Turn- und Spielfesten Schwächung des weiblichen Züchtigkeitsgefühls und Verminderung der Liebe zum stillen häuslichen Wirken bedeutete.«[32] Um Himmels willen, das stille häusliche Wirken, dieses zarte Pflänzchen, galt es natürlich unter allen Umständen zu bewahren. Die ganze Sache ufert dann aber völlig aus: Die gymnastifizierte Hausfrau entwickelt sich mit dem Wandel des Frauenbilds in den 20er-Jahren zum »Sportsgirl«. Die Abwesenheit der Männer im Ersten Weltkrieg hat den Frauen viel abverlangt, macht aber auch ihre Eigenständigkeit und Belastbarkeit unübersehbar. Vom grazilen Schwung am Turnring aus werden die Ruderbänke und sogar die Hockeyfelder anvisiert, man muss den Damen erste Sportabzeichen zugestehen.

Der Emanzipationsschub nach dem Ersten Weltkrieg ist, wie wir wissen, ein wichtiges, aber kurzes Vergnügen und verschwindet in Kurz-vor-Nazideutschland hinter der »ureigensten Aufgabe der Frau, der Mutterschaft«[33]. Wenn es also zu diesem Zeitpunkt den weiblichen Körper zu bewegen gilt, dann nur zur Kräftigung der Frau, die gebärt, erzieht und ihre Söhne zur Armee schickt. Natürlich geht es nicht nur um die Sicherung der vaterländischen Fruchtbarkeit, sondern auch, wie immer, um die heilige weibliche Anmut oder, denn man ist ja nicht oberflächlich, um die »Würde des Weibes«[34].

Aber auch vollkommen jenseits totalitärer Strukturen bleibt der Sport lange ein Bereich, in dem Ideologie, Zeitgeist, Religion und alle denkbaren gesellschaftlichen Regelwerke sichtbar und wirksam werden und dabei immer wieder auf wunderliche Weise auf den Körper der Sportler_innen Bezug nehmen.

Noch 1986 wollten die Herren des DFB nicht, dass die Frauen mit Werbung auf den Trikots spielten. Die Slogans würden durch die Anatomie der Frau zu sehr verzerrt und das Ganze würde sich dadurch nicht lohnen. Wettbewerbsverzerrung? Skandal!

Manchmal geht's den Herren, manchmal auch den Damen, vom Vereinsvorstand, von der Regierung oder von der Tribüne vielleicht einfach ein bisschen zu schnell mit der Welt. Dass es sich aber nicht lohnt, wegen jedem Furz gleich einen Herzinfarkt zu kriegen und erst mal ein restriktives Gesetz zu erlassen, sehen wir an der Eisenbahn: Als die Eisenbahn erfunden wurde, versetzte sie viele Bürger in Angst und Schrecken. Man befürchtete, dass die horrende neue Reisegeschwindigkeit den Körper des Reisenden – und all seine Koffer dazu – in seine Einzelteile zerlegen könnte, eine Fahrt mit der Dampflokomotive und der arme Fahrgast sei mit einem lauten Knall dahin. Ist bis heute nicht passiert. Und übrigens, ums mal abschließend zu sagen, wir kennen einige SEHR anmutige Frauen, manche von ihnen spielen sogar Fußball.

11. GRUND

Weil Beverly Ranger keine TV-Serie ist

Es wäre ein spitzenmäßiger Name für ein altmodisches, aber actionreiches TV-Format mit Motorrad-Verfolgungsjagden und heißen Männern und Frauen mit Schulterpolstern. Der Name gehört aber, und es ist eigentlich unfassbar, dass das nur den wenigsten bekannt ist, einer der wichtigsten Wegbereiterinnen des deutschen Frauenfußballs.

Beverly Ranger, an einem nicht genau bekannten Tag Anfang der 50er-Jahre in Jamaikas Hauptstadt Kingston geboren, kommt über London, Fußball im Park, Watford F.C. und allerlei Fußballreisen Anfang der 70er schließlich nach Deutschland. Sie wird Teil einer Entwicklung, aus der erst 15 Jahre später die Bundesliga entstehen wird, und muss zunächst mit dem arbeiten, was Frauenfußball in Deutschland 1970 zu bieten hat: Es ist immerhin nicht mehr verboten, aber die Infrastruktur ist schlecht, die Spielzeit kürzer, im Winter darf überhaupt nicht gespielt werden. Beverly Ranger spielt zunächst beim SV Bubach/Calmesweiler, wechselt aber bald zum Bonner SC, wo sie mit Anne Trabant kickt und 1975, bei der zweiten Meisterschaft überhaupt, mit ihrem Team den Titel holt. Von da an geht es rund, nicht nur für Beverly Ranger, sondern auch für den Frauenfußball:

Als zweite weibliche Spielerin schießt Ranger im Juni 1975, in der Qualifikation zur Meisterschafts-Endrunde, das Tor des Monats. Ein ziemliches Ereignis, ein Medienhit und ein großartiges Solo quer durch fünf Abwehrspielerinnen und eine Torhüterin. Absurderweise kommt dieses Tor des Monats, da es noch keine Frauen-Bundesliga gibt, aus der Mittelrheinliga, die Vorrunde zur Meisterschaft wurde zu dem Zeitpunkt auf der Ebene der Landesverbände organisiert.

Beverly Ranger wird mit diesem Tor im Grunde zum ersten Star des deutschen Frauenfußballs. Sie bekommt einen Sponsorenvertrag mit Puma und ein regelmäßiges Gehalt vom Verein und kann sich als erste Spielerin weitgehend durch ihr Fußballspiel finanzieren.

Damit ist sie zu dem Zeitpunkt allein auf weiter Flur, und Medien und Publikum sind noch nicht ganz sicher, wie sie mit der Pionierin des Frauenfußballs umgehen sollen. Auch die *Sportschau* muss ran und steigt zielsicher in den größten Fettnapf, der sich finden lässt: Ernst Huberty wirkt etwas verschüchtert, als er sich im Gespräch über Fußball mit einer schwarzen Frau wiederfindet. Er beginnt die Verleihung der Medaille zum Tor des Monats mit den Worten »Schön und kaffeebraun sind alle Frauen aus Kingston Town, Sie sind der lebende Beweis, Beverly Ranger, herzlichen Glückwunsch, Sie sind die Torschützin des Monats.«[35] Wahnsinn, der biedere Knilch hakt rassistische, sexistische und chauvinistische Oberflächlichkeit schon in der Anmoderation vollständig ab. Beverly Ranger bleibt freundlich und sagt brav ihre Fußballidole auf, Huberty beendet die Schulstunde mit »Na fein!« und legt dem Star des deutschen Frauenfußballs nahe, sich eine Kette aus der Medaille machen zu lassen, die könne sie sich dann um den Hals hängen.

Beverly Ranger fällt auf, im Deutschland der 70er, wo man in die Emanzipation gerade erst hineinstolpert und Frauenfußball noch nicht bundesweit, geschweige denn international gedacht wird. »Es sollte wohl exotisch wirken«, sagt sie später trocken über die missglückte Medaillenverleihung. »Es war aber nicht unbedingt nötig, es konnte ja jeder sehen, dass ich dunkelhäutig bin.«[36] Ist was dran. Trotzdem sparten auch die Printmedien nicht mit Spitznamen – »schwarze Perle« und »braune Bomberin« hielt man für besonders geistreich, dabei hätte uns »Beverly Danger« vielleicht mehr über ihr Spiel erzählt.

1976 wechselt sie zusammen mit Anne Trabant zur SSG Bergisch Gladbach und holt 1977 erneut den Meistertitel – natürlich ist sie als Torschützin beteiligt. Vor dem Ende ihrer Karriere spielt »Danger Ranger« noch für den TuS Niederkirchen und für die Offenbacher Kickers, nach ihrem verletzungsbedingten Rückzug aus dem Profisport wandert sie in die USA aus. Sie verschwindet weitgehend aus der Öffentlichkeit und beginnt, als Lehrerin zu arbeiten. 2011 meldet sie sich noch einmal beim DFB, weil sie als Gast zur WM anreisen möchte. Der DFB, der dank Pionierinnen wie Beverly Ranger mittlerweile über eine Bundesliga, wachsende Sponsorenkontakte und eine erfolgreiche Frauen-Nationalmannschaft verfügt, antwortet nicht.[37] Vielleicht hatten die Herren irgendetwas zu tun, was wichtiger war als ein Gespräch mit dem ersten Star des Frauenfußballs – wir wünschten, die Nachricht wäre bei Hannelore Ratzeburg auf dem Tisch gelandet.

12. GRUND

Weil Tina Turner mit Idgie, Keks und Krümel Fußball spielte

Spitznamen für Fußballspieler_innen gibt es schon, seit man gegen den Ball tritt. Die liebevollen, absurden, komischen, manchmal auch etwas fiesen Kosenamen gehören in den Jargon genauso wie das Tiqui-taca oder die Doppel-Sechs. Und natürlich gibt es solche auch im Frauenfußball. *Simply the best* – Tina Theune kann auf eine Menge Erfolge blicken. Als erste Frau erlangte sie die DFB-Fußballlehrerlizenz und löste 1996 den Nationaltrainer Gero Bisanz ab. Sie wurde Weltmeisterin, Europameisterin und Frau des Jahres 2006. Wer verdient da nicht den Spitznamen Tina Turner?! Auch musikalisch ist der Spitzname von Melanie Behringer: Mel B. wird sie genannt, wie viel das aber genau mit »Scary Spice« Mel B. zu tun hat, ist bislang noch unklar. Passender wäre wohl »Ginger Spice« oder »Sporty Spice« gewesen. Wobei, vor Mel B.s gewaltigem Torschuss kann es einem schon unheimlich werden. Im EM-Finale 2009 knallte sie einen solchen Schuss aus 35 Metern ins linke Lattenkreuz – das brachte ihr verdientermaßen das Tor des Monats ein.

Der Spitzname von Renate Lingor kommt aus dem Film *Grüne Tomaten*, einem ihrer Lieblingsfilme. Die toughe Hauptfigur heißt Idgie Threadgood, eine emanzipierte Powerfrau. Nicht weit entfernt also von Renate »Idgie« Lingor, die fast alle möglichen Titel gewann, für ihre Technik und ihre brillanten Freistöße bekannt war und die Rolle der Regisseurin einnahm. Dafür wurde sie als »weiße Brasilianerin« bezeichnet, ist aber bei all dem Ruhm wohl auf dem Boden geblieben. »Idgie, den Trick von Marta kannst du auch!«, rief Martina Müller während der WM 2007 im Hotelzimmer. »Ich mach so einen Firlefanz nicht«, erwiderte Lingor.

Einen Doppelspitznamen haben Birgit Prinz und Sandra Smisek. Auch alleine jeweils geniale Spielerinnen, so doch zusammen einfach der totale Wahnsinn. »Keks und Krümel« heißt das Duo mit Torgarantie. Intuitiv, fast blind verstanden sich beide auf dem Spielfeld. Krümel bereitet vor, Keks macht das Tor. Von 1992 bis 98 wirbelten die beiden für den FSV Frankfurt und erzielten in der Saison 95/96 zusammen phänomenale 48 Tore! In der Meisterschaftssaison 97/98 kamen sie zusammen auf 43 Tore, belegten Platz eins und zwei in der Torjägerinnenliste.

Bekannt ist Tanja Vreden vor allem im Norden als erfolgreichste Spielerin der HSV-Frauen. Seit 1995 spielte sie für den Sportverein und blieb ihm bis 2009 treu. Vredens Spitzname ist »Makrele« und rührt daher, dass sie beim Länderpokal in Duisburg als Jugendliche gerne ausgiebig beim kalten Buffet zulangte. Bekannter ist Steffi

Jones, ihres Zeichens OK-Präsidentin für die Frauenfußball-WM 2011. Da sie eigentlich Stephanie heißt, ist Steffi natürlich auch schon ein Spitzname. Über die Jahre gab es noch Schoko, Mops und Jonsi. Letzteres gefiel ihr selbst immer am besten. Die Spitznamen von Kim Kulig: Kimi, Keimling und Checksned.[38] Letzteres mag eventuell etwas damit zu tun haben, dass sie öfter mal auf dem Schlauch steht? Wir wissen es nicht.

Auch die Nationalteams haben natürlich schillernde Spitznamen. Die Engländerinnen heißen logischerweise »Löwinnen«, die Nigerianerinnen spielen als »Super-Falken«. Aus Flora und Fauna kommen die Spitznamen von Japan und Neuseeland: Es spielen die »Nelken« und die »Fußball-Farne«. Mit etwas mehr Nachdruck das Team aus China: die »Stahlrosen«. Ein absoluter Insider ist der Spitzname von Nordkorea: »Chollima« ist ein Fabelwesen, ein Pferd mit Flügeln, das 1.000 Meilen laufen kann. Und der Spitzname des Teams aus Äquatorialguinea macht auch was her: »El Nzalang« bedeutet »der Blitz«. Aber nicht zu schlagen, so einprägsam wie Furcht einflößend ist der Spitzname der Fußballfrauen aus Kolumbien: »Las cafeteras« – die Kaffeekannen.

13. GRUND

Weil Steffi Jones zu ihrer Mutter sagte: »Schneid mir die Haare ab, sonst bring ich mich um.«

Und Kleider wollte sie auch nicht mehr. Puppen und Poesiealben waren doof. In echt wollte sie auch lieber ein Junge sein, Knirps Jones; da war die Kurzhaarfrisur schon mal ein erster Schritt. Kurze Haare sind heute nicht mehr spektakulär, mittlerweile kann auch mit wallender Mähne der Ball getreten oder der lästige Chauvinist weggezopft werden, dafür ist keine Verkleidung Pflicht. Trotzdem sind manchmal deutliche Zeichen nötig, um das Mitspracherecht von Frauen sichtbar zu machen und darauf zu beharren. Zugegeben: Asymmetrische Mecki-Frisen und Vokuhilas sind aus heutiger Sicht ein hoher Preis für geistige Eigenständigkeit – aber sie waren ganz sicher einmal hilfreiche bis widerborstige Weggenossen für Frauen und Mädchen, die gegen familiäre und gesellschaftliche Widerstände eigensinnige Dinge tun wollten. Sie haben mancher fetzigen Braut vom Hirn her den Rücken gestärkt und gehören auch jetzt und von uns nur mit Liebe verspottet.

Steffi Jones kam jedenfalls zu ihrer neuen Frisur und ins Jungsteam vom SV Bonames in Frankfurt. Vom Talent oder Aussehen her fiel sie nicht auf, die Jungs waren gut frisiert, Jones auch. Dass es auch reine Mädchenteams gab, wusste sie zu der Zeit (1976) noch gar nicht. Erst mit zwölf ließ sie sich schließlich von Monika Staab zur Mädchenmannschaft der SG Praunheim holen, die zu dieser Zeit eines der besten Teams im Rhein-Main-Gebiet hatte. Steffi Jones wurde Stammspielerin in der ersten Mannschaft und knüpfte eine enge Verbindung zum Verein. Praunheim und Frankfurt blieb sie immer treu, wenn sie auch ab und zu kleine Ausflüge zu anderen Clubs unternahm: Praunheim – FSV Frankfurt – Praunheim – TuS Niederkirchen – Praunheim – FSV Frankfurt – Bad Neuenahr – 1. FFC Frankfurt (vorher Praunheim) – Washington Freedom – FFC Frankfurt. 2007 beschreibt sie in ihrer Autobiografie[39] die harten Anfangsjahre. »Negerlein« und »Krollekopp« waren noch die harmloseren rassistischen Äußerungen auf dem Bolzplatz. Gleichzeitig ist auch ihre Familie immer wieder eine Herausforderung. Ihr Bruder Christian gerät ins Drogenmilieu und wird abhängig. Jones finanziert ihn eine Zeit lang mit, hat Jobs als Putzfrau, Zeitungsausträgerin, Verkäuferin, Barkeeperin, Kassiererin und Supermarkt-Leiterin: »Auch als Nationalspielerin musste man sehen, wo man bleibt.«[40] Ihr zweiter Bruder Franky verliert als US-Soldat beide Beine im Irak.

Steffi Jones beißt sich durch: »Ohne ihn [den Fußball] hätte ich keine Karriere machen können, ohne ihn hätte ich mich nicht früh gegen Jungs durchsetzen können, ohne ihn hätte ich nicht so viele Erfolgserlebnisse gehabt.«[41] Großes Vorbild ist lange Zeit Martina Voss, Jones wollte so werden wie ihre spätere Nationalteamkollegin. 1997 wird sie selbst mit dem Nationalteam Europameisterin und zur besten Abwehrspielerin des Turniers gewählt. Sie spielt eine kompromisslose Libera, wird immer wieder mit Franz Beckenbauer verglichen, nicht zuletzt weil beide auch den Job der OK-Präsidentin beziehungsweise des OK-Präsidenten zu den Weltmeisterschaften ausübten. 2001 muss sie vorzeitig aus dem Nationalteam zurücktreten – ihr Arbeitgeber macht die vielen Fehlzeiten nicht mehr mit. 2003 gibt es ein tragisches Comeback. In der Vorrunde der WM verletzt sie sich, Diagnose: Kreuzbandriss. Steffi Jones kommt 2004 erneut zurück, holt mit dem Team Bronze bei Olympia, 2005 noch mal den EM-Titel und hört nach dem Algarve Cup 2007 endgültig auf. »Auch wenn andere sagen, dass ich passabel gespielt habe, reicht mir das nicht. Mein Anspruch ist es, vorneweg und nicht nur mitzulaufen.«[42]

Jetzt läuft sie vorneweg beim DFB. Nach ihrer erfolgreichen Tätigkeit für die WM 2011 bietet der Verband ihr die neu geschaffene Direktion für Frauen- und Mädchenfußball an. Bis dato war das – Achtung – Teil des Arbeitsbereiches »Breitensport und Ehrenamt.« Die Eigenständigkeit mit Steffi Jones als Direktorin ist ein weiterer Schritt zur Professionalisierung des Frauenfußballs.

Steffi Jones wird auch nach ihrer aktiven Karriere auf dem Feld zu einer wichtigen Person der Fußballöffentlichkeit. Ihr Privatleben behält sie lange sehr für sich, spart auch in ihrer Autobiografie jeden Hinweis aus. Tanja Walther-Ahrens fragt in *Seitenwechsel*[43]: Wann gibt es in Deutschland die erste Nationalspielerin, die offen und selbstverständlich mit ihrem Lesbischsein umgeht? Jones: »Das kann ich nicht beantworten. Weil letztlich jeder Einzelne ganz persönlich entscheiden muss, wie er damit umgeht.« Stimmt – aber es wäre auch nicht verkehrt, wenn die Umgebung solchen Entscheidungen Raum und Respekt zugestehen würde. 2013, zwei

Jahre nach ihrer Funktion als WM-Repräsentantin, zeigt sie sich erstmals mit ihrer Freundin Nicole Parma in der Öffentlichkeit, im Juni 2014 heiraten die beiden und aus Nicole Parma wird Nicole Jones. Jetzt wissen wir also doch Bescheid. Und freuen uns, dass die wichtigen Leute beim DFB eben doch nicht nur dicke alte heterosexuelle Männer sind.

14. GRUND

Weil ohne Geschwister wär's einfach trister

Es kann der absolute Horror sein: Man hat endlich die coolsten Mädels aus der Klasse zu Besuch, sich ein heftig geniales Spiel ausgedacht – und die zwei Jahre jüngere Schwester hängt einem plötzlich am Feinrippunterhemd-Zipfel, nörgelt rum, dass sie mitspielen will, und blamiert einen bis auf die Knochen. Kann passieren. Kann aber auch völlig anders kommen. Kann nämlich auch sein, dass es das absolut Schönste auf der Welt ist, mit seiner kleinen Schwester im Gepäck, deren großes Vorbild man ist und die alles so macht wie man selbst, durch die Straßen zu ziehen und als unverwundbares Duo die Nachbarschaft unsicher zu machen. Man spricht natürlich eine Geheimsprache, die sonst niemand versteht, vor allem nicht die Eltern. Man fürchtet sich vor gar nichts, nicht vor dem Nachbarshund und vor allem nicht vor den doofen Jungs vom Spielplatz. Und wenn irgendwer der Schwester was Blödes sagt oder tut, dann prügelt man sich in echter Straßenmanier, um sie zu beschützen. Die kleine Schwester wird also mitgeschleppt, auch auf den Fußballplatz, selbst wenn ihr das alte Bayern-Trikot noch bis in die Kniekehlen reicht. Sie hat die ausrangierten und völlig überdimensionierten Schienbeinschoner und Stutzen an, allein schon weil die von der großen Schwester sind. Und wenn die große Schwester sich freiwillig ins Tor stellt, damit die kleine Schwester Torschüsse üben kann, dann ist die so stolz wie Bolle. Wenn beide bei den Jungs mitspielen, dann sind sie ein gefürchtetes Duo, denn die Schwestern wissen immer intuitiv, wo die andere steht und was sie vorhat.

Auf diese Weise haben es manche Schwestern bis in die Bundesliga geschafft. Pia und Tina Wunderlich sind eins dieser torgefährlichen Gespanne, sie stiegen gemeinsam bis in die Nationalmannschaft auf. Pia ist zwei Jahre älter und begann mit sieben Jahren im Verein zu kicken. Tina machte es ihr ein Jahr später nach. Pia wurde Mittelfeldspielerin, Tina fokussierte sich auf die Abwehr, Tore aber waren gemeinsame Sache. Neid oder Konkurrenzdenken gab es zwischen den Schwestern nicht, die am liebsten immerzu zusammen spielen wollten. 1994 konnten sie diesen Wunsch wahr machen, vorher mussten sie wegen des Altersunterschiedes immer in unterschiedlichen Teams spielen. Bei der SG Praunheim und später beim 1. FFC Frankfurt feierten die Wunderlichs bis 2010 sämtliche Erfolge – UEFA-Cup, Meisterschaft, Pokal. Tina hält außerdem einen recht wunderlichen Rekord: Zwischen 1998 und 2008 hat sie in zehn Pokalendspielen immer die 90 Minuten durchgespielt. Pia kann dagegen mit einem verrückten Tor aufwarten: Im Halbfinale des UEFA-Pokals 2004 verwandelte sie in der 71. Minute einen Eckball direkt! Spektakulär, diese Schwestern. Wenn man genauer hinguckt, ist der magische Geschwister-Angriff auf dem Platz aber keine Seltenheit, sondern vielmehr eine bewährte Waffe.

Da gibt es die Geschwister Pohlmann, die schon seit ihrer Geburt alles zusammen machen. Mit acht Jahren traten sie kollektiv dem Verein bei und lehrten den Gegner mit der Pohlmann'schen Flügelzange das Fürchten. Gemeinsam ging es zum FSV Frankfurt, mit 15 gaben beide ihr Bundesliga-Debüt. Erst ganz oben trennten sich die Wege von Kerstin und Dagmar Pohlmann: Nur Dagmar schaffte es in das A-Nationalteam und wurde 1995 Europameisterin. Für Turbine Potsdam stürmten die Kerschowski-Zwillinge, die als Quereinsteiger zum Fußball kamen. Monique Kerschowski hatte gute Aussichten auf eine Leichtathletikkarriere, als sie ein Knorpelschaden im Knie zurückwarf. Alternative: Fußball. Die eine Minute ältere Schwester Isabel machte mit, und sie brachten die gegnerische Abwehr völlig durcheinander. Immerhin tragen beide freundlicherweise eine Narbe auf der Stirn, Isabel vertikal, Monique horizontal – der Übersicht halber. Man muss dem Gegner ja eine Chance lassen. Monique beendete 2012 wegen anhaltender Knieprobleme ihre Karriere, Isabel stürmt heute für den VfL Wolfsburg.

Für all diejenigen armen Geschöpfe, die kein feinrippunterhemdzupfendes Schwesterchen rechtzeitig mit auf den Rasen gezerrt haben und sich ganz allein im Sturm durchschlagen müssen, kann es also bisweilen brenzlig werden auf dem Platz. Nicht jede bewahrt ruhig Blut, wenn die fürchterlichen zwei mit der Geheimsprache um die Ecke biegen. In der Schweiz gibt's daher auch Schiedsrichterinnen mit Spezialqualifikation: Nicole und Dominique Petignat sind nicht nur außerordentlich erfolgreich im Männer- wie im Frauenfußball, sie sind auch Zwillinge. Die kennen alle Tricks.

 15. GRUND

Weil man nicht so viel Kohle ansparen kann, dass man danach sagt: »Cool, ich kauf mir jetzt 'ne Villa in Afrika, und dann ist alles tutti.«

Diese Worte von Torfrau Nadine Angerer aus der Dokumentation *Die besten Frauen der Welt* werden wohl noch einige Zeit lang ihre Gültigkeit behalten. Von den Millionen, die die Herren in der Bundesliga scheffeln, sind die Frauen weit entfernt. Ein direkter Vergleich wäre der von Bastian Schweinsteiger und Kim Kulig. Beide spielen auf derselben Position in der Nationalelf. Bastian Schweinsteiger verdient im Jahr schätzungsweise 13 Millionen Euro, Kim Kulig kommt auf etwa 60.000. *Der Spiegel* rechnet: Kulig verdient in einem Jahr so viel wie Schweinsteiger in anderthalb Tagen.[44] Solche

Vergleiche mögen an den Haaren herbeigezogen sein, schließlich gehe es um zwei unterschiedliche Welten – und offenkundig um unterschiedliche Währungen. Kulig muss aber überhaupt nicht gegen Schweinsteiger antreten, um zu untermauern, was ohnehin sonnenklar ist: Schweinsteiger, der arme Kerl, der wirklich nur ein Beispiel ist, ist hoffnungslos überbezahlt.

Relativ gut situiert und mit diversen Werbeverträgen ausgestattet ist Lira Alushi, *formerly known as* Lira Bajramaj. Sie wechselte zur Saison 14/15 zum französischen Club Paris Saint-Germain, an dessen Spitze immerhin ein echter Scheich aus Katar steht, und verdient sicher eine sechsstellige Jahressumme (offizielle Zahlen gibt es nicht). Die meisten Spielerinnen betreiben den Sport aber eher als gut bezahltes Hobby, bei dem sie zufällig olympische Leistungen aufs Parkett legen. Kerstin Garefrekes etwa arbeitet bei der Stadt Frankfurt in der Verwaltung, Birgit Prinz ist Diplom-Psychologin. Célia Šašić, geborene Okoyino da Mbabi, studierte Kulturwissenschaften, Saskia Bartusiak Sportwissenschaften. Fast alle Spielerinnen haben, im Gegensatz zu den männlichen Kollegen, Abitur und gehen Berufen nach, um für die Zeit nach dem Fußball zu sorgen.

Ging das früher noch in die unterschiedlichsten Richtungen (Kamerafrau, Physiotherapeutin, Polizistin), gibt es mittlerweile zwei Modelle, den immer größer werdenden professionellen Trainingsanspruch und eine berufliche Perspektive zusammenzubringen. Das eine Modell ist die Bundeswehr. Als Sportsoldatin in der Sportfördergruppe hat man wenig mit der Armee zu tun und wird quasi für intensiven Drill und Training bezahlt. 70 Prozent trainieren, 30 Prozent marschieren, wie man so schön sagt. Verlockend und deshalb auch für viele der richtige Weg, darunter Fatmire Alushi (Dienstgrad: Stabsgefreite), Simone Laudehr und Bianca Schmidt (Dienstgrad: Unteroffizierin). Das andere Modell ist die Unterstützung durch einen fußballfreundlichen Arbeitgeber, schließlich muss man bei großen Turnieren einige Wochen am Stück dem Arbeitsplatz fernbleiben. Besonders gut funktioniert das natürlich bei Vereinen, die einen Konzern hinter sich stehen haben, wie bei den Werkteams vom VfL Wolfsburg und Bayer 04 Leverkusen. Verena Faißt wird bei VW ausgebildet, Martina Müller arbeitet als Bürokauffrau beim VfL und beide spielen zufällig auch noch für den VfL Fußball.

Geld verdirbt den Charakter, sagt man. Wir halten das aber erst ab einer bestimmten, streng subjektiv gesehen übertriebenen Menge für wahr. Es ist ganz sicher keine Überforderung, ein bisschen mehr, als man ausgeben kann, monatlich auf irgendwelchen Konten rumzuschieben, ohne dabei in ein tiefes Fass Drogen zu fallen oder sich mit der Kohle in die Schweiz zu verlaufen. Aber irgendwo wird's offenbar gefährlich: Wer zu viel davon hat, will entweder noch mehr oder noch unmoralischer damit umgehen. Lionel Messi wird der Steuerhinterziehung verdächtigt, Uli Hoeneß ist bereits im Knast. Das Lebensmotto des Profis George Best trifft wohl auf viele Fußballmillionäre zu: »Ich habe viel Geld für Alkohol, Frauen und schnelle Autos ausgegeben, den Rest habe ich einfach verprasst.«[45] Ähnlich erging es Eike Immel: »Ich habe einige Autos zu Schrott gefahren und für meine Porsche und Mercedes viel Geld ausgegeben, aber für hübsche Frauen, ehrlich gesagt, noch mehr. Von Autos wirst Du nicht arm. Ein Auto hat ja immer einen gewissen Restwert. Wenn die Frau weg ist, kriegst Du nichts mehr.«[46] Cristiano Ronaldo setzt auch nicht gerade auf Nachhaltigkeit und kauft sich immer wieder teure Autos, die er dann zu Schrott fährt. Außerdem besitzt er zur Regeneration eine kostspielige Kältekammer, die ihn auf minus 200 Grad abkühlen kann. Didier Drogba hat sich stattdessen eine Goldmine angeschafft, leider fiel seither der Goldpreis um 15 Prozent. David Beckham hat sich mal ein Sandwich für 72 Euro geleistet und seiner Frau einen Dildo für über eine Million geschenkt, *why not*. Wo gehobelt wird, da fallen halt auch Späne.

Solche Ausrutscher gibt es im Frauenfußball nicht, es wird weniger Holz verhobelt, dafür fehlt einfach die Kohle. 1989 gab's für den Europameisterinnentitel nur ein Kaffeeservice als Prämie, für den EM-Titel 2013 immerhin 22.500 Euro pro Nase. Der WM-Titel 2007 brachte sogar 50.000 Euro pro Person ein. Vielleicht genug, um etwas zu sparen, aber eben nicht für die Villa Tutti. Jedes zusätzliche Sponsoring war lange Zeit etwas Besonderes, erzählt Sandra Smisek: »Früher, als ich das erste Mal von adidas ausgestattet wurde, habe ich mich gefreut wie ein kleines Kind. Das war wie Weihnachten. Im Laufe der Zeit war das dann nicht mehr nur eine kleine Tasche, sondern eine große, dann wurden es zwei Taschen.«[47] Warum auch nicht? Wenn's nach uns geht, gibt's nächstes Jahr sogar DREI.

16. GRUND

Weil wenn etwas verboten ist, wird's trotzdem gemacht – das ist doch immer so

Das wäre ja gelacht – als ob wir uns ernsthaft von anderen vorschreiben ließen, wo die Grenzen sind! Hannelore Ratzeburg hat, wie fast immer, ganz recht. Wenn einer ein unsinniges Verbot ausspricht, macht man es einfach trotzdem.[48] Vielleicht heimlich, vielleicht aber auch offen und so, dass es alle mitbekommen und das Verbot irgendwann aufgehoben werden muss. Als der DFB und all die anderen Verbände auf der Welt den Frauen das Fußballspielen verboten, da passierte zum Glück genau das. Gekickt wurde trotzdem und ausdauernd, egal ob man beleidigt, ausgelacht, bespuckt oder von der Polizei aufgegriffen wurde. Doch auch in der Legalität wurden die Hürden nicht kleiner. »25 Jahre Frauenfußball im DFB sind 25 Jahre Widerstand«, sagt die Pionierin Monika Koch-Emsermann.[49] Und trotzdem: Die einzigen Grenzen, die hier zählen, sind die Spielfeldlinien und auch da darf man drüber, denn dann ist Einwurf.

Verbotener Fußball war kein Luxushobby, das ist mal klar – noch weniger, als es die unterfinanzierte Nachwuchsförderung im legalen

Frauenfußball der letzten Jahrzehnte ist. Widerstand verlangt Improvisation und ziemlich viel Fantasie. Gab's in den 50ern keinen Ball, wurde mit einem zusammengebundenen Stoffball gepölt. Da wurden Straßenecken zu Stadien, Hölzchen zu Pfosten und die Mitspielerin nach dem entscheidenden Tor vor dem imaginären Publikum zum Star. Auch nach der Legalisierung verbesserte sich die Infrastruktur nur langsam, Einschränkungen und Verbote blieben weiterhin hartnäckig bestehen. Man wehrte sich lange erfolglos gegen kürzere Halbzeiten und endlich erfolgreich gegen das Stollenverbot. Christa Kleinhans, Rechtsaußen bei Fortuna Dortmund, Jahrgang 1937, wollten all die Einschränkungen einfach nicht in den Kopf: »Warum erlauben sich diese Männer, uns den Fußball zu verbieten?«[50] Sie jedenfalls trug das Modell »La Plata« von adidas, das Nonplusultra zu der Zeit und natürlich gerade gut genug für die Füße der Goalgetterin.

Rebellion verlangt aber nicht nur Beharrlichkeit, sie macht auch viel Arbeit – für viele der Pionierinnen blieben nur ein paar Stunden Schlaf nach dem Spieltag und schon musste man wieder los, seinen Beruf ausüben. Für die kleineren Rebellinnen war es ein fortwährender Kampf gegen Kleider und anderen hinderlichen Mädchenkram. Wenn die Zeit zum Umziehen fehlte, musste man peinlicherweise im Rock auf den Platz, und wenn der Herr Pfarrer vorbeikam, war es manchmal besser, sich zu verstecken.[51] Mit Puppen hatten viele kleine Torjägerinnen leider gar nichts am Hut, auch wenn einige Mütter es immer wieder versuchten. Sehr wahrscheinlich wäre das Interesse gewachsen, wären Puppen verboten gewesen. Und die ein oder andere Lüge musste auch mal sein. Doris Fitschen, Jahrgang 1968, versprach ihren Eltern hoch und heilig, sie würde mit 16 aufhören – mit 17 spielte sie immer noch, und zwar längst im DFB-Trikot.[52] Auch die Stars von heute mussten übrigens teilweise noch heimlich kicken. Fatmire Alushi zum Beispiel schlich sich zum Training, weil der Vater ihr das Spielen vorerst nicht erlauben wollte. Die kleine Lira fälschte underground-like auch hier und da eine Unterschrift, um am Schulturnier teilnehmen zu dürfen. Da wurde geschummelt und erschlichen, mit harten Bandagen und offenem Visier gekämpft, und natürlich ging es immer um mehr als nur um die Frage, ob ein paar Mädchen mit auf den Bolzplatz gehen dürfen. Nämlich um Aufstand und Revolution: Krieg den Stadien, Plätze für alle! Plätze denen, die sie brauchen! Sie haben die Macht, aber wir haben den Ball! Plätze her, aber flink, sonst streichen wir die FIFA pink! Unter dem Pflaster liegt der Rasen! Kommste rein, kannste mitspielen! Und überhaupt: Jede Frau und jeder Mann – jedermensch so gut er kann!

2. KAPITEL

REKORDE, SUPERLATIVE UND ENDLICH KÖLN

WAS WEITER GESCHAH

17. GRUND

Weil Frauenfußball eine Tautologie ist

Dem Fußball ist es egal, wer ihn spielt. Ob klein, ob groß, alt oder jung. Es braucht nicht viel, eigentlich nur ein rundes Spielgerät und Mitspieler_innen oder mindestens eine Wand, gegen die man kicken kann. Mit genügend Fantasie funktioniert es sogar, die Flanken eine Weile mit dem imaginierten Luftball zu schlagen. Nicht umsonst ist Fußball zum Spiel der Arbeiter_innenklasse geworden, weil es eben fast gratis ist. Arbeiter_innen der 20er-Jahre kommen aus den Fabriken und spielen erst mal eine Runde Golf? Viel zu teuer! Aber wenn jemand einen Ball dabeihatte, konnte sofort losgekickt werden, von Frauen, Männern und allem dazwischen gleichermaßen.

Dem Ball ist es also egal, wer ihn kickt. Der Spruch wird gerne und viel im Kontext der Anti-Diskriminierungs-Kampagnen der Fußballverbände angebracht. Vorrangig Rassismus und Antisemitismus sind laut diesen Kampagnen immer noch große Probleme im Fußball.[53] Aufmerksam wurde man in den 90er-Jahren, als sich im Stadion immer mehr rechte Gruppierungen breitmachten.[54] Es dauerte dann noch bis 2004, als die FIFA den sogenannten »Ethik-Kodex« verabschiedete. Darin heißt es: »Offizielle, Spieler und Spieleragenten dürfen nicht auf diskriminierende Weise handeln, insbesondere nicht im Hinblick auf ethnische Zugehörigkeit, Rasse, Kultur, Politik, Religion, Geschlecht oder Sprache.«[55]

Es fehlt zwar noch der Zusatz »sexuelle Orientierung«, erstmals wird aber neben Rassismus und Antisemitismus auch das Problem des Sexismus thematisiert. Demnach würde es heute Sanktionen geben gegen etwa Gerd Müller, der seiner Frau das Fußballspielen nicht erlaubt hätte, weil er es für richtiger hielt, sie hinter den Kochtopf zu verweisen. Gegen Sepp Herberger, denn: »Fußball ist keine Sportart, die für Frauen geeignet ist, eben schon deshalb, weil er ein Kampfsport ist.«[56] Gegen Uwe Witt, für den die Fußball spielende Frau ein Scheidungsgrund wäre. Gegen Berti Vogts, der sich auch gegen den Damenfußball aussprach. Gegen Rudi Völler, der folgende Beleidigung für einen Schiedsrichter parat hatte: »Pfeif doch Frauenfußball!«[57]

Es ist vermutlich soweit klar geworden, dass eine Ergänzung des FIFA-Ethik-Kodex nicht verkehrt wäre. Kommen wir aber wieder zurück zum Anfang und zum Grund des Ganzen. Frauenfußball ist eine Tautologie. Fußball ist Fußball, egal wer spielt. Heißt es denn Männerfußball? Andererseits – wie sollen wir sonst etwas auseinanderhalten, was anscheinend auseinandergehalten werden will? Ist am Ende und streng genommen Frau und Mann auch eine Tautologie? Spielt Mensch Fußball? Tautologie bedeutet schließlich nichts weiter, als »dasselbe sagend«. Fußball ist also Fußball – eine Tautologie. Frauenfußball ist Fußball – eine Tautologie. Die Wortspiele hin oder her, die bestehenden Spielregeln unserer Gesellschaft verlangen doch nach wie vor die Unterscheidung. Deshalb heißt das Buch ja auch *111 Gründe, FRAUENfußball zu lieben*. Damit die Gerd Müllers und Co. Bescheid wissen.

Außerdem: Insgeheim lieben wir Tautologien. Ein weißer Schimmel ist eben irgendwie viel weißer als ein Schimmel. Und eine La-Ola-Welle ist auch viel welliger als lediglich die La Ola. Doppelt hält besser, denn der Ball ist schließlich rund. Und vom Feeling her haben wir auch ein gutes Gefühl. Außerdem, wie Yūki Ōgimi treffend feststellte: »Ein Ergebnis ist ein Ergebnis.«[58]

18. GRUND

Weil wo liegt überhaupt Berlin? Wir fahren nach Köln!

»Köln! Köln! Wir fah-ren nach Köln!« Ja, okay ... Zugegebenermaßen geht das nicht so leicht über die Lippen wie das altbekannte

»Berlin! Berlin! Wir fah-ren nach Berlin!« Noch dazu wird einem das enervierende »Da simmer dabei«-Gegröle aufgezwungen, ob man will oder nicht. Aber abgesehen davon, lassen wir auf Köln nichts kommen! Genauer gesagt: Wir lieben den DFB-Pokal und wir lieben Köln. DFB-Pokal in Köln kann also nur Geburtstag und Weihnachten in einem sein! Bedenke man vor allem, was wir bis dato alles aushalten mussten.

Bis 2010 fand das Pokalfinale als schlecht gelittenes Vor-Spiel zum großen Männerfinale statt, die Teams liefen als unbekannte Vorbands auf, zu deren Auftritt nur eine Handvoll Menschen kamen, eine gnädig akzeptierte Ouvertüre, ein Prolog, der irgendwie alle eher zu langweilen scheint, der Vorspann, während dessen man sich, ohne was zu verpassen, noch Popcorn holen kann, ein überflüssiges Präludium und … Nun gut, hören wir hier mal auf mit der Schilderung unseres Martyriums. Fakt ist, dass der Höhepunkt der Pokalrunde rund 25 Jahre lang in einem fast leeren Olympiastadion stattfinden musste, in dem jedes Raunen oder gar jeder Anfeuerungsruf an den unbesetzten Plastiksitzschalen vor, neben und hinter uns zerschellte. Die Tickets galten schließlich für beide Partien und 99 Prozent der Zuschauenden bequemten sich erst pünktlich nach Abpfiff des ersten Finales ins Stadion. Noch dazu waren die Karten natürlich heiß begehrt und schnell ausverkauft, eingefleischte Frauenfußballfans mussten früh dran sein, einiges an Knete hinblättern oder gute Kontakte zu den Finalteilnehmerinnen pflegen, um überhaupt an Tickets zu kommen.

Und auch die Medienvertreter interessierte das Spiel wenig bis gar nicht, falls sie überhaupt wussten, wer da eigentlich auf dem Feld steht. »Ich bin dafür, dass sich die Spielerinnen in der Mixed Zone Namensschilder umhängen«, witzelte ein Berliner Boulevardjournalist, der zum Stimmensammeln dann doch nicht an den Spielfeldrand gegangen war, weil er Angst hatte, den Anpfiff des Männerfinales zu verpassen.«[59] Und egal wer da eigentlich gegen wen spielte, sobald die Ultra-Fans der Herren sich schließlich im

Stadion eingefunden hatten, ging es akustisch nur noch um das Spiel des Abends. Am aberwitzigsten ist aber die Regeländerung im Falle eines Unentschiedens nach 90 Minuten: Aus »organisatorischen Gründen« – aka Das-Männerfinale-darf-auf-keinen-Fall-also-wirklich-unter-keinen-Umständen-später-angepfiffen-werden – wurde auf die übliche Verlängerung verzichtet und es ging gleich, zack, zack, zum Elfmeterschießen. So etwa geschehen im Finale 2007 zwischen Frankfurt und Duisburg, bei dem Duisburg gen Ende am Drücker war und in der Verlängerung eventuell aus dem Spiel heraus noch die Führung erzielt hätte. Hätte, hätte, ist die Schwester von Anette. Frankfurt gewann das Elfmeterschießen und wurde zur Rekordpokalsiegerin.

Aber wer will heute noch wissen, wo es nach Berlin geht? Seit 2011 heißt unsere Liebe Köln. Denn: Nie wieder ohne Verlängerung und nie wieder nur als Vorprogramm! Nie wieder Berliner Olympiastadion und nie wieder blöde Tartanbahn! Nie wieder dumme Sprüche von dummen Männerfinalefans in dummen Trikots und mit dummen Bierbechern in ihren dummen Händen! Nie wieder Siegerehrungen irgendwo am Rande und nie wieder ohne Ehrenrunde! Nie wieder kalte Bratwurst und nie wieder keine Ahnung! Nie wieder blinzeln und nie wieder etwas darauf geben! Nie wieder aufgeben und nie wieder einen anderen Haarschnitt als Megan Rapinoe! Nie wieder ohne Köln!

19. GRUND

Wegen des Thrills und der Torhüterin

Nach dem Spiel, ob Sieg oder Niederlage, spricht man bei der Frage, warum alles so kam, wie es kam, früher oder später immer von der Teamleistung. Das ist bei einem Teamsport vollkommen vernünftig, wird aber über das Sachliche hinaus auch als Geste erwartet: WIR haben Druck gemacht oder nicht, WIR haben Chancen ergriffen oder verpasst. Sogar auf der Ersatzbank oder im Trainerkabäuschen sind alle mitgefangen, mitgehangen – weil jede zuarbeitende Aktivität genauso spielentscheidend sein kann wie der Torschuss selbst. Das wird in der TV-Interview-Evaluationssprache immer sehr deutlich gemacht, und diese Beschwörung der Gemeinschaft in der Öffentlichkeit gehört sicherlich zu den magischen Mechanismen, die das Team am Laufen halten. Trotzdem gibt es auch auf dem Fußballfeld einsame Momente, und keine Position ist in dieser Hinsicht so speziell wie die der Torleute.

Wir nehmen vorweg – für diejenigen, die gerade Atem holen, um uns mit Feldspielerinnenverantwortungsklugscheißerei unsere Ode an die Torhüterin zu vermiesen: Völlig klar, auch im Teamsport braucht man verantwortungsvolle Spieler_innen, da werden Situationen erkannt, Lösungen auch mal spontan entwickelt, körperliche Wettkämpfe ausgefochten und überhaupt läuft ohne die Feldspielerinnen gar nix (Tore zum Beispiel). Das Spiel wird gemeinsam bestritten, die Leistung der Mannschaft entscheidet darüber, ob man gewinnt oder verliert. Aber der besondere, entscheidende Moment des Spiels, der Torschuss, betrifft eben immer die Torhüter_innen. In diesem Moment liegt die Entscheidung in der Hand mit dem Handschuh – oder fliegt dramatisch an ihr vorbei.

Wie irre wichtig dieser Posten ist, spürt man immer in den wenigen Momenten, in denen eine Torhüterin während des Spiels den Kasten verlässt. Das kann schon bei der Ballverteilung ein bisschen aufregend sein. Besonders laut schrillen die Alarmglocken aber, wenn der Ball schon im Spiel ist und die wagemutige oder verzweifelte Keeperin das schutzlos ausgelieferte Törchen für einen letzten großen Schlag in der 90. Minute verlässt. Da werden die Grundsäulen ins Wanken gebracht, auf denen die Reste unserer Fußballfan-Contenance ruhen, das ist, als wenn die Chefstürmerin sich die Schnürsenkel zusammenknotet oder der Schiri mit Schlafbrille aufs Feld marschiert. Mit dem großen Unterschied, dass es erlaubt ist, und dass wir uns über den kleinen Thrill freuen, über diesen kleinen, fast anarchistischen Moment, der ein bisschen größenwahnsinnig ist und zugleich mit kaltem Verstand berechnet.

Torhüterinnen sind oft charismatische, besonders eigenständige Menschen – das Magazin *11 Freundinnen* fragte Hannelore Ratzeburg 2010 ganz folgerichtig: »Müssen Torhüterinnen eine Macke haben?«[60] Hannelore selbst jedenfalls hatte immer zu viel Schiss vor dem Tor. Ducken ist leider keine Option, wenn im Finale eine richtig draufdrischt. Man muss »physisch präsent« sein, wie der Fachmann sagt – darum heißt der Torwarttrainer vom 1. FFC Frankfurt, der wichtige (National-)Torhüterinnen wie Silke Rottenberg, Nadine Angerer und Ursula Holl auf Trab brachte, auch Mathias Bolz.

In den Anfängen des Frauenfußballs, verrät Frau Ratzeburg, standen schon auch mal eher die »unbeweglichen Dicken« im Tor, spezielles Training gab's nicht.[61] Zur Abhärtung wurde am Ende des Trainings noch mal der Reihe nach mit aller Kraft auf das Tor geschossen. Man verließ sich auf die Abwehr, und wenn der Gegner frecherweise trotzdem zum Zug kam, musste die Frau im Tor eben schnell sein und eine gute räumliche Intuition haben. Heute gibt es, besonders in der Nationalmannschaft, ausgefuchstere Strategien, um Torhüterinnen auf ihren besonderen Job vorzubereiten. Trotzdem wird in jedem Elfmeterschießen wieder deutlich: Fußball ist auch psychologische Kriegsführung. »Wer auf einen Kahn oder eine Angerer zuläuft, denkt vielleicht eine Sekunde zu lange nach.«[62]

Genau das bestaunten wir 2007, als Nadine Angerer kurzfristig für die WM aufgestellt wurde. Wegen einer gemeinen Verkettung von Verletzungen musste die langjährige »Frau mit den tausend Armen«, Silke Rottenberg, das Turnier von der Bank verfolgen. Das tat uns sehr leid, war aber andererseits auch der Moment, in dem die geduldig ersatzbankende Nadine Angerer endlich ihre fesche Kopfbedeckung gen Himmel und sich selbst in das frei gewordene Tor warf. Das macht uns, bei allem Mitgefühl für Silkes Knie, sehr froh. Immer wieder zweifelhafte Tor-Frisuren und entfernte Ähnlichkeit mit Frodo Beutlin und Mario Kopper können der Lässigkeit unserer Lieblingstorhüterin einfach nichts anhaben, und wir erwähnen das nur, weil alle fachlichen Qualitäten glücklicherweise schon weltbekannt sind. Nadine Angerer bekam bei der WM 2007 nicht ein einziges Gegentor, damit ist sie schlicht raus aus der Konkurrenz. (Überflüssig, zu erwähnen, dass sie schon alle denkbaren Auszeichnungen eingesackt hat, zuletzt den Ballon d'Or als Weltfußballerin 2013.) Nadine Angerer, genannt Natze, die als Feldspielerin begann und in ihrer ersten Mädchenmannschaft beim ASV Hofstetten nur als Krankheitsvertretung im Tor abgestellt wurde, spielte mal kurz für Bayern München, aber auch bei Turbine Potsdam, in Schweden und – leider bevor wir dort wohnten – in Frankfurt.

Aktuell spielt Frau Angerer in Amerika – wenn alles gut läuft, ist sie zur WM 2015 wieder mit dem deutschen Nationalteam unterwegs. Wir raten den Damen in Übersee also sehr dringend von Gewalttaten auf dem Rasen ab, denn wir freuen uns schon auf das erste Elfmeterschießen mit Natze, das die Torschützinnen erzittern lässt. Warum also lieben wir den Fußball? Weil das Runde ins Eckige muss. Und dabei meistens an Nadine Angerer scheitert.

20. GRUND

Because it's magic

Zauberei ist, wenn man etwas von dort wegnimmt, wo es nicht ist, und es dahin tut, wo man es nicht finden kann. Oder andersherum. Magie ist, wenn man etwas kann, was man nicht können sollte. Etwas Übernatürliches. Zaubern heißt unheimliche Fremdwörter murmeln, Funken aus den Händen sprühen lassen, giftgrüne Tränke zum Brodeln bringen.

Zauberei im Fußball ist, wenn wir unsere Augen vor Erstaunen weit aufreißen, uns ein Laut der Verwunderung enteilt und wir es fast nicht glauben können, was dort vor uns passiert. *Magic* erscheint dort, wo die Spielerinnen etwas können, was sie nicht können sollten, etwas Übernatürliches. Und wir uns davon verzaubern lassen, in dem Gefühl, wir hätten etwas Vergleichbares in unserem Leben noch niemals gesehen.

Marta Vieira da Silva ist eine von den Magierinnen. Marta kann etwas ganz Besonderes: den Ball so verzaubern, dass er mit ihr mitkommt, egal was sonst noch so im Weg steht. Ob sie den Ball dabei berührt, das kann ein normaler Mensch bei dem Tempo gar nicht mehr sehen. Marta läuft und läuft, der Ball rollt und rollt, andere Spielerinnen sehen aus wie ein Stück Luft und am Ende ist der Ball im Tor. Als hätte sie ein unsichtbares Band zwischen ihren Fuß und das Leder geknüpft. Marta beherrscht noch einen anderen Zauber: Sie kann Dinge exakt schweben lassen. Zum Beispiel Bälle. Eine Mauer im Weg? Kein Problem. Unmöglicher Winkel? Unmögliches gibt's nicht. Der Freistoß landet trotzdem im Netz, an allen vorbei, gegen die Schwerkraft und gegen die Gesetze, die die Torwartin unterschrieben hat – und zwar im äußersten Winkel, so perfekt wie nur irgendein Schuss auf dieser Welt im Tor landen kann.

Eine weitere brasilianische Spielerin beherrscht unbekannte Bereiche der Zauberei. Leah Lynn Gabriela Fortune wirft nicht einfach einen Einwurf, sie macht vorher noch einen Salto. Genauer gesagt schwingt sie sich vertikal im Kreis, abgestützt durch den Ball um sich selbst. Schamanische Ballbeschwörung? Oder einfach nur die Verlängerung des Schleuderwinkels? Leahs Einwürfe fliegen über das halbe Feld, führen oftmals zu gefährlichen Strafraumsituationen und Toren. Sie selbst dazu: »Das ist kein Trick für die Galerie, sondern eine höchst effiziente Technik, die uns schon manches Tor gebracht hat.«[63]

Ballbeschwörung ist sicherlich ein wichtiger Zauber im Fußball. Die US-Nationalspielerinnen scheinen sich öfter mal durch Beschwörungszeremonien beim Ball zu bedanken. Ob Zauberei oder nicht, sie haben mit Abstand die kreativsten Jubelchoreos im ganzen Fußballland. Mit dabei: der Engel (auf dem Boden liegen und Arme und Beine ausgestreckt vor- und zurückbewegen), der Wurm (in einer Reihe stehen, an den Händen halten und wie in einer Welle die Hände hochreißen), das Rad (alle schlagen mehr oder weniger gut ein Rad), der Rasen-Diver (muss man wohl nicht beschreiben), die Luftgitarre, Pfeil und Bogen und ganz klassisch das Flugzeug.

Auch im deutschen Team gibt es Ballbeschwörungen. Die bekannteste erfand Alexandra Popp bei der U-20-WM 2010. Nach dem Tor lief sie mit der gesamten Startelf zu den Kolleginnen auf der Bank und tanzte eine Choreografie aus einem Videospiel nach. Das ging so: linke Hand zum Ohr, rechte Hand zum Ohr, beide nach vorne, beide nach vorne. Kann man sich aber wohl eher im jugendlichen Leichtsinn leisten, nach ihren Toren für das A-Team sah man eine ähnliche Choreo nicht wieder.

Die heimlichen Magier_innen des Fußballs sind sicherlich die Freestyler_innen. Beim Freestyle geht es nämlich nicht mehr um Tore, sondern nur noch um Tricks und Zauberei. Der Ball bleibt möglichst lange in der Luft und benutzt werden darf jedes Körperteil außer den Händen. Die Zaubertricks haben tolle Namen wie Around the world, Reverse Toe Bounce, New Shit und In the ditch. Es gibt außerdem noch den Propeller und den Ankle breaker. Die berühmtesten Magierinnen, pardon, Freestylerinnen heißen Kitti Szász, Mélody Donchet und Indi Cowie. Der Ball fliegt von der Schuhspitze zur Stirn, rollt über die Schulter in den Nacken und fällt von dort wieder auf die Schuhspitze, die sich mehrfach um den Ball herum bewegt. Klarer Fall: Die drei beherrschen das Einmaleins des Gegenstände-fliegen-Lassens. Der Ball fliegt, wie von selbst, um die Schuhe herum. Wie sonst ist das physikalisch möglich, außer mit Hokuspokus?

21. GRUND

Weil der Hubschrauber seltener kommt

Samstags, 16:42 Uhr. Auf der Mattscheibe wird ein Typ umgegrätscht. Folge: fünffacher Purzelbaum mit zusammengerolltem Abgang. Außerdem Hin-und-her-Wälzen, Gesicht-in-das-Gras-Drücken. Die Fans singen: »Hub- Hub- Hubschraubereinsatz.« Aber seien wir mal ehrlich: Von gefühlten 100 ähnlichen Situationen an einem solchen Spieltag in der Konferenz bedarf es vielleicht, wenn es hoch kommt, 0,0056 Mal tatsächlich eines Hubschraubers. Denn der Hubschrauber kommt natürlich frühstens beim offenen Knochenbruch. Meist reicht erst mal der Sanitäter vom Spielfeldrand und der humpelnde Weg in die Kabine. All die hysterisch winkenden Arme riechen also weniger nach Lebensgefahr als vielmehr nach Zeitspiel.

Ganz anders ist das (noch?) bei den Frauen. Sonntags, 15:42 Uhr. Eine von ihnen wird umgegrätscht. Sie rollt sich kurz ab, steht wieder auf den Füßen und läuft weiter dem Ball hinterher. Dann erst der Pfiff ob des Fouls, niemand singt gehässig: »Hub- Hub- Hubschraubereinsatz.« Der Hubschrauber muss hier nicht kommen, auch beim gerissensten Bänderriss kommt halt ein Tape drauf und es wird weitergespielt. Überhaupt muss schon ziemlich was passieren, dass diese Frauen sich auf der Sanitätstrage vom Feld transportieren lassen. Selbst das schlimmste Kreuzbandmassaker wird aufrecht humpelnd und mit erhobenem Kopf vom Rasen getragen. Kleinere Kollateralschäden von Pferdekuss bis Bänderdehnung werden mit einem ordentlichen Fluch kommentiert, aber dann kann es weitergehen.

Ist im Grunde auch klar, woher das kommt. Die Männer spielen von klein auf nichts als Fußball und haben darüber hinaus noch nie malocht. Ihre Mütter haben ihnen schön hinterhergeräumt und ihre dreckige Wäsche gewaschen. Und wenn sich die niedlichen kleinen Knirpse dann mal am Treppengeländer gestoßen haben, dann wurden sie natürlich gleich auf den Schoß genommen. Ist ja logisch, dass auch die raubeinigsten Kerle dann losheulen, wenn ihnen mal einer gegen das Schienbein tritt. Ganz anders bei den Mädels: Die mussten schon früh lernen, auf eigenen Beinen zu stehen und mit denen auch mal nachzutreten, wenn einer der gemeinen Jungs ihnen auf dem Spielplatz Sand auf die Haare gestreut hatte. Den Schienbeintritt gab's natürlich prompt zurück, geheult wurde aber nicht, auch wenn der Schmerz unerträglich war. Vor diesen Möchtegerns konnte man sich schließlich keine Blöße geben. Weinerliche Fußballerinnen gibt es schon deshalb nicht, weil man sich seit der Grundschule mit den ganzen Mackern vom Bolzplatz messen musste. Und richtig malochen musste man später auch, schließlich geht's um finanzielle Unabhängigkeit, und die kommt nicht vom Vereinskonto. Wenn es sein muss, dann wird eben auch mit Eckfahne im Oberschenkel weitergespielt.

Aber Hubschrauber? Niemals!

22. GRUND

Weil die Mannschaft wissen will, was sie draußen taktisch umsetzen muss

Sie steht am Spielfeldrand, läuft den Käfig ihrer Coaching Zone ab. Mal nachdenklich, mal konzentriert. Die Trainerin hält die Fäden zusammen. Sie hat die Spielerinnen gefördert und gefordert. Sie hat sich überlegt, wer wo spielen kann. Sie hat den Spielerinnen die taktische Ausrichtung für das Spiel mitgeteilt.

Die Spielerinnen wollen etwas von ihr: Sie wollen eine Richtung, eine Vorgabe, ein Muster, das sie füllen und an dem sie sich orientieren können. Sie wollen einen Fahrplan, eine Partitur, einen Score, den sie im Spiel interpretieren. Die Trainerin stärkt dem Team den

Rücken, sie übernimmt Verantwortung, ohne aktiv in das Spiel eingreifen zu können. Sie findet die richtigen Worte in der Halbzeit oder bei Spielunterbrechungen. Und sie wechselt zum richtigen Zeitpunkt, um dem Spiel eine neue Dynamik zu geben.

Bundestrainer_innen haben in Deutschland einen besonderen Stellenwert. Insbesondere bei der Welt- oder der Europameisterschaft bekommen sie in den Medien eine eigenartige Aura, als wären sie plötzlich bedeutsamer als die Bundeskanzlerin, »eine Art außerparlamentarischer Bundespräsident« (Berti Vogts)[64] und könnten selbst die Geschicke außerhalb des Platzes noch mit beeinflussen. Die Kamera zoomt dann ganz tief in die geheimnisvollen Augen, hinter denen sich mal mindestens die Weisheit des Universums just in diesem Moment sammelt, um etwas noch nie Dagewesenes zu vollbringen. Alle fragen sich, was dieser überirdische Kopf noch vorhat und in welcher Form das achte Weltwunder sich materialisieren wird. Und wirklich: Es ist einiges gefordert. Man sollte mindestens so gut rechnen können wie ein Ewald Lienen (»Ich habe ihn ausgewechselt, weil ich einen anderen Spieler einwechseln wollte. Da musste ich einen auswechseln.«), mindestens so viel philosophieren können wie Franz Beckenbauer (»Der Grund war nicht die Ursache, sondern der Auslöser.«) und vor allem mindestens so objektiv subjektiv empathisch sein wie Erich Ribbeck. Achtung: »Ich kann es mir als Verantwortlicher für die Mannschaft nicht erlauben, die Dinge subjektiv zu sehen. Grundsätzlich werde ich versuchen zu erkennen, ob die subjektiv geäußerten Meinungen subjektiv sind oder objektiv sind. Wenn sie subjektiv sind, dann werde ich an meinen objektiven festhalten. Wenn sie objektiv sind, werde ich überlegen und vielleicht die objektiven subjektiv geäußerten Meinungen der Spieler mit in meine objektiven einfließen lassen.«[65]

Zehn Bundestrainer haben bei den Herren des DFB schon mit Weisheiten jongliert oder zurückhaltend über der Taktiktafel gebrütet; bei den Frauen sind es erst drei – davon immerhin zwei Drittel Frauen. Heute sind alle Trainer_innenpositionen bei den

DFB-Frauen mit Frauen besetzt, vom A-Team bis zur U-15. Vom ersten Frauenfußball-Bundestrainer, Gero Bisanz, hat man leider nicht sehr viel gehört. Lag wohl auch daran, dass es zwischen 1982 und 1996 so gut wie niemanden von Mediendeutschland interessierte. Bisanz betreute erst das B- und dann das A-Nationalteam – weil sonst einfach niemand so richtig wusste wohin mit denen. Dem Hörensagen zufolge wurde Bisanz gegen seinen Willen zu den Frauen abgeordnet, es gab einige Beileidsbekundungen und er selbst fühlte sich immer wie ein Mitarbeiter zweiter Klasse. Warum er wohl dabeiblieb? Bisanz fasste seinen gesamten Mut und Ehrgeiz zusammen und leistete ganze Aufbauarbeit, um das Nationalteam in der Weltspitze konkurrenzfähig zu machen. Bisanz suchte eine humorvolle zwischenmenschliche Atmosphäre, die auch Kapitänin Silvia Neid überzeugte: Nach dem ersten EM-Gewinn 1989 tanzte sie (Frisur: Vokuhila, Dress: XXL-Anzug) mit dem Trainer sogar eine Runde Rock'n'Roll. An der Gitarre? Natürlich Schwedens Nationalspielerin Pia Sundhage.[66]

1996 gab der 61-Jährige seinen Posten weiter, an seine Stelle als Cheftrainerin trat die erste Frau mit Fußballlehrer-Lizenz: Tina Theune, zwischenzeitlich Theune-Meyer oder TTM, jetzt wieder Theune. Schon seit zehn Jahren hatte sie Gero Bisanz als Co-Trainerin unterstützt und sich sehr um die Jugendarbeit und Talentsichtung im DFB gekümmert. Sie wusste also ziemlich genau, was abging mit den jungen Wilden. Bei ihrer neuen Aufgabe stand ihr von Beginn an Silvia Neid als Co-Trainerin zur Seite. Und die EM-Titel wurden wie am Fließband verteidigt. Den Titel 1997 konnte selbst der *Kicker*, sonst eher im Gespräch mit Spielerfrauen, nicht mehr ignorieren und schrieb: »Mit Fachkenntnis, Feuereifer und Fingerspitzengefühl mobilisierte sie die nötige Frauen-Power.«[67] Als schweigsam wird sie wahrgenommen, eine, die »zwar sehr viel arbeitet, aber recht wenig darüber redet«[68]. Das Frauenfußball-Magazin *dieda* beschreibt es folgendermaßen: »Bei ihr bricht das Temperament dosiert durch.«[69] Tina Theune beobachtet, wie derselbe Sport von Männern und Frauen unterschiedlich interpretiert wird, welche Stärken und Möglichkeiten für Team und Trainerin darin liegen: »Frauen legen in den 90 Minuten eher Wert auf schöne Kombinationen und das Zusammenspiel, Art der Männer ist es, Rasanz und Zweikampfstärke zu favorisieren.«[70] Der Erfolg gibt ihr recht, sie wird mit der DFB-Elf Europameisterin 1997, 2001 und 2005 und holt den ersten Weltmeistertitel 2003.

Nach der gewonnenen EM 2005 war für Tina Theune Schluss, Nachfolgerin wurde, natürlich, Silvia Neid. Neue Co-Trainerin Ulrike Ballweg. Ihre Trainingsphilsophie in einem Satz zusammengefasst: »Wir spielen hier Fußball und nicht Hallenhalma!« Doch was ist eigentlich Hallenhalma? Im Netz stellt man sich diese Frage ebenso, und es wird gemunkelt, dass man aus zwei Gründen so wenig über Hallenhalma weiß. Erstens: Hallen-Jo-Jo klaut die ganze Medienpräsenz. Zweitens: Da es in den letzten Jahren überdurchschnittlich viele und heftige Ausschreitungen bei den Spielen gab, darf derzeit nur in leeren Hallen gespielt werden und die TV-Sender boykottieren die Turniere, bis sich die allgemeine Lage wieder beruhigt hat. Wie dem auch sei, Silvia Neid kennt sich mit Hallenhalma recht gut aus, benutzt hat sie den Vergleich in einer ihrer legendären Team-Ansprachen bei der WM 2007.[71] Auf martialische Ansagen à la Jürgen Klinsmann (»Wir knallen die Polen durch die Wand«) kann sie verzichten, »das ist bei Frauen weniger angesagt. Meine Mannschaft will wissen, was sie draußen taktisch umsetzen muss. Da braucht es klare Ansagen wie: Wir müssen enger beim Gegner sein. Lasst euch schneller in einen Passweg fallen. Unser Zeitpunkt stimmt nicht, wenn wir auf den Ball gehen.«[72] Der Herr Professor Ribbeck hat seine Ideen einst ganz anders formuliert: »Konzepte sind Kokolores. Wir spielen mit Libero, zwei Mann davor, dazwischen oder dahinter.« Dem Trainerinnenduo Neid/Ballweg liegen Konzepte durchaus und bei der WM 2007 gelangen den beiden mit ihrem Team gleich zwei Rekorde: Zum ersten Mal konnte ein Fußballteam den WM-Titel verteidigen und zum ersten Mal blieb ein Team bei einer WM das ganze Turnier über ohne Gegentreffer. Silvia Neids Vertrag geht noch bis 2016 und im Juni 2014 gelang ihr ein weiterer Rekord in der Geschichte der Bundestrainer_innen: der 100. Sieg mit dem DFB-Team.

23. GRUND

Weil der Rasen grün ist

Der Ball ist rund und ein Spiel dauert 90 Minuten. Das Feld ist 105 Meter lang, und wir können die Abseitsregel rückwärts erklären, wenn du uns morgens um vier aus dem Bett oder vom Tresen klingelst. Fußballregeln sind so weit klar. Diejenigen unter uns, die Schiedsrichter_innen sind und daher FIFAs Lieblingsbuch genauer kennen, wissen aber noch einiges mehr: Die Fußballregeln sind ein poetisches kleines Werk[73], ein Leitfaden durch das Dickicht unseres unübersichtlichen Lebens, ein linierter kleiner Traum, der dem Rasen seine eigentliche Würde und dem Fuß Orientierung verleiht.

Da werden die Dinge nicht irgendwie notdürftig hingenuschelt, nein, jedes Ding bekommt einen klaren Namen, und wenn's nottut, werden auch mal ein paar Sätze mehr oder ein kleines Schaubild spendiert. Zugleich wählt der Text eine berührende sprachliche Verdichtung, wenn es um die essenziellen Elemente des Spiels geht. So beginnt der Text, nach ein paar Vorbemerkungen, mit der Forderung: »Kunstrasenfelder sind grün.« Na gut, also das ganze restliche Kraut gleich wieder zusammenrollen, der Sepp hat's gern naturgetreu. Na klar sind Fußballfelder grün! Kommt auch keiner auf die Idee, Lila oder Gülden vorzuschlagen. Aber wenn man mal genauer darüber nachdenkt, kommen einem wirklich die schönsten Ideen. Wenn wir nun den Platz in der Nacht vor dem Eröffnungsspiel der WM 2015 himmelblau einfärben? Oder ihm ein Branding in Totenkopfform verpassen? In allem, was uns beim Betrachten des Spiels selbstverständlich erscheint, schlummern plötzlich ungeahnte Möglichkeiten – stelle man sich vor, wir oder die Spieler_innen würden für einen Moment das Fußballgesetz vergessen.

Aber auch die Einfachheit der Welt, wie sie aus der FIFA-Bibel hervorgeht, kann uns manchmal erfreuen. Da ist manches einfach so, wie es ist, und man bekommt den Eindruck, wirklich etwas verstanden zu haben: »Ein Tor besteht aus zwei senkrechten Pfosten, die gleich weit von den jeweiligen Eckfahnen entfernt und durch eine Querlatte verbunden sind. Die Torpfosten und die Querlatte sind aus Holz, Metall oder einem anderen genehmigten Material. Torpfosten und Querlatten müssen quadratisch, rechteckig, rund oder elliptisch sein und dürfen die Spieler in keiner Weise gefährden.« So ist es! Und: »Der Ball ist im Spiel, wenn er mit dem Fuß gestoßen wurde und sich vorwärts bewegt.« Aber auch komplexe Sachverhalte werden hier ganz einleuchtend: »Die Auswechslung ist vollzogen, wenn der Auswechselspieler das Spielfeld betritt. Damit wird der Auswechselspieler zum Spieler, und der Spieler, der ersetzt wird, zum ausgewechselten Spieler. Der ausgewechselte Spieler darf nicht mehr am Spiel teilnehmen.« Ja doch!

Hier klingt an, was an anderen Stellen noch deutlicher zutage tritt: Manchmal wird die FIFA ein bisschen streng, und dann müssen wir kurz dran denken, dass der ganze Zauber mal dem Abbau überschüssiger Energien beim Militär gedient hat. Vom Rasen über das Spielgerät bis zu Unparteiischen und Spielern wird alles diszipliniert, was sich dem Spielfeld nähert, und da spart man nicht mit klaren Worten: »Die Seitenlinien sind zwingend länger als die Torlinien. Alle Linien sind gleich breit. Ihre Breite beträgt höchstens zwölf Zentimeter.« Seitenlinien: Stillgestanden! (Aber dürfen die auch mit Glitzer sein?) »Der Ball ist regelkonform, wenn sein Druck 0,6 –1,1 Atmosphären auf Meereshöhe beträgt.« Der Ball, die alte Diva, kriegt natürlich wieder eine Extrawurst. Atmosphären auf Meereshöhe. Schon klar. Für alle anderen ist mit Meerblick nicht viel los: »Bei ungehöriger Einmischung oder nicht einwandfreiem

Betragen enthebt der Schiedsrichter den Schiedsrichterassistenten seines Amtes und erstattet den zuständigen Instanzen Bericht.« Aber auch für die Spieler_innen gibt es klare Grenzen: »Ein Spieler oder das Team eines Spielers, der Unterwäsche mit politischen, religiösen oder persönlichen Slogans, Botschaften oder Bildern oder Werbeaufschriften mit Ausnahme des Herstellerlogos zur Schau stellt, wird vom Ausrichter des betreffenden Wettbewerbs oder der FIFA mit einer Strafe belegt.« So, damit das noch mal klar ist. Und das gilt für alle!

Abgefahrenerweise sind die Spielregeln für Männer und Frauen wirklich völlig gleich. Eigentlich müsste das Spiel deswegen verboten sein, schließlich ist Gleichberechtigung bei uns im Grunde noch gar nicht salonfähig. Salon hin oder her, auf dem Rasen gibt's nun eben nur ein Buch für alle, was im Übrigen natürlich bedeutet, dass die Damen und Herren Schiedsrichter_innen theoretisch bunt durchgemischt werden könnten, weil sie alle das Gleiche gelernt haben.

Natürlich war das nicht immer so. Es gab eine beachtliche Anzahl längst vergessener Sonderregeln für Fußball spielende Frauen – die meisten von ihnen sind wahnsinnig bekloppt, manche ein bisschen lustig, alle völlig überflüssig. Wenn die Damen nun unbedingt Fußball spielen wollten – und das findet man ja in manchen Dörfern immer noch komisch –, so sollten sie das zumindest nicht genauso lange tun dürfen wie die Jungs. Angefangen wurde maßvoll mit 70 Minuten, und mit einem leichteren Ball für den schmalen Fuß, dessen Widerstandsfähigkeit erst noch bewiesen werden musste und der zu dem Zeitpunkt auch noch nicht in Stollenschuhen stecken durfte. Als man voller Erstaunen feststellen musste, dass Kondition nicht in erster Linie an das Geschlecht gebunden war, wurde die Spielzeit nach und nach verlängert. Wie sich erahnen lässt, sprechen wir bei dieser Entwicklung aber nicht von einem Zeitpunkt vor 100 Jahren, sondern von 1993, da wurden endlich die vollen 90 Minuten zugelassen. Lange schickte man die Fußballerinnen auch noch in eine halbjährige Winterpause, deren Sinn uns bislang niemand erklären konnte und die auch durch die Notwendigkeit von Weihnachtsbraten nicht ausreichend gerechtfertigt werden kann. Den könnte man schließlich auch in der Halbzeitpause essen, wenn ihn einer vorbeibrächte. Wie gesagt, hat sich auch alles als überflüssig erwiesen. Und darum dürfen wir jetzt alle 90 Minuten lang ran, auf 7.140 Quadratmetern, und getreten wird gegen mindestens 0,6 Atmosphären auf Meereshöhe. Klar so weit?

24. GRUND

Weil das alles eigentlich ein Paradox ist, und wenn A gilt, dann gilt B

Fehlende Kreativität im Spiel = Langweiliges Spiel. Kreativspiel = Fähigkeit zum Improvisieren, Überraschendes zu vollbringen. Denn eigentlich ist man ja in dem Moment kreativ, wenn man was erfindet, daher kommt jedenfalls das Wort. Im kreativen Spiel erfindet man also immer wieder eine neue Strategie, einen neuen Weg für den Ball, eine unverhoffte Wendung im Ablauf. »Kreativ« ist auch ein häufig gebrauchter Begriff in der Berichterstattung. Günter Netzer ist Begriffs-Dompteur der ersten Stunde, fleißig jongliert er mit dem Wort und dekliniert es in seinen Analysen mehrfach durch. Übrigens fehlt seiner Meinung nach meistens die Kreativität. Aber was heißt eigentlich kreativer Fußball? 2010 stellte der Literaturwissenschaftler Hans Ulrich Gumbrecht fest, dass es im modernen Fußball immer weniger Spielraum für Kreativität gibt.[74] Geht es vorrangig um schnelle Pässe und das Lauern auf die eine Lücke in der Abwehrreihe, kann der Ball bis zum Sankt-Nimmerleins-Tag hin und her geschoben werden. Der gerühmte Catenaccio versus One-Touch-Fußball – reine Fleißarbeit? Paradox: Je besser das Team die taktische Vorgabe als Gruppe umsetzt, desto weniger spannende Überraschungen gibt es.

Wie ist das jetzt mit der Kreativität beim Frauenfußball? Die Paradoxe drehen sich weiter: Weil Frauenfußball auf manchen Ebenen nicht so privilegiert ist (weniger Weltklassespielerinnen, Unterschiede bei der Athletik), gibt es weit mehr Möglichkeiten für die schönen Pässe, beeindruckenden Dribblings, faszinierenden Flanken. Frauenfußball zeigt Notlagen und wird dann wieder Frau der Lage. Ergo interessanter. Gumbrecht: »Schon in einem Einzelspiel gibt's meistens mehr Spielerinnen, die so eine Protagonisten-Rolle spielen im interessanten Sinne. An die ich mich auch erinnern kann: Wow, die hat das und das gekonnt. Oder es gab den Spielzug, oder den Abschluss. Während ich bei den Männern dann eine graue Erinnerung habe an irgend so ein Kollektiv, das One-Touch-Soccer gespielt hat und vor allem nichts falsch machen wollte.«[75]

Es gilt: 1. Alle Nationalspieler sind besser. 2. Alle Nationalspieler können total gut One-Touch-Fußball. 3. One-Touch-Fußball ist schlechter fürs Spiel. 4. Alle Nationalspieler sind schlechter. Und wenn A gilt, dann gilt B.

Weiterhin scheint zu gelten: 1. Alle Nationalspielerinnen sind schlechter. 2. Alle Nationalspielerinnen können total gut für Überraschungen sorgen. 3. Überraschungen sind besser fürs Spiel. 4. Alle Nationalspielerinnen sind besser. Und wenn B gilt, dann gilt A.

So weit, so paradox. Noch mal Gumbrecht: »Dadurch, dass die Möglichkeit des Störpotentials nicht so beständig präsent ist, werden individuelle Initiativen im Prinzip größer – und zwar jetzt nicht nur, dass irgendeine Frau dauernd dribbelt, sondern ein überraschender Pass, der nicht vorgesehen ist, im Spielsystem, zu schlagen – dass das im Prinzip größer ist. (...) Ich denke, dass die Möglichkeit schöner Spielzüge, sich zu entfalten, beim Frauenfußball größer ist.«[76]

Kreativer eben. Ganz unsere Meinung!

25. GRUND

Weil das Ziel im Weg liegt

Was, ja was ist denn jetzt eigentlich der Unterschied zwischen Frauen- und Männerfußball? Melanie Behringer bringt es auf den Punkt: »Wir rasieren uns die Beine, die nicht.«[77] Chapeau für diese glasklare Analyse! Was ist also unser Gleichberechtigungsziel? Rasierschaum für alle? *Let it grow with the flow?* Nadine Angerer wollte sich bei der WM 2007 erst nach einem Gegentor wieder die Beine rasieren. Das DFB-Team wurde Weltmeisterin, ohne Gegentor – spricht das für oder gegen die Schienbeinfrisur?

Immerzu werden Frauen- und Männerfußball miteinander verglichen. Aber warum will man eigentlich, dass beide dasselbe können? Andersrum gefragt: Warum soll man eigentlich Äpfel nicht mit Birnen vergleichen? Im Prinzip ist doch dasselbe drin und dran: ein paar Kerne, Fruchtfleisch, außen die Schale und oben ein Stiel. Die Frage ist allerdings komplexer als zunächst angenommen, wie uns Loriot überzeugend darlegt.[78] Eine Birne Helene mit Apfel und Schokoladensoße ist ein Apfel Helene, denn ein Apfel ist ein Apfel, und eine Birne ist eine Birne. Was soll man da bloß tun? Loriots Renate reagiert realistisch: »Lass es stehen, wenn's dir nicht schmeckt.« Und Birgit Prinz sagt: »Wem's nicht gefällt, der soll's sich halt nicht anschauen.«[79]

So einfach könnte es sein. Und doch flimmern die großen Männerfußballvorbilderszenarien ganz hoch oben herum und wollen erreicht werden. So war es zum Beispiel bei der WM 2011 in Deutschland. Alle wollten viel zu viel und mindestens das größte Stück vom Kuchen. Die Stadien sollten groß sein und stimmungsvoll und bis zum Bersten vollgepackt. So wie bei den Männern eben. Die Bewerbung von Duisburg mit der Schauinsland-Reisen-Arena als WM-Stadion wurde abgelehnt – weil die Auflagen der FIFA nicht erfüllt werden konnten. Zum Beispiel für einen Pressebereich mit mindestens 3.500

Quadratmetern. Für die Männer-WM sicherlich realistisch, für die Frauen-WM vorsichtig angemerkt etwas übertrieben.

Das Turnier begann und rief 2011 auch sofort, nein, nicht die Sportberichterstatter_innen, sondern die Feuilltonist_innen auf den Plan. Und zwar alle auf einmal. Die Sportredaktionen zeigten sich eher mittelmäßig an einer Berichterstattung interessiert, wirklich fundierte Spielberichte gab es wenige. Dafür umso mehr Kommentare, Meinungen und Kolumnen über Frauenfußball, wer ihn schaut und warum überhaupt. Und warum alle anderen auch noch dazu genötigt werden, ihn zu schauen. Eine absurde Frage, die man bei der WM 2006 nie gestellt hätte, obwohl man sich da wirklich manchmal fühlte wie mit Streichhölzern zwischen den Augenlidern vor den Fernseher gefesselt.

Noch mal zurück auf den Boden der Vereine, wo das alles schließlich seinen Ursprung hat. Auch hier ist weniger manchmal mehr. Da muss man, leider, Realistin sein – und dann tauchen für diejenigen, die klein denken, mitunter große Perspektiven auf. Beispiel: Team XY spielt tollen, überraschenden und innovativen Fußball und steigt verdient auf. In der höheren Liga muss man aber gleich ein ganzes Sortiment neuer Auflagen erfüllen, die man im Grunde gar nicht braucht. Überdimensionierte Pressebereiche zum Beispiel oder Rasenheizung oder ausreichend Sicherheitspersonal für die ganzen gewaltbereiten Fans oder einen Naturrasen, der den Richtlinien der »Qualitätssicherung für Stadionrasen – Arbeitsbuch für das Greenkeeping« entspricht. Jedenfalls hat kaum ein Verein genug Reserven, um all den Ansprüchen an die neu erworbene Professionalität gerecht zu werden. Es fehlt an allen Ecken und Enden an gut ausgebildeten Leuten für wichtige Positionen, das Trainer_innenamt, das Management, die ganze Betreuung drum herum. Ein paar Vereine packen es dann doch, schaffen professionelle Strukturen, locken Sponsoren an und können mit mehr Geld jonglieren – dann fehlt ihnen aber plötzlich die Konkurrenz. Und ohne Konkurrenz kann man den Spieltag auch nicht an die Fans bringen, wenn es immer nur 8:0 steht, dann kommt nun mal auch keiner. Verhältnismäßigkeit ist hier das Zauberwort: zwischen Fan- und Spielkultur und Stadiongröße.

Man muss seine Ziele eben nicht immer an die anpassen, die die Herren schon erreicht haben. Unbetretene Wege haben auch ihren Reiz, besonders für englische Poeten: »Zwei Wege boten sich mir dar und ich nahm den, der weniger betreten war. Und das veränderte mein Leben.«[80] Das Ziel kann nämlich durchaus auch im Weg liegen. Selbst wenn der Weg auf seine Art natürlich immer auch das Ziel ist, das sollte als Binsenweisheit unbedingt berücksichtigt werden. Kurz gesagt – auf dem weniger ausgetrampelten Trampelpfad wird es vermutlich keinen Stau geben, vielleicht aber eine schöne Überraschung, darum ist er ein lohnendes Abenteuer und unbedingt der bewährten Marschroute vorzuziehen.

Sind das Ziel denn überhaupt fünf Nullen in den Gehältern, Werbung so weit das Auge reicht, Trainerwechsel im Zweimonatsrhythmus, kurz und schmerzvoll verheizte Spielerinnen und Fußball bis zum Anschlag und ohne Tiefgang? Will man sich wirklich so verglichen wissen? Ist also gar nicht alles Jacke wie Hose, auch wenn man durchaus eine Jacke als Hose und eine Hose als Jacke anziehen könnte. Geht alles. Ist aber einfach Unsinn. Weil das Ziel dann eben im Weg liegt. Man will ja schließlich wohlbekleidet auf die Straße gehen. Ja, ja, alle reden sie vom Frauenfußball. Der so viel können soll wie der »richtige« Fußball. Auch hier hat Loriot die beste Antwort parat: »Wenn ich noch einmal das Wort ›FRAUENfußball‹ höre, werfe ich mich hier auf den Boden und beiße in die Auslegeware.«[81]

26. GRUND

Weil Manndeckung nichts für Fußballerinnen ist

Wie ist das bloß mit der Manndeckung im Frauenfußball, fragte sich seinerzeit der präadoleszente Berti Vogts mit erröteten Wangen. Wir lüften an dieser Stelle das Geheimnis: Manndeckung gibt es im Frauenfußball aus zwei Gründen nicht. Erstens sind keine Männer in der Nähe und zweitens haben die Frauen schon in den 90ern auf Raumdeckung umgestellt. Manndeckung ist nämlich so 80er wie Modern Talking und Lothar Matthäus. Alle drei wussten nicht so recht, wann sie mit Würde aufhören sollten. Modern Talking entschieden sich also leider 1998 zu einem Comeback und Lothar Matthäus spielte als Fußball-Opa bei der EM 2000 mit. Die Nationalmannschaft flog in hohem Bogen in der Vorrunde raus, und man kam zu der Erkenntnis, dass Raumdeckung doch etwas zeitgemäßer sei. Vielleicht lag es auch ein bisschen an Nationaltrainer Erich Ribbeck, der gerne mal bei den Taktikbesprechungen zwölf Spieler auf die Tafel zeichnete.

Zu der Zeit waren Silvia Neid und die DFB-Frauen im Rechnen solide, souverän und spielten, wie es üblich ist, mit elf Frauen in der StartELF, und zwar im modernen 4-2-3-1-System. Vorteil: Es lässt eine hohe Flexibilität zu. Sehr offensive Spielerinnen müssen nicht als Stürmerinnen eingesetzt werden, sondern können sich über das Mittelfeld genauso effektiv in die Angriffe einschalten. Die beiden Sechserinnen vor der Abwehr machen die Mitte dicht und drängen die Gegnerinnen nach außen. Die Außenverteidigerinnen können und sollen sich beim Angriff mit nach vorne einschalten. Die Formation kann sich in die Vertikale oder in die Horizontale orientieren, in ein defensives 6-3-1 fallen oder sich in ein offensives 4-3-3 bewegen. Sind die Gegnerinnen in Ballbesitz, macht das Team die Räume so eng wie möglich und versucht immer, in Überzahl anzugreifen. Frühes Pressing nennt man das. Sind die Räume gut gedeckt und zwingt man die Gegnerin durch das Pressing zum hektischen und überhasteten Pass, dann ist ein Ballgewinn sehr wahrscheinlich. Es wird flink geschaltet, alle orientieren sich wieder nach vorne, im Idealfall wird schnell in die Tiefe gespielt. Dafür muss man durchgehend mit hohem Tempo spielen und in der Grundordnung gut sortiert sein. Fast in Perfektion gelang das dem DFB-Team bei der WM 2007. Birgit Prinz griff die Gegnerinnen schon vor der Strafraumgrenze an, um sie zum Abspielen zu zwingen. In der Mitte standen alle so kompakt, dass man schnell den Ball erobern konnte. Renate Lingor als Mittelfeldstrategin konnte dann fast immer den schnellen steilen Pass auf die Außenspielerinnen bringen – zum Beispiel rechts auf Kerstin Garefrekes. Die lief dann durch bis zur Torlinie, spielte den Ball hoch in die Mitte, und da war wieder Birgit Prinz, die den Ball nur noch einschieben musste.

So unschlagbar klingt das in der Theorie. Was braucht es aber noch für die Eroberung des Spielfelds, außer Ulrike Ballweg und ihrer Taktiktafel? Eine gute Fitness, die Fähigkeit, über 90 bis 120 Minuten hin und her zu rennen zwischen offensivem und defensivem Spiel und dabei auch noch den ein oder anderen Sprint einzulegen. Die Frauen laufen dabei übrigens genauso viel wie die Männer, 12 bis 15 Kilometer pro Spiel. Das bezieht sich auf ziemlich aktuelle Statistiken, denn, oh Wunder, bis vor zehn Jahren wurde bei den Frauen noch kein Stückchen Daten erhoben. Ist das Team aber für diese Laufwege gewappnet und hat es aufmerksam gelauscht, als Uli mit der Taktiktafel fuchtelte – dann bleibt kein Fitzelchen Rasen unbeackert. Wobei wir selbstverständlich auch den weisen Worten von Matthias Sammer zustimmen müssen: »Die Vorteile der Raumdeckung haben in der Manndeckung auch Nachteile.«[82]

 27. GRUND

Weil zusammen ist man weniger allein

Auch wenn uns im Fußballbiz die Stars besonders hell leuchten, der Erfolg den Managern zu den Ohren wieder rauskommt, die tollen Typen so toll sind, dass man ganz wahnsinnig wird vor Wahnsinn, und die Werbung uns die Fratzen in 500-facher Vergrößerung auf die Pupille projiziert, hier noch mal kurz zur Erinnerung – Fußball ist vor allem eins: ein Teamsport. Nicht umsonst heißt es »11 Freundinnen müsst ihr sein«, und alle, die das nicht verstehen, die stolzieren eh schon mit aufgestelltem Kragen über den Golfplatz. Im Einzelsport kann man machen, was man will, den Golfball im Ass direkt ins Loch knallen, oder mit dem Schläger so hart ins Gras hauen, dass der danach als Bumerang durchgeht. Dann kann man sich auch getrost ohne Rücksicht auf Verluste von allen bejubeln lassen oder in den Trolley beißen vor Wut.

Das alles gibt es beim Fußball nicht, außer manchmal, wenn die ganz besonders erfolgreichen Männer spielen. Dann beißt auch mal einer in die Werbebande oder rupft sich schon vor dem noch nicht mal entscheidenden Elfmeter das Trikot vom Zuckerleib. Aber eigentlich, nein, nein – Fußball ist ein Teamsport. Fußball spielt, wer nicht so gerne alleine ist, sondern lieber zusammen was auf die Beine stellt. Fußball spielt, wer Gemeinschaft sucht. Besonders gut Fußball spielen die mit dem kleinen Ego, die den Ball im richtigen Moment abspielen, denn der gehört nicht ihnen allein, das wissen sie, sondern dem ganzen Team. Allen zusammen gehört der Ball und das Tor haben auch alle zusammen erzielt, nämlich durch Teamwork, da läuft jede für die andere und immer noch einen Meter mehr. Beim Fußball geht es auch darum, dass da alle dabei sein dürfen, vor allem, wenn sie anders sind, denn wenn alle irgendwie anders sind, dann ist man als Team am vielseitigsten. Und Vielseitigkeit ist das A und O für Erfolg auf dem Rasen und gegen Langeweile in der Welt. Dann kann auch mal eine etwas völlig Unvorhergesehenes tun und das Team steht voll dahinter, zieht bis zum Letzten mit und stärkt jeder Einzelnen den Rücken.

Man gewinnt zusammen und verliert zusammen. Man steht füreinander ein, eine für alle, alle für eine. Weniger Ich, mehr Wir. Das Prinzip des Teilens, das in unserer Gesellschaft immer populärer wird, kennt der Fußball schon immer.

28. GRUND

Weil wer kein Tor schießt, kann das Spiel nicht gewinnen

Stimmt, wenn man kein Glück hat und kein Tor schießt, springt maximal ein Unentschieden raus. Wenn dann auch noch Pech dazu kommt, verliert man sogar. Diese Rechnung stellte Birgit Prinz vor dem Algarve-Cup-Finale 2005 auf[83] und da kann man wirklich nichts gegen sagen. Keine Tore schießen ist einfach scheiße, Tore schießen dagegen ... der Ball fliegt einem perfekt auf den Spann, das Leder drückt sich in Super-Slomo in die Schnürsenkel und schnalzt mit Düsenantrieb Richtung Tor, man hört das Zischen in der Luft und das Knittern des Netzes – drin ist er! Herrlich. Sagt auch Linda Bresonik: »Das ist so ein geiles Gefühl, wenn du aus 15 Metern abziehst und du hast das Ding da im Netz. Und die ganzen Leute, die jubeln. Zum Beispiel beim Volleyball, das wär mir zu doof, wenn der Ball einfach immer übers Netz auf den Boden fällt – und dann ist 'n Punkt! Das wäre mir zu doof.«[84] Können wir absolut nachvollziehen.

Eines der schönsten Tore bei der WM 2011 schoss die Brasilianerin Erika gegen Äquatorialguinea. Den Abwehrversuch der Torfrau nimmt sie vor dem Elfmeterpunkt mit der Brust an, lupft den Ball mit rechts über eine Abwehrspielerin und nimmt ihn volley mit links scharf ins linke Toreck. Eines der krassesten, wenn auch vielleicht nicht virtuosesten Tore der WM gelang Abby Wambach im Finale gegen Brasilien. Nicht nur war es der Ausgleich in der Nachspielzeit der Nachspielzeit, das gesamte Ding war einfach unglaublich. Megan Rapinoe ist auf der linken Außenbahn im Ballbesitz, spielt eine 40-Meter-Flanke mit ihrem schwachen linken Fuß so unglaublich perfekt quer durch den Laden, dass – sorry Abby – wahrscheinlich sogar Annike Krahn den Ball irgendwie reinbekommen hätte. Abby Wambach macht so was aber natürlich nicht einfach irgendwie, sondern mit ihrem Schädel, als gäbe es kein Morgen. Gehirnzellen ade, her mit dem Pokal! Eine Wahnsinns-Individualistinnen-Leistung zeigt immer wieder The Queen of Dribble – Marta. So auch im WM-Halbfinale 2007, Brasilien gegen die USA. Für den 4:0 Endstand in der 80. Minute nahm sie den Pass ihrer Teamkollegin Renata Costa vor dem Strafraum mit dem Rücken zum Tor an und schnibbelte den Ball mit dem Außenrist rechts an der Verteidigerin Tina Ellertson vorbei, lief selber links lang und drehte sich dann noch beim Torschuss so blendend ein, dass der Ball schnurstracks flach ins linke Eck sauste. Eher nicht so Hacke, Spitze, Eins-zwei-drei machte es Birgit Prinz, ihres Zeichens beste Torjägerin Deutschlands. Vor allem ihre Schnelligkeit macht es der Stürmerin oft leicht, die Abwehr einfach hinter sich zu lassen. Zum Beispiel gegen Brasilien im Spiel um Platz drei bei den Olympischen Spielen 2000. Prinz startet den Sprint schon ab der Mittellinie, bekommt den halbhohen Pass in die Spitze direkt auf den Schuh gespielt, lässt alle anderen in Heidi-Mohr-Manier stehen und kann ganz genüsslich in das rechte Eck zum 2:0 einschieben. Megan Rapinoe hält auf dem Gebiet der Spezialtore einen besonderen Rekord: Im Halbfinale bei den Olympischen Spielen 2012 zwischen den USA und Kanada erzielte sie ein Tor mit einem Eckball, kommt nicht sehr häufig vor und hat einen eigenen und sehr passenden Namen: Olympic Kick. Rapinoe ist die Erste und Einzige, der ein Olympic Kick sogar bei Olympia gelang.

    Und dann gibt es natürlich diese besonderen Tore, die sogenannten Tore des Monats. Als erste Frau erhielt Bärbel Wohlleben die Ehrung für ihren 20-Meter-Knaller im Meisterschaftsfinale – ein Tor mit Bildungsauftrag. Wohlleben: »Viele haben erst durch mein Tor erkannt, dass selbst Frauen in der Lage sind, einen Ball weiter als fünf Meter zu schießen.«[85] 1988 knallte Silvia Neid mit Vokuhila vom Feinsten im Trikot des TSV Siegen einen Eckball beinhart volley ins Netz. Im Oktober 1996 schießt Kerstin Elger einen lupenreinen Fallrückzieher unter die Latte, auch ein Tor des Monats, und erhält daraufhin sogar Heiratsanträge in der Fanpost. Vielleicht eine gewisse Überreaktion, aber doch verständlich. In den Sendungen zum Tor des Monats kam es dagegen immer mal wieder zu wirklichen Kuriositäten: Als Heidi Mohr für ihren Ist-mir-egal-wer-hier-sonst-noch-so-rumsteht-ich-lauf-einfach-durch-Treffer ausgezeichnet wurde, bekam sie ihre Medaille aus ungeklärten Gründen in einer Dose überreicht und musste erst mal den Dosenöffner zum Einsatz bringen.[86] Der Moderator merkte sichtlich erleichtert an, dass Mohr wohl doch nicht nur für den Sport, sondern auch für den Haushalt alle Fähigkeiten beisammen habe. Dazu nur Folgendes: Sagt ein Redakteur zum anderen: »Für mich sind Sie der Tor des Monats.«

29. GRUND

Weil der Ball so rund ist wie nie zuvor

Der klassische Fußball, wie er im Bilderbuch steht, im Comic erscheint und schon in der Bibel getreten worden wäre, wenn's ihn denn dort gegeben hätte, ist schwarz-weiß, rund und besteht aus 20 weißen Sechsecken und zwölf schwarzen Fünfecken.

Das weiß natürlich jede_r, der oder die dieses Buch in die Hände nimmt, und alle anderen auch. Der schwarz-weiße Fußball ist die Königin der Spielgeräte und das Vorbild jedes ehrbaren Balles. Tatsächlich ist er aber erst 1970 vom Storch auf den Rasen gebracht worden, und zwar auch deswegen, weil ein brauner Ball auf einem grünen Rasen im Schwarz-Weiß-Fernsehen einfach nicht gut zu sehen ist. Die ersten Bälle, die zum Beispiel in den 30ern für wettkampfwürdig gehalten wurden, sehen aus wie archaische Steinzeitskulpturen; dem_r Nostalgiker_in wird sofort ganz ehrwürdig ums Herz, alle anderen spüren förmlich den immerwährenden Abdruck, den die grobe außen liegende Ledernaht beim Kopfball auf den Schädel stanzt. Keine schlechte Idee also, dass man sich für Aufbau und Material des Balls immer wieder neue Tricks einfallen ließ, um besondere Griffigkeit, besondere Widerstandsfähigkeit, besonders runde Kugeligkeit zu ermöglichen. Die Ober-Ballnerds von adidas, die seit 1970 alle Welt- und Europameisterschaften mit Bällen versorgen und damit genug Umsatz gemacht haben, um die Nasen aller pakistanischen Fußballnäher zu vergolden, erfinden das Spielgerät für jedes wichtige Turnier sozusagen neu. Da gibt es trickreiche Innen- und Außenbeschichtungen aus PE und »syntaktischem Schaum«, Inspirationen durch die Raumfahrttechnik und Schichten aus gasbefüllten Mikrokörpern, die den ultimativen Grip versprechen. Außerdem lässt man natürlich seit etwa 2010 gar nicht mehr nähen, sondern thermisch verschweißen – und das macht, sagt adidas, den Ball »so rund wie nie zuvor«[87]. Bälle sind Hightech-Geschosse, und nebenbei arbeitet ein ganzes Haus voll PR-Profis daran, dass sie auch von außen spektakulär wirken.

Der letzte WM-Ball zum Beispiel, der »Speedcell« von 2011, sieht echt okay aus, aber die ganze Tragweite des Designs wird erst mit der offiziellen Spielball-Laudatio deutlich: »›SPEEDCELL‹ steht für Geschwindigkeit, Stärke und Teamgeist. Elf Linien stellvertretend für elf Spieler bilden neben den frischen Farben das zentrale Designelement des Balls. Diese Linien symbolisieren die geschlossene Einheit eines Teams. Inspiriert ist das Design von den rotierenden, schnellen und dynamischen Bewegungen der Sportart Fußball.«[88] Wahnsinn – und wir dachten, der soll einfach gut aussehen. Ist natürlich Quatsch, denn so ein Ball ist schließlich viel mehr als nur ein Spielgerät, wenn das Turnier wichtig ist und viele Leute zugucken. Da ist der Job mit ein bisschen Getretenwerden nicht getan: Völker sollen verständigt und Zuschauer_innen zum Konsumieren ermuntert werden.

Der Ball ist ein Maskottchen geworden, im Männerfußball mehr als im Frauenfußball, das hat mit den Einschaltquoten zu tun. Der WM-Ball der Herren von 2014 soll »die überbordende Lebensfreude« brasilianischer Fußballkultur symbolisieren und überhaupt als Botschafter des WM-Gastgebers über den Rasen rollen, darum hat er einen Twitter-Account und einen ambitionierten Namen, der so ähnlich klingt wie der Kosename einer Panzerfaust. In der Namensgebung hat's auch früher schon einige Fehlgriffe gegeben: Der »Terrestra Silverstream«, eingesetzt bei der Herren-EM 2000, wurde benannt nach den »silbern im Morgengrauen schimmernden Flüssen der Gastgeberländer«[89]. Genau. Nichts anderes kommt uns in den Sinn, wenn wir an Belgien und Oranjeland denken. Wir wollen das mit den Namen aber wirklich nicht vertiefen – mit einem ganzen Haus voll PR-Fuzzis, die bei dem Wort »Brazuca« die Einschläge nicht hören, können wir's eh nicht aufnehmen, und außerdem sind bekloppte Namen, wie man sieht, im Moment leider noch Sache des Männerfußballs. Nicht, weil nur Männer sich bekloppte Namen für ihre Spielgeräte ausdenken können, sondern weil die Frauen erst seit kurzer Zeit Gelegenheit dazu haben. Seit 1999 hat der Frauen-WM-Ball einen eigenen Namen, vorher wurden Ball und Name von der letzten Männer-WM übernommen. Technisch gesehen spielen die besten Kickerinnen der Welt übrigens immer noch mit dem Vorjahresball der Männer. Man pinselt ein neues Bildchen drauf, tauft ihn auf einen klangvollen Namen und versucht, uns an der Nase herumzuführen, aber ganz ehrlich: Unseren Füßen entgeht nichts.

3. KAPITEL

VON TORBIENEN, LÖWINNEN UND HEIKE RHEINE

IM VEREINSHAUS

 30. GRUND

Wegen Dem-Ernst-Kuzorra-seine-Frau-ihr-Stadion

Man könnte sicherlich locker genug Material für ein Buch mit dem Titel *111 Altherrensprüche zum Frauenfußball auf Stammtischniveau* finden. Mit dabei wäre auf jeden Fall der Fehltritt ins Herrengedeck von Johannes Rau, ehemaliger Kanzlerkandidat der SPD und Bundespräsident. Auf die Frage, ob Fußballstadien nicht auch mal nach Frauen benannt werden könnten, erwiderte der Schalke-Fan: »Und wie sollen wir das denn nennen? Dem Ernst Kuzorra seine Frau ihr Stadion?«

Dabei ist die tolle Stadiontradition, auf die sich Johannes Rau bezog, längst nicht mehr, was sie mal war. Die romantischen Namen wie Volksparkstadion, Frankenstadion, Waldstadion mussten und müssen immer wieder den vom Mammon kreierten Ungetümen weichen. Auf in die Commerzbank-Arena und das easyCredit-Stadion! Und wohin gehen wir eigentlich, AOL Arena, HSH Nordbank Arena oder Imtech Arena? Nach Personen benannte Stadien findet man heutzutage eher noch ab der Regionalliga abwärts, berühmte Ausnahme ist natürlich das Fritz-Walter-Stadion vom 1. FC Kaiserslautern. Gibt es eigentlich Fußballstadien, die nach einer Frau benannt sind? Ja, es gibt sie. Da ist zum Beispiel das Estádio Maria Lamas Farache. Es liegt in Natal, Brasilien und fasst 18.000 Zuschauer_innen. Es ist benannt nach Maria Lamas Farache, der Frau des Vereinspräsidenten des ansässigen Fußballclubs. Also eigentlich auch ein Ihm-seine-Frau-ihr-Stadion? Als anderes Beispiel könnte mit viel gutem Willen das Stadion in Stuttgart gelten: Seit 2008 heißt es Mercedes-Benz Arena und der Name Mercedes geht ja bekanntermaßen auf die Tochter des Autohändlers Emil Jellinek zurück, der den Namen erstmals für ein Modell der Daimler-Fahrzeuge einführte. Alles ziemlich um die Ecke gedreht und vor allem: eher ein Ihm-seine-Tochter-ihr-Stadion?

Um das Ihr-Stadion ohne männliche Umwege zu finden, muss man unter der Zweitausendergrenze recherchieren. Am Anhalter Bahnhof in Berlin wurde 2002 der Lilli-Henoch-Sportplatz eröffnet. Benannt ist der Platz nach der jüdischen Leichtathletin und Turnlehrerin Lilli Henoch, ein Multitalent, das zehnfache Deutsche Meisterin wurde und vier Weltrekorde aufstellte. 1942 wurde sie auf dem 19. »Judentransport« auf dem Weg nach Riga von den Nazis ermordet.

Ohne Überdachung konnte man auf dem Lilli-Henoch-Sportplatz bei Sucuk und Köfte bis 2011 den Spielen der Frauen des BSV Al-Dersimspor folgen. Seit das Team 2011 in die Regionalliga aufstieg, finden die Heimspiele auf dem Laskersportplatz statt.

Trotz fehlender Frauennamen haben auch die Stadien, Arenen und Sportplätze im Frauenfußball wohlklingende Namen mit Tradition: Die Fans von Turbine Potsdam nennen ihr Karl-Liebknecht-Stadion liebevoll das »KarLi«. Die Sportanlage gibt es seit 1924 und seit 1976 ist sie nach Karl Liebknecht benannt. Es passen 10.786 Besucher_innen hinein. Einzigartig und der ganze Stolz der Potsdamer Stadiongadget-Abteilung ist die Konstruktion der Flutlichtanlage: Die Flutlichtmasten können außerhalb der Spielzeiten wie ein Schweizer Taschenmesser eingeklappt werden, damit sie den Panoramablick vom nahe gelegenen Flatowturm im Park Babelsberg nicht »behindern«.

Die Konkurrentinnen aus Frankfurt trommeln am Brentanobad auf der Haupttribüne und können im Sommer nach dem Heimsieg gleich nebenan ins kühle Wasser springen. Das Stadion von 1992 wird 2013 saniert und erweitert, auch wegen der starken Medienpräsenz des 1. FFC Frankfurt. Die Frauen aus Jena spielen im Ernst-Abbe-Sportfeld im Flutlicht der sogenannten »Giraffen«. Seit 1924 gibt es das Sportfeld, dessen Flutlichtmasten aufgrund ihres Aussehens nach den stolzen Steppentieren benannt wurden. Nach der Überflutung des Sportplatzes 2013 in Folge des Frederik-Günther-Wetterkomplexes stellte man fest, dass die Giraffen zu marode für den weiteren Betrieb waren, und sie wurden ersetzt. Jena teilt sein Giraffensterben-Schicksal mit den Herren von Dynamo Dresden, deren leuchtende Freunde bereits 2006 dahingerafft wurden. Einige Lampen der Jenaer Flutlichtmasten wurden von Unbekannten aus ihrem Zwischenlager entwendet, die Übriggebliebenen konnten dann noch von Fans für einen guten Zweck ersteigert werden, ein Wohnzimmergebrauch wird allerdings nicht empfohlen. Ohne Giraffenbegleitung steht nun der JenTower, umgangssprachlich auch »Penis Jenensis« genannt, im Jenaer Panorama.

Wir sind also nach klingenden Orts- und wichtigen Herrennamen bei einer Reihe von charakterlosen, aber hübsch vergoldeten Stadiontiteln gelandet – aber natürlich wird es nicht mehr lange dauern. Das 21. Jahrhundert wird das Jahrhundert der Ihr-ihr-Stadien. Sämtliche neu gebauten Stadien werden die Namen unserer Stars tragen. Steffi-Jones-Arena, Birgit Prinz Stadion oder Hannelore-Ratzeburg-Kampfbahn. Und bei jeder Eröffnung gedenken wir kurz Johannes Rau und Ernst Kuzorras Frau, die übrigens Elli hieß.

31. GRUND

Weil der FFC Heike Rheine nach Heike benannt wurde

Ja, es springt ins Auge, es liegt auf der Hand und es stimmt wirklich. 1998 stand in Rheine die Unabhängigkeit der Frauenabteilung vom FC Eintracht Rheine an. Wie sollte man sich also nennen? In Abgrenzung zum Herrenclub verwendete das Team zum ersten Mal die Abkürzung FFC für Frauenfußballclub. Laut allgemeiner Definition besteht der Fußballvereinsname aus eben einer Abkürzung (FC, SC usw.), dem Ortsnamen und meistens noch dazwischen einem sogenannten »Namensrelikt«. Das Namensrelikt »Eintracht« ist eines der bekanntesten, davon wollte man sich aber ja gerade abgrenzen. Die Reaktion dann anscheinend: her mit dem erstbesten Namen, der nicht bei drei auf dem Baum ist. Die Trainerin zu der Zeit hieß Heike Kinder und fertig war der FFC Heike Rheine. Übrigens der erste selbstständige Fußballverein nur für Frauen in Deutschland. Bis 2007 mischte man in der Bundesliga mit, dann folgte ein sportlicher Absturz bis in die Regionalliga. Vereinsnamenstechnisch hätte man es wahrlich schlechter treffen können. Glück zum Beispiel, dass die Trainerin eine Frau war und nicht männlich mit dem Namen Reiner. In der Frauenfußball-Bundesliga hieße dann übrigens der 1. FFC Turbine Potsdam wohl ganz zu Recht 1. FFC Bernd Potsdam. Die Zeiten des Namensreliktes sind mittlerweile passé, nur ganz wenige Clubs haben noch ein Eintracht, Fortuna oder Wacker im Namen.

Im Männerfußball hätte das Prinzip unter anderem folgende Ungetüme hervorgebracht: Der FC Bayern München hieße passenderweise FC Franz München. Werder Bremen verzeichnet einen Ungarn als ersten hauptberuflichen Trainer und hieße demnach SV Ferenc Bremen. Borussia Mönchengladbach hieße wahrscheinlich Hermann Mönchengladbach. Nur die Hertha aus Berlin muss hier nicht abgewandelt werden, der Name entstammt schon einem ähnlichen Zufall: Gründungsmitglied Fritz Lindner hatte zuvor einen unvergesslichen Törn mit seinem Vater auf dem Haveldampfer »Hertha« erlebt.

Die beiden bekanntesten Spielerinnen, die für den FFC Heike Rheine aufliefen, sind die Kerstins: Kerstin Stegemann und Kerstin Garefrekes. Garefrekes, geboren in Ibbenbüren wie auch eine der Autorinnen, verließ den Verein 2004 in Richtung Frankfurt und wurde dort beim FFC Frankfurt Stammspielerin und bei der Stadtkämmerei Teilzeitbeamtin. Zwischendrin schrieb sie noch ihre Diplomarbeit mit dem Titel »Strategisches Management im Vereinsfrauenfußball«. Kerstin »Stege« Stegemann startete ihre Karriere bei dem Club mit dem tollen Namen Germania Hauenhorst. 191-mal stand sie für Deutschland auf dem Platz. Beim FFC Heike Rheine verweilte sie in ihrer Clublaufbahn am längsten, auch wenn sie dort nur wenige Erfolge feierte. Sollten die Rheinerinnen noch mal in die Not der Namensänderung kommen, FFC Kerstin Rheine wäre sicherlich mehr als angebracht.

32. GRUND

Weil Bernd Schröder statt einen Broiler zu bestellen, Frauenfußball-Trainer wurde

Man schrieb den 3. März 1971 und der Ingenieur Bernd Schröder war nach Feierabend auf dem Weg ins Clubhaus Walter Junker. Er malte sich wohl aus, was es zum Abendessen geben sollte, vielleicht eine Karlsbader Schnitte, Kochklopse oder doch einen Broiler, wie man das gemeine Brathuhn im Osten damals nannte. Unschuldig setzte sich Schröder an einen Tisch der Vereinsgaststätte der BSG Turbine Potsdam und wurde nicht nur Zeuge, sondern gleich auch Protagonist eines historischen Moments. Anfang des Jahres hatte es einen ominösen und anonymen Aushang im Betrieb der Energieversorgung Potsdam gegeben: »Gründen Frauen Fußball Mannschaft. Bitte melden. 3. März 1971. 18 Uhr im Clubhaus Walter Junker.«[90] Ernst oder Silvesterscherz? Tatsächlich waren einige Interessierte an jenem Abend in das Clubhaus gekommen, und es brauchte nur noch jemanden, der oder die das Training in die Hand nahm. Bernd Schröder, zufällig zur richtigen Zeit am richtigen Ort, erklärte sich bereit und übernahm gleich am nächsten Tag das erste Training.

Es sollte der Beginn einer langjährigen und äußerst erfolgreichen Liebesgeschichte werden. Das Team aus Potsdam ohne Bernd Schröder – die Vorstellung ist wie Pommes ohne Schranke. Mittlerweile ist der gute Mann über die 70 hinweg, was wird aus dem Verein wohl werden, sollte er irgendwann aufhören? Die Trainerbank hatte er zwischenzeitlich verlassen, Anfang der 90er konzentrierte er sich eher auf die Arbeit hinter den Kulissen. Die Trainerinnen und Trainer wechselten in den sechs Jahren fast jährlich, an Kontinuität war nicht zu denken. Lag es nun an den Personen, den finanziellen Schwierigkeiten, der Wende oder daran, dass Bernd Schröder doch die Fäden wieder selbst in der Hand halten wollte – die Turbine hatte es nach der Wiedervereinigung wie fast alle Sportvereine aus den neuen Bundesländern nicht leicht. Schröder musste die ersten Jahre nicht nur um den Verbleib der sportlichen Unterstützung kämpfen, er versuchte auch händeringend, die Arbeitsplätze der Spielerinnen bei der Energieversorgung Potsdam zu sichern. 1997 hatte Turbine wohl die gröbsten Turbulenzen ausgestanden, spielte in der Bundesliga mit und hatte auch im DFB-Pokal was zu sagen. In just dem Jahr setzte sich auch Bernd Schröder wieder auf die Trainerbank, seinen Vorgänger Eckhard Düwiger konnte man sich angeblich nicht mehr leisten.

»Um Frauenfußballtrainer zu werden, musst du Fanatiker sein«, attestierte einst eine Spielerin.[91] Bis heute drillt also der zwei Meter große Schröder, früher auch gerne mal »der Lange« oder »Berndl« genannt, die Spielerinnen aus Potsdam. Seine Trainingsmethoden galten und gelten als hart, schon zu DDR-Zeiten mussten die Spielerinnen mit umgeschnallten Gewichten, damals noch Autoreifen, ihre Sprints absolvieren. Selbst wenn es im Spiel recht gut läuft, hat Schröder vor allem kritische Worte, so lauten jedenfalls die Gerüchte. Zufrieden sei er selten. So wurde auch der Vertrag mit der isländischen Nationalspielerin Viðarsdóttir aufgelöst, denn »sie kann die körperlichen Belastungen eines Hochleistungstrainings wie bei uns hier in Potsdam nicht verkraften.«[92] Fußballspielen bedeutet hier Drill, schaut sich Schröder das Training der Männer an, so lässt er auch daran kein gutes Haar. »Einige der Männerprofis sind doch schon am Quengeln, wenn zweimal am Tag Training angesagt ist. Die sollten besser in den Kindergarten gehen. Da gibt es Mittagsschlaf und heiße Milch.«[93] Anders geht es bei Potsdam zu, dreimal am Tag wird trainiert. Hart sei das Training, hört man immer wieder von ehemaligen Spielerinnen. Noch ein Hauch von ostdeutscher Strenge? Der Lohn ist das wohl fitteste Team der Bundesliga.

33. GRUND

Weil der SC 07 Bad Neuenahr ein absoluter Traditionsclub ist war

Frauenfußball ist zwar ein vergleichsweise junger Sport, wenn es nach den »offiziellen« Maßstäben geht, dennoch kann man auch hier echte Tradition finden. Ein Club zum Lieben ist definitiv der SC 07 Bad Neuenahr. Hier wurde Fußballgeschichte geschrieben, die bis heute nachwirkt. Noch bevor das Verbot vom DFB zurückgenommen wurde, gründete sich bereits 1969 eine Frauenfußballabteilung. Geht man heute auf die Wikipedia-Seite des Vereins, so scheint die Welt verkehrt herum: In den ersten fünf Kapiteln geht es um die Frauen und erst im letzten heißt es: Männerfußball.

Wären wir in den 60ern groß geworden, dann wären wir auch nach Neuenahr gepilgert, seinerzeit ein Mekka des Frauenfußballs. Das dachte sich auch das Fußballtalent Martina Arzdorf und ließ sich 15-jährig von ihrem Vater 1969 zum Probetraining fahren. Gleich am nächsten Tag wird sie als Mittelstürmerin eingesetzt. Von da an wird in Neuenahr auf höchstem Niveau Fußball gespielt und man macht sich einen Namen als Turnierausrichterin. Das spricht sich natürlich rum. Das Nationalteam aus Italien lädt die Spielerinnen aus Bad Neuenahr 1970 prompt als deutsche Vertretung zu der inoffiziellen Weltmeisterschaft ein.

»Zur Fußballweltmeisterschaft der Frauen ließ sich Helga Walluga (28) aus Bad Neuenahr, die ›Ausputzerin‹ der deutschen Elf, rasch noch eine flotte Welle ins blonde Haar ondulieren. Dann setzte sie sich neben zwölf kichernde Kameradinnen und einen streng blickenden Trainer in den Bus, der sie in das Stadion von Genua brachte. Dort wurden Fußballstiefel und Mieder geschnürt, und wenig später begann das erste Spiel der Weltmeisterschaft.«[94]

»Coppa del Mondo« – Weltmeisterschaft hieß das Turnier damals schon und die Auswahl aus Bad Neuenahr musste zwei herbe

Niederlagen einstecken. Erst hieß es 5:1 gegen England und dann 6:1 gegen die späteren Weltmeisterinnen aus Dänemark. Beide Tore für die deutsche Vertretung schoss natürlich Martina Arzdorf. Die Ausgabe der *Bild*-Zeitung am Tag nach der Niederlage gegen England war im Rheinland schnell vergriffen, Titel: »5 auf's Höschen« mit einer Abbildung von Torfrau Maria Nelles.

Zurück zum liebenswerten SC 07 Bad Neuenahr und seinen Spielerinnen. Die spielten weiter fleißig vorne mit und wurden dann auch tatsächlich 1978 Deutsche Meisterinnen. Darüber hinaus gehörte man 1990 zu den Gründungsvereinen der zweigleisigen und 1997 der eingleisigen Bundesliga. Rekordtorschützin ist immer noch Martina Arzdorf, die wegen ihrer über 200 erzielten Tore nicht nur als weiblicher Gerd Müller bezeichnet wurde, sondern auch als erste Frau auf die Torwand im ZDF-*Sportstudio* schießen durfte. An den Anfangserfolg konnte man aber nicht mehr so richtig anknüpfen. Seit Gründung der Bundesliga dümpelt der Verein eher im Mittelfeld oder als Fahrstuhlteam. Zur Saison 2013/14 musste man gar die Bundesligalizenz zurückziehen und stellte einen Insolvenzantrag. Auch der Fanclub »Celtics Bad Neuenahr« löste sich 2013 aus zeitlichen Gründen auf. Im Oktober 2013 stand dann fest: Es kann in der 2. Liga unter neuem Namen weitergehen. Der Name SC 1969 Bad Neuenahr (1969 ist das Gründungsjahr der Frauenfußballabteilung) wurde aus Gründen der »Irreführung« (sic!) abgelehnt. Und auch, so der Präsident, »weil wir uns damit zu stark auf den Frauenbereich bezogen hätten. Aber bei uns sollen ja auch Männer eine sportliche Heimat haben.«[95] Verkehrte Welt!

So heißt der Traditionsclub nun neugeboren SC 13 Bad Neuenahr. Und um mit dem Eindruck der Bedeutsamkeit des SC Bad Neuenahr nach Hause zu gehen, hier ein unvollständiger Einblick, wer dort schon spielte: Linda Bresonik, Ursula Holl, Steffi Jones, Martina Müller, Célia Okoyino da Mbabi, Sandra Minnert, Martina Arzdorf, Christa Nüsser, Bärbel Wohlleben, Birgit Bormann, Bianca Rech und und und.

34. GRUND

Weil Bettina Wiegmann weiß, wann man aufhören muss

Bettina Wiegmann hat sicherlich einiges richtig gemacht in ihrem Leben. Zum Beispiel ihr Hobby zum Beruf. Sie ist eine der erfolgreichsten Spielerinnen aus Deutschland und trotzdem von Medienhypes verschont geblieben. Sie wurde 1998 in die FIFA-Weltauswahl gewählt und zur ersten Ehrenspielführerin ernannt. Davon kann man sich zwar nichts kaufen, aber sicherlich was drauf einbilden. Wenn man das will. Wiegmann scheint auf dem Boden geblieben zu sein, im Mittelfeld zog sie im Nationalteam genauso die Fäden wie bei ihrem Heimatverein Brauweiler Puhlheim.

Brauweiler liegt bei Köln und beherbergt nicht nur den Knotenpunkt für das europäische Hochspannungsnetz, sondern auch jahrelang eine erfolgreiche Frauenfußball-Abteilung – erfolgreich auch wegen ihrer Mittelfeldstrategin Bettina Wiegmann. 17-jährig wechselte sie zu dem 14-jährigen Team. Schon drei Jahre später, 1991, winkte die erste Sensation. Noch zweitklassig gewannen die Grün-Weißen von Brauweiler den DFB-Pokal gegen die Favoritinnen aus Siegen. Von da an zementierte sich die Rivalität zwischen den beiden Teams. Ob Pokal oder Meisterschaft, immer wieder hieß es Brauweiler gegen Siegen. Brauweiler musste dabei meist den Kürzeren ziehen und spielte lange nur die zweite Geige. Erst als der Meistermacher, Dr. Hans-Jürgen Tritschoks, das Traineramt 1996 übernahm, wurde man gleich im nächsten Jahr Deutsche Meisterin. Und als wär das nicht schon schön genug, holte man mit dem DFB-Pokal auch noch das Double.

2000 machten sich die Brauweilerinnen selbstständig. Nach Frankfurter Vorbild gründete sich der FFC Brauweiler Puhlheim. An die guten Zeiten konnte man allerdings nicht mehr anknüpfen, Leistungsträgerinnen wie Maren Meinert und auch Bettina Wiegmann gingen in die USA. In der Saison 2006/07 ereilte die Brauweilerinnen, was kurz zuvor auch dem FSV Frankfurt passierte: Völlig überfordert mit dem Bundesliganiveau, kassierte man glatt 100 Gegentore und konnte keinen einzigen Punkt sichern. Klarer Abstieg. Ein Jahr später hatte dann auch noch jemand die Abrechnung vergeigt und der Insolvenzantrag wurde fällig. Seit 2009 läuft die Lizenz über den 1. FC Köln und man grätscht immer wieder knapp am Aufstieg in die 1. Liga vorbei.

Bettina Wiegmann hat unterdessen einfach alles richtig gemacht. Man soll aufhören, wenn es am schönsten ist. Schon vor der WM 2003 kündigte sie ihr Karriereende an und krönte es mit dem Titelgewinn. Hier gilt also: Besser ein gutes Karriereende UND eine gute Karriere. Wiegmanns Kommentar: »Ich wollte nicht, dass mir irgendwann so Jungspunde hinterherrufen: Guck mal, die Oma.«[96] Beinharte Realistin. Stattdessen jagt die Oma jetzt die Jungspunde über den Platz, erst als Trainerin beim Fußball-Verband Mittelrhein, mittlerweile bei den U-15- und U-19-Nationalteams. Und das Ganze mit einer sympathischen Philosophie: »Mir ist es wichtig, dass die Mädels neben dem Fußballspielen auch eine Persönlichkeitsentwicklung durchmachen. Kleinigkeiten lernen, die man braucht, um weiterzukommen. Selbstständig werden. Sich fußballerisch weiterentwickeln, aber dabei auch immer Spaß haben.«[97]

35. GRUND

Weil ein Bänderriss schließlich zum ersten Frauen-Fußball-Club Frankfurt führte

Der 1. FFC Frankfurt ist irgendwie einfach ein Mythos. Ein Synonym für modernen Frauenfußball in Deutschland. Ein unabhängiger Verein für die Ansprüche und Bedürfnisse der Frauen und Mädchen allein. National und international erfolgreich, Heimat unzähliger Stars.

Die Macher_innen des 1. FFC Frankfurt kamen zufällig zusammen. Die eine hatte einen Bänderriss, der andere war Physiotherapeut und das passt auf den ersten Blick gut zusammen. Außerdem spielten beide ab und zu zusammen Tennis. Die eine heißt Monika Staab, als aktive Spielerin bei Oberst Schiel und der SG Praunheim dabei. Der andere heißt Siegfried »Siggi« Dietrich, ausgebildeter Physiotherapeut, Manager mit Erfahrung im Eiskunstlauf. Als Monika Staab 1993 Trainerin bei der SG Praunheim wird, steigt auch bald Dietrich mit seiner Agentur SIDI-Sportmanagement in den Club mit ein. Er hat wohl so eine Ahnung, dass aus der ganzen Sache was werden könnte, von Fußball generell hatte er eher keine. Die ersten Jahre sind auch noch recht improvisiert, Manager Dietrich muss während der Spiele durchaus auch immer mal wieder als Physio einspringen und mit der Thermobox auf das Feld zur Erstbehandlung sprinten. Seine Freundin Corinna kümmert sich um das VIP-Buffet, vor allem der Krabben-Sellerie-Salat bleibt den Gästen in Erinnerung. Ein erster Höhepunkt ist das Meisterschaftsfinale 1996 gegen den TSV Siegen. Der Sportplatz am Praunheimer Hohl ist zu klein und zu röttelig, das Spiel wird in das Stadion am Brentanobad verlegt – die spätere Heimspielstätte des FFC. Die Praunheimerinnen verlieren zwar, das Ganze ist trotzdem ein Erfolg.

Bloß doof, dass der Praunheimer Vorstand das zwar auch alles schick findet, deshalb aber noch lange nicht mehr Knete in die Abteilung stecken will. Die Männer zählen einfach mehr, obwohl die in einer niedrigeren Spielklasse vor sich hin dümpeln. Der Ausweg scheint die Selbstständigkeit. Am 1. Januar 1999 kommt es zur Trennung von der SGP und zur Gründung des 1. Frauen-Fußball-Club Frankfurt. Vorsitzende und Trainerin: Monika Staab. Das neue Logo zeigt die Frankfurter Skyline, davor eine grafische Fußballerin nach dem Vorbild von Spielerin Simone Damerau. Ob es nun an der Neugründung, der Trainerin oder dem neuen Logo lag, oder einfach am Gesamtpaket: Die Rechnung geht auf, der FFC wird im selben Jahr DFB-Pokalsiegerin. Seither hat das Team den

TSV Siegen als sogenannten »FC Bayern München« des Frauenfußballs abgelöst. Siggi Dietrich lotst seit Jahren zahlungskräftige Sponsoren und hochkarätige Nationalspielerinnen ans Brentanobad. Monika Staab blieb fünf Jahre lang Trainerin, schmiss parallel sogar noch die Pension mit Bäckerei ihrer Eltern – jeden Morgen musste sie um fünf Uhr aufstehen und die Brötchen verkaufen und kurz nach Ladenschluss ins Auto springen, um zum Training zu düsen. Stressig? Sie gewann mit dem Team viermal die Meisterschaft, fünfmal den Pokal und zum ersten Mal den neuen UEFA-Cup (»ein Erfolg wie für die Raumfahrt der erste Mensch auf dem Mond«), entdeckte Talente wie Steffi Jones und Birgit Prinz. Nach Monika Staabs Rücktritt als Trainerin und Vorsitzende (aufgrund einer Neuorientierung, aber wohl auch wegen Meinungsverschiedenheiten mit dem Management) ging es mit Hans-Jürgen Tritschoks weiter, dem Meistertrainer aus Brauweiler. Der FFC erholte sich von der schlimmen Saison 2003/04 und gewann bis 2008 drei Meisterschaften und zweimal den Pokal. Dann hörte Tritschoks auf und es ging wieder leicht bergab. Letzten Endes gab es seitdem keinen Meistertitel mehr und außer Erfolgen im DFB-Pokal 2011 und 2014 auch sonst nix zu feiern. Für den großen FFC wohl doch etwas wenig, aber wie heißt es so schön: Die Spitze wird breiter. Und das wird schon wieder, wir wünschen Hals- und Bänderriss.

 36. GRUND

Weil in Duisburg der gute Rasen für die unterklassigen Herren geschont werden sollte und die Frauen sich das nicht bieten ließen

Im Sommer 1999 kommt es in Duisburg zu einer Posse auf Schrebergarten-Niveau. Der Vorsitzende des FCR Duisburg, Ulrich Fuchs, beschließt, den guten Rasenplatz für jegliches Training zu sperren.

Insbesondere in die Strafräume darf nicht mal mehr der kleine Zeh gesetzt werden. Dabei war das erfolgreiche Frauenteam ursprünglich der Grund gewesen, dass Stadt und Land den neuen Rasen subventionierten. Unnötig zu erwähnen, dass die Männer, gerade in die Kreisliga abgestiegen, den Rasen natürlich zum Trainieren nutzen können. Selbst unmittelbar vor dem DFB-Pokalfinale dürfen die Frauen nicht auf dem Rasen trainieren. Trainer Jürgen Krust zunächst aufgebracht: »Das ist Chauvinismus aus der Gründerzeit des Fußballs.« Und schließlich polemisch: Man könne ja »woanders trainieren und den Rumelner Rasen zur Regeneration als Liegewiese nutzen; zwischen den Strafräumen ist ja genug Platz.«[98]

Die Frauen wurden trotzdem deutsche Meisterinnen 1999/2000, während die Herren weiter in der Kreisliga vor sich hin vegetierten. Der Rasen macht wohl keine Meister. Angepisst war man trotzdem und so machte sich die Frauenabteilung im Sommer 2001 selbstständig und gründete den FCR 2001 Duisburg, in Anlehnung an die Vereinsgründungen in Frankfurt und Potsdam hoffte man auf Unabhängigkeit und Professionalisierung. Die »Löwinnen« waren hungrig nach Titeln, bekamen aber immer nur kleine Häppchen hingeworfen. So oft wurde man nur Zweite, dass man den Vereinsnamen schon in FCR 2001 Vizeburg umbenennen konnte. Zwischendurch dann auch noch Trubel um den Trainer Jürgen Krust, der ein paar Jahre vorher den Chauvinismus im Fußball aufs Schärfste verurteilte: Nun soll er selbst in die Chauvi-Falle getappt sein, mehrere Spielerinnen auf unterschiedlichste Art und Weise sexuell belästigt haben. Kurz wurde er suspendiert, aber die Spielerinnen nahmen alle, vielleicht auch unter dem Druck der Teamkolleginnen, die Vorwürfe wieder zurück.

Aber noch mal zum sportlichen Teil: Langjährige Leistungsträgerin im Verein war Martina Voss. Sie wurde häufig mit Pierre Littbarski verglichen: »Ich bin der Litti aus Duisburg.«[99] Auch hier gilt die Devise von Birgit Prinz – besser ein beschissenes Karriereende als eine beschissene Karriere. Voss knallte ausgerechnet in ihrem letzten Spiel und im DFB-Pokalfinale ein Eigentor ins Netz. Duisburg wieder nur Zweite. Weitere Starspielerin bei den Duisburgerinnen war Inka Grings. In 271 Spielen für den FCR erzielte sie unglaubliche 353 Tore. In der Saison 1999/2000 stellte sie den bis heute gültigen Bundesligarekord mit 38 Toren auf.

2008 übernahm Martina Voss das Trainerinnenamt und Duisburg erlebte noch einmal eine Hochzeit: 2009 gewann man den Europapokal und den DFB-Pokal. Die Duisburgerinnen befanden sich anscheinend in einem Torrausch, in beiden Finals schoss man sieben Tore. Nach dem Rausch folgt aber bekanntermaßen der kalte Entzug. In diesem Fall bedeutete das die Talfahrt in die Insolvenz. Gehälter konnten nicht gezahlt werden, die Leistungsträgerinnen wechselten in sicherere Gefilde. 2014 war die Insolvenz trotz diverser Rettungsversuche unabwendbar und aus den Löwinnen wurden Zebras. Die Lizenz übernahm der MSV Duisburg. Knapp konnte man in der Saison 2013/14 die Klasse halten. Dann noch der Knaller in der Sommerpause: Goalgetterin Inka Grings wird neue Trainerin! Gute Voraussetzungen für eine Bergfahrt.

 37. GRUND

Weil Monika Schmidt bei 40 Grad noch den Turbo einschaltete

In den 70er-Jahren konnte man die Mädels aus München kaum stoppen. Gerade erst im Bus vom Spiel gegen Bergisch Gladbach wieder daheim, wurde am See gleich weitergekickt. »Am liebsten dann noch bei 40 Grad. Man hat mich immer Turbo genannt, weil ich noch einen Turbo eingeschaltet habe, wenn alle anderen schon platt waren.«[100] Monika Schmidt war 1970 Gründungsmitglied der Frauenabteilung beim FC Bayern München. Am Anfang waren sie zu dritt, nach einer Zeitungsannonce meldeten sich über 70 andere Frauen. Also konnte es losgehen, und zwar ernsthaft! Ein halbes

Jahr wurde nur trainiert, richtige Spiele sollten erst später auf dem Programm stehen, damit man sich nicht lächerlich machte. Monika Schmidt war die Nummer 10, die Spielmacherin im Mittelfeld, die nach vorne und nach hinten arbeitete. »Ich war schnell und hatte Kondition.« Highlights in den Jahren 70 bis 76 (»Da war die ganze Mannschaft verrückt!«) waren sicherlich die Spiele gegen die SSG 09 Bergisch Gladbach oder TuS Wörrstadt. 1976 kann der FC Bayern das Meisterschaftsfinale gegen TB Berlin für sich entscheiden, Monika Schmidt schießt ein Tor. Auch schon dabei: die junge Silvia »Sissy« Raith, die sich später einen Namen als Trainerin macht. Bitter dagegen das Finale 1982, in dem man sich 6:0 gegen die SSG 09 geschlagen geben muss. Von Wörrstadt wird 1977 die heutige Managerin Karin Danner abgeworben. Sie war dem Trainer und Monika Schmidt bei einem Hallenturnier aufgefallen, gerade mal 16 Jahre alt. Aber auch die junge Danner kann im Finale 1985 gegen den KBC Duisburg nicht viel ausrichten.

Anfang der 90er müssen die Münchnerinnen zunächst zurück in die Verbandsliga. Der sportliche Erfolg kommt mit der Jahrtausendwende und dem Aufstieg in die Bundesliga. Seither spielt man oben mit und wird 2009 sogar Vizemeisterin. 2012 dann der bislang letzte große Erfolg im DFB-Pokal: Mit 2:0 kann man den 1. FFC Frankfurt besiegen und den Pokal ergattern. Ganz im Gegensatz zur Männerabteilung gilt die Frauenabteilung des FC Bayern als Nachwuchsschmiede im Frauenfußball. Nadine Angerer und Simone Laudehr schnürten schon ihre Schuhe für den FCB, Melanie Behringer kehrt zur Saison 2014/15 wieder nach München zurück. Sie alle hatten eine bessere Ausgangslage als Monika Schmidt, die erst mit 18 Jahren überhaupt Fußball spielen durfte. »Natürlich frag ich mich manchmal, was wäre gewesen, wenn ich heute noch mal mit dem Fußballspielen anfangen würde, welche Möglichkeiten es da mittlerweile gibt.« All diese Möglichkeiten hatte Monika Schmidt nicht, aber sie hat sie mit ihrem Engagement möglich gemacht – und sie hatte den Turbo.

38. GRUND

Weil Siegen von Gewinnen kommt

Wo liegt eigentlich Siegen? Im Siegerland natürlich. Und Siegen heißt in echt gewinnen. Das galt zumindest mal für knapp zehn Jahre zwischen 1987 und 1996. Die Fußballerinnen vom TSV Siegen wurden als FC Bayern München des Frauenfußballs bezeichnet. In den zehn Jahren des fast unangefochtenen Ruhmes wurden die Siegenerinnen sechsmal deutsche Meisterinnen und fünfmal DFB-Pokalsiegerinnen – Siegen eben als Synonym für gewinnen.

Der Macher des Erfolges ist eigentlich Blumengroßhändler und heißt Gerd Neuser. Auslöserin für sein Engagement im Fußball ist wiederum seine Frau Rosi Neuser. Rosi spielt als Torwartin für die SSG Bergisch Gladbach und Gerd fährt mit zu jedem Spiel. Zwar wird die SSG Deutsche Meisterin und Pokalsiegerin, aber die Stimmung im Team scheint zu kippen, anscheinend läuft es mit der Trainerin Anne Trabant-Haarbach nicht so überragend. Gerd Neuser wittert die Chance und holt neben Rosi auch noch Leistungsträgerinnen Silvia Neid und Petra Bartelmann nach Siegen. Sissy Raith und Rike Koekkoek kommen vom FSV Frankfurt, Martina Voss aus Duisburg. Eine zusammengekaufte Truppe, lautet der Vorwurf von den Ligakolleg_innen. Eben der FC Bayern der Liga. Die Männer vom TSV Siegen sind jedenfalls sehr geehrt, dürfen sie ihre Partien als Vorspiele vor der Frauenpartie austragen.

Gerd Neuser schafft aber vor allem auch Möglichkeiten. Silvia Neid stünde wahrscheinlich immer noch hinter der Fleischertheke, hätte Neuser ihr nicht eine unstressige Verbindung von Fußball und Arbeit ermöglicht. Neid arbeitet bei ihm im Blumenladen und fährt Lieferungen durch die Gegend. Die heutige Bundestrainerin freut sich über Achtstundentage und hat samstags auch mal frei. Gerd Neuser war alles in Personalunion: Trainer, Manager, Pressesprecher – und auch noch Arbeitgeber.

1994 kommt es aber zu einer heftigen Auseinandersetzung zwischen Gerd Neuser und dem damaligen Vorsitzenden des TSV. Worum es ging, weiß man nicht, und seitdem hat man Neuser nicht mehr in der Nähe des Sportplatzes gesichtet. Wer weiß, wäre es dort mit ihm weitergegangen, der TSV Siegen wäre wahrscheinlich immer noch Dauermeisterin und das halbe Nationalteam würde noch immer im Siegerland spielen. Um zu gewinnen.

39. GRUND

Weil das hier kein betulicher Damentreff auf grüner Wiese ist

Die Potsdamerinnen haben ein Geheimrezept. Trainer Bernd Schröder verrät die einfache Formel: Talent und Freude am Spiel. Torfrau Ines und die Spielerinnen äußern in der DEFA-Doku von 1988 individuelle Ansprüche an ihre sportliche Leistung, sie wissen, dass es mit pflichtschuldigem Hinterherlaufen nicht getan ist. Denn schließlich ist das »kein betulicher Damentreff auf grüner Wiese.«[101] Bei den »Torbienen« spielten über die Jahre Stars wie Nadine Angerer, Fatmire Alushi, geborene Bajramaj, und Ariane Hingst. Der große Erfolg in der Jugendarbeit ist vor allem der Zusammenarbeit mit dem Potsdamer Sportinternat zu verdanken. Hier haben Viola Odebrecht, Babett Peter und Bianca Schmidt an der Sportschule ihr Abitur gemacht, und hier bereiteten sich viele Spielerinnen darauf vor, mit der Turbine in der Bundesliga hinaufzukurbeln.

Das Team aus Potsdam hält in der Liga das Ostflair aufrecht. Von wohlklingenden Namen wie Chemie Leipzig, Rotation Schlema, Numerik Karl-Marx-Stadt, Elfe Berlin, Motor TuR Dresden-Übigau ist nur sie übrig geblieben: die schaufelnde und schnaufende Turbine, auch genannt Torbiene. Ein großes Kollektiv also, das auf der Jagd nach dem Tor ist. Einfache Ableitung: Die Honigbiene jagt den Honig, die Torbiene die Tore. Trotz großen Sozialgefüges wird eine komplexe Hierarchie aufrechterhalten, an der Spitze steht die Bienenkönigin, also Bernd Schröder. Der wurde zu DDR-Zeiten sogar als »Aktivist der sozialistischen Arbeit« ausgezeichnet. Die Turbinen hießen zu der Zeit noch Betriebssportgesellschaft und die kauzigen Ostnamen machten die Verbindung zwischen dem Werksverein und der dahinterstehenden Gewerkschaft hörbar: »Turbine« nannte man die Teams aus den Betrieben der Energiewirtschaft, »Einheit« hießen die Spielvereinigungen aus staatlicher und kommunaler Verwaltung, »Empor« diejenigen aus dem Handel und der Nahrungsgüterwirtschaft, »Fortschritt« die der Leicht- und Textilindustrie und »Rotation« die der polygrafischen Industrie und des Verlagswesens. Ziemlich schade, dass diese Tradition in der Liga nicht weitergeführt wurde, dann gäbe es zumindest noch Motor Wolfsburg und Chemie Leverkusen.

Starspielerin der Turbine zu DDR-Zeiten war Sabine Seidel. Schröder hatte auch sie mit einem Arbeitsplatz bei der VEB Energieversorgung locken können und sie führte die Potsdamerinnen mit ihren perfekten Flanken zu fünf DDR-Meisterschaften. Sie blieb auch nach aktiver Spielerinnenlaufbahn in Potsdam und betreute den Nachwuchs.

Die Zeit nach der Wende war für die Turbinen nicht leicht. Viele Leistungsträgerinnen ergriffen die Chance und wechselten zu den Topclubs aus dem Westen, vor allem zum TSV Siegen. Es herrschte große Umbruchstimmung, die Spielerinnen verloren ihre Arbeitsplätze beim VEB, der konnte sich auch das Team nicht mehr leisten und die finanzielle Unterstützung brach weg. Aus der BSG wurde der SSV. Schröder wurde Manager, aber die Trainer, die er holte, hatten keinen Erfolg. Unruhige Jahre folgten, Sabine Seidel musste die Turbine 1995 noch einmal als Trainerin vor dem Abstieg retten. 1997 kehrte Schröder dann wieder auf die Trainerbank zurück. Mit ihm ging es zunehmend aufwärts – die Potsdamerinnen hatten bald mit bis zu drei Trainingseinheiten pro Tag optimale Bedingungen, man erreichte Platz vier und gründete einen eigenständigen Verein unter dem Namen 1. FFC Turbine Potsdam.

    Eines der spannendsten Spiele der Vereinsgeschichte war sicherlich die Partie am letzten Spieltag der Saison 2002/03, ein richtiges Endspiel. Potsdam stand zwei Punkte hinter Frankfurt auf dem zweiten Platz und konnte sich mit einem Sieg im eigenen Stadion zum ersten Mal die gesamtdeutsche Meisterschaft sichern. Erst in der letzten Minute gelang es Petra Wimbersky, den Ball zum 1:0 einzunetzen, frenetischer Jubel im Stadion, doch dann: Abseits! Ein gefundenes Fressen für Verschwörungstheoretiker, war doch just in dem Moment die Kamera der übertragenden Fernsehsender ausgefallen. Die Entscheidung war nicht überprüfbar. 7.900 Zuschauer_innen waren Zeug_innen dieser Tragödie, so viel wie zu diesem Zeitpunkt noch nie in einem Ligaspiel. Glücklicherweise konnte Erzrivalin Frankfurt in der folgenden Saison zweimal amtlich nach Hause geschickt werden, im Meisterschaftsfinale am letzten Spieltag sogar mit 7:2. Legendär wurden die Turbinen erneut im Finale der erstmalig ausgetragenen Champions League in der Saison 2009/10. Gegen Lyon verhakte man sich über 120 Minuten in einem 0:0 und musste ins Elfmeterschießen gehen. Zum Star des Abends avancierte Torfrau Anna Felicitas Sarholz: Als Jennifer Zietz und Anja Mittag den ersten und vierten Elfer verschossen, sah die Lage schon aussichtslos aus. Doch Sarholz hielt die Elfer vier und fünf von Lyon und alles war wieder offen. Zum achten Potsdamer Elfmeter trat sie selbst an, Nerven aus Stahl in echter Isbert'scher Manier. Es wurde ein sehr langes Elfmetergefecht. Den insgesamt 18. Elfer setzte Élodie Thomis schließlich an die Latte und beendete den Krimi.

40. GRUND

Wegen den »Mädels mit der Riesenschusskraft«

1972 titelte so das Sportmagazin *Kicker*.[102] Die Spielerinnen vom TuS Wörrstadt hatten gerade das legendäre Maiturnier bei den Rivalinnen vom SC 07 Bad Neuenahr gewonnen. Eine Meisterschaft gab es noch nicht, also musste man sich den direkten Vergleich selbst organisieren. Anne Haarbach erzielte den entscheidenden Treffer im Finale mit einem spektakulären Flugkopfball. Bärbel Wohlleben hätte dem Stunt den Preis zum Tor des Monats gegönnt, »nur da war das Fernsehen nicht da«.[103] Überhaupt tummelte sich in Wörrstadt, einem Kaff in Rheinland-Pfalz an der Grenze zu Hessen, die Fußballelite der 70er. Bärbel Wohlleben, Uschi Demler, Anne Haarbach, Karin Pätzold – alle, die talentiert waren, wollten nach Wörrstadt. Und: »Die, die nicht geradeaus laufen konnten, waren schnell aussortiert.«[104]

Bis 1974 eine Art Bundesliga offiziell eingeführt wurde, gaben die Wörrstädterinnen bei 193 Partien nur vier verloren. Die Rivalinnen von SG Oberst Schiel oder SC 07 Bad Neuenahr hatten selten eine Chance. Für den internationalen Vergleich hingegen zogen Wörrstadt und Neuenahr bald an einem Strang, nachdem die Neuenahrerinnen bei der ersten inoffiziellen WM ordentlich an ihre Grenzen gestoßen waren. Wohlleben, Demler, Gerhild Bauer, Ulrike Manewal und Irmgard Hof verstärkten die Auswahl für die Spiele gegen das dänische Team und gemeinsam schaffte man ein 2:2 gegen die skandinavischen Favoritinnen. Wohlleben legte noch ein spektakuläres Fallrückzieher-Tor obendrauf und ein beobachtender Journalist war völlig von den Socken: »Musterhafte Pässe über 30 bis 40 Meter, akrobatische Abwehrleistungen, einige Fouls und Tore ganz besonderer Art.«[105]

Im lokalen Vergleich hatten die Wörrstädterinnen keine ernst zu nehmende Konkurrenz. 1971 absolvierte man 66 Spiele, gewann 64 und schoss 518 Tore! Trainer Fips Scheidt fürchtete die Unterforderung seiner Spielerinnen, der DFB aber wollte den bundesweiten Vergleich in Form einer Meisterschaft noch immer nicht. Die lokale Presse kommentierte: »Die Elf steht heute auf dem Zenit ihrer Leistung, und sie müssen jetzt national und international entsprechend beschäftigt werden. Offiziell, wohlverstanden!«[106] Ja, wohlverstanden. Fips Scheidt und die Verantwortlichen anderer Topteams warteten nicht länger und organisierten selbst eine Meisterschaft. Die darf dann aber bitte nicht so heißen, verlangte der DFB, und so spielte man um den »Goldpokal«. Im Finale traf Wörrstadt auf den FC Bayern München und gewann 3:1. Die Presse jubelte: »Besonders die Wörrstädterinnen könnten in puncto Technik so manchen Bezirksklassenspieler glattweg in den Sack stecken.« Und man war ganz erstaunt, »dass keiner der Fans versuchte, den Spielerinnen das Trikot vom Leibe zu reißen.«[107] Ja, Wahnsinn, wirklich verwunderlich.

Im Sommer 1974 fand endlich die erste offizielle Meisterschaft statt. Wörrstadt schaffte es wieder ins Finale und spielte in Mainz gegen die DJK Eintracht Gelsenkirchen-Erle. Auf der Strecke Wörrstadt–Mainz kam es vor dem Spiel auf den Straßen zum Verkehrschaos, so groß war das Interesse an dem Spiel. Mit 4:0 räumten Wohlleben (ihr 3:0 wird zum Tor des Monats) und Co. die Meisterschaft ab. Ganz Wörrstadt ist völlig aus dem Häuschen, zündet Silvesterkracher und beschüttet sich gemeinsam in der lokalen Turnhalle. Bärbel Petzold resümierte (wieder) nüchtern: »Für mich persönlich war die Meisterschaft das größte Erlebnis, denn wir waren alle hackedicht.«[108] Leider geht es von da bergab mit dem TuS Wörrstadt. Die anderen Teams holen leistungsmäßig auf, nicht nur Bad Neuenahr, auch Niederkirchen und der Bonner SC. Von Letzterem wird Wörrstadt mit einem 4:0 plattgemacht. Bärbel Petzold, mal wieder frei heraus: »Ich hatte eine Zerrung und musste gegen Beverly Ranger spielen. Die hat mich dermaßen nassgemacht!«[109]

Wörrstadt verliert nach und nach wichtige Spielerinnen, Anne Haarbach geht zum Bonner SC, Bärbel Wohlleben wechselt zu

Oberst Schiel und muss sogar selbst die Ablöse von immerhin 1.000 DM bezahlen. TuS Wörrstadt taucht ein Weilchen ab, spielt zwar 1993 bis 96 noch in der zweigleisigen Bundesliga mit, aber immer auf den spannenden Plätzen in Abstiegsnähe. Mittlerweile ist man Stammgästin in der Regionalliga mit seltenen und kurzen Ausflügen in die 2. Liga. Bärbel Petzold, Stammspielerin und Feierbiest der ersten Meisterschaft, wird später übrigens Präsidiumsmitglied im Süd-West-Fußball-Verband (SWFV), trägt dazu eine Wahnsinns-Brille und mag den Spielort Köln für das Pokalfinale: »Da gibt es keine Besoffenen, kein Gerotze, kein Gepöbel.«[110] Genau. Gepöbel hat seine Zeit, und Fußball hat seine Zeit. Und Köln ist vor allem Fußball.

41. GRUND

Weil AlsRudelSindWirStark

Ein Rudel hält zusammen. Im Rudel ist man nie allein. Rudelmitglieder sind nicht beliebig austauschbar, denn sie kennen sich untereinander sehr gut. Der Gegenentwurf wäre eine Herde, da tummelt sich alles anonym – aber das Rudel hat eine klare Arbeitsteilung, oft eine Rangordnung und für jede_n eine besondere Position. Lebt man im Rudel, dann verteidigt man gemeinsam ein Revier.

Wölfinnen und Wölfe wie Fußballer_innen setzen auf Rudelbildung. Man findet eine gemeinsame Ordnung, in der lamentiert, protestiert und sich auch mal gegenseitig geschubst wird. Die Wölfinnen vom VfL Wolfsburg bildeten 2014 ein Rudel, mit dem sie die Verteidigung der Champions League in Angriff nahmen. #AlsRudelSindWirStark hieß das Hashtag auf Twitter, unter dem sich alle Unterstützer_innen und sonstige Enthusiast_innen hinter das Team stellen konnten.[111] Die Taktik ging auf, das Team kam bis ins Finale in Lissabon und traf dort auf den schwedischen Club Tyresö FF.

Dort erlebten das Rudel und seine Fans ein episches Finale. In der 28. Minute kam der Pass auf Tyresös Stürmerin Marta, die – wie es ihre Gewohnheit ist – einfach mal durch die komplette Wolfsburger Abwehr ging wie ein warmes Messer durch die Butter. Die Führung für das schwedische Team. Kaum zwei Minuten später der nächste Schocker, Verónica Boquete kann eine Flanke in den Rückraum fast ungestört verwerten. Die erste Hälfte, nee, das war wirklich nichts für das Rudel. Doch nach dem Wechsel geht alles ganz schnell, in der 47. Minute treibt Anna Blässe den Ball auf der rechten Seite nach vorne, kann flanken und Alexandra Popp hält den Kopf zum Anschlusstreffer hin. Sofort klemmt sie sich den Ball unter den Arm und treibt ihr Team vorwärts. In der 53. Minute kann Martina Müller alleine auf das Tor zulaufen, ist schneller als die Abwehrspielerin und erzielt den Ausgleich. Erst mal durchatmen, denkste. Denkste! Nur drei Minuten später bekommt Marta den Ball halb links am Strafraum, dreht sich mit einer kurzen Finte in die Schussposition und der sitzt! Wunderschöner Schuss in die rechte Ecke, unhaltbar und die erneute Führung für Tyresö. Aber das ist längst noch nicht das Ende, in der 68. Minute bekommt Verena Faißt fast stolpernd den Ball und schiebt zum Ausgleich ein. Dramatik pur, in der 80. Minute kann sich auch Nadine Keßler auf der rechten Seite durchsetzen und den Ball so geschickt in den zugestellten Strafraum spielen, dass Martina Müller irgendwie nur noch den Fuß hinhalten muss, drin ist er, die Führung und die Titelverteidigung für das Rudel, das gemeinsam stark ist.

Puh, erst mal erholen ... Vielleicht helfen da ein paar trockene Fakten. Frauenfußball beim VfL Wolfsburg ist noch vergleichsweise jung, erst 2003 übernahm der Werksverein die Bundesligalizenz vom WSV Wolfsburg. Der schöne Zehnjahresplan ging auf, in der Saison 2012/13 fiel man in einen wundervollen Traum, aus dem man einfach nicht mehr aufwachte. Nichts mit bescheidenem Anpirschen, das Rudel wollte gleich alles auf einmal – und bekam es: das Triple aus Meisterschaft, DFB-Pokal und Champions League.

Und ein Jahr später die erste deutsche Titelverteidigung im Pokal von Europas Besten.

Der Frauenfußball in Wolfsburg begann 1972 bei der VfR Eintracht. Man hatte sogar eine Nationalspielerin der ersten Stunde im Kader, Christel Klinzmann, die beim ersten Länderspiel 1982 gegen die Schweiz eingewechselt wurde. Die Verteidigerin trug maßgeblich dazu bei, dass die Wolfsburgerinnen gegen die lokale Konkurrenz von Fortuna Hannover die Nase vorn hatten. 1984 schaffte es das Team bis ins Pokalfinale, musste dort aber eine 2:0-Niederlage gegen die SSG Bergisch Gladbach hinnehmen. Wenig später schnürte sogar Doris Fitschen ein paar Jahre ihre Treter für die Wölfinnen.

Mal abgesehen von den schon enormen Ereignissen der Jahre 2013 und 14 stellte der VfL einen weiteren Rekord auf: Die Meisterschaft 2014 war so spannend wie nie, Erste gegen Zweite am letzten Spieltag im direkten Duell. Der 1. FFC Frankfurt stand mit einem Punkt Abstand auf dem ersten Platz. Bei gefühlten 60 Grad kamen 12.464 zum packenden Finale – neuer Bundesligarekord! Frankfurt reichte ein Unentschieden, aber Wolfsburg ging in der 16. Minute in Führung. Kozue Andō glich in der 82. Minute aus, und wieder ging es um alles – da wurde der Wolf in der Pfanne verrückt! In der letzten Minute bekommt das Rudel seinen rettenden Freistoß. Alle auf Position, Fährte aufnehmen, Rudelordnung finden ... Stephanie Bunte schnibbelt in den Strafraum und Alexandra Popp köpft zum Meisterinnentitel – und da sehen wir das Rudel: Sie gehen gemeinsam auf die Jagd, jede weiß, wo sie steht, und dann ist der Ball drin.

 42. GRUND

Weil Melanie Behringer beim SC Freiburg einschlug wie eine Granate

Mit dieser fetzigen Schlagzeile lag das *Frauenfußball-Magazin*[112] 2005 goldrichtig. Melanie Behringer kam 2003 zum SC Freiburg und blieb fünf Jahre lang eine Leistungsträgerin des Teams, die sicherlich einen hohen Anteil daran hatte, dass der SC die Klasse halten konnte. Trotzdem war das nicht immer nur ein Zuckerschlecken für das junge Ausnahmetalent. Zu ihrer letzten Saison bei den Badenerinnen kam sie als frischgebackene Weltmeistern 2007 – und holte sich mit ihrem Team gleich mal eine 6:0-Packung vom FC Bayern München ab. Im eigenen Stadion. Wirkliche Erfolge konnte Behringer, obwohl sie selbst wirklich eine Menge dafür tat, mit dem SC Freiburg nicht feiern, man bewegte sich mehr oder weniger stetig zwischen dem achten und zehnten Tabellenplatz, 2005 stand man immerhin im Halbfinale des DFB-Pokals. Trotzdem gehört der SC seit Jahren fest mit zur Bundesliga, von einem kurzen Ausrutscher nach unten im Jahr 2010 mal abgesehen.

Die großen Stars konnte man allerdings nie halten. Managerin Birgit Bauer: »Wir sind und bleiben eben ein Ausbildungsverein, das gilt für unsere Männer wie für die Frauen.«[113] Melanie Behringer wurde noch zu Freiburgs Sportlerin des Jahres gewählt, dann wechselte sie »trotz starker Verbindung zu ihrem Verein und ihrer südbadischen Heimat«[114] zu den Nachbarinnen in München mit der Perspektive auf Meisterschaft und DFB-Pokal. Man muss ihr zugutehalten, dass sie dem Verein wirklich sehr lange treu blieb, die Angebote anderer Clubs verstopften ihr sicher ohnehin schon jahrelang den Briefkasten. Auch Verena Faißt wurde übrigens in Freiburg ausgebildet. Sie sollte eigentlich Tischtennis spielen und ging eher so zufällig bei einer Schulfreundin mit zum Training – welch ein Glücksfall! 2004 wechselte Faißt (Spitzname »Bones« –

58 Kilogramm bei 1,74 Metern Körpergröße) in das 40 Kilometer entfernte Freiburg, trainierte ein Jahr später schon bei den Bundesligistinnen mit und stieg 2006 in den Kader auf. Sofort wurde sie zur Stammspielerin. Der Abstieg von Freiburg 2010 machte dann die Entscheidung für einen Wechsel leichter, aber auch Faißt fühlt sich Südbaden sehr verbunden. Sie wechselte nach Wolfsburg, um auf oberstem Niveau weiterzuspielen – wer weiß, vielleicht kommt sie ja eines Tages wieder. Melanie Behringer zieht es jedenfalls immer wieder zurück. Im 70 Kilometer von Freiburg entfernten Wieden, dem Dorf, in dem Behringer das Kicken lernte, steht seit 2009 das Melanie-Behringer-Stadion – der Bolzplatz, auf dem sie als Knirps spielte, wurde ihr zu Ehren umgetauft. Seit 2012 betreibt sie außerdem die »Melanie Behringer Fußballschule« in Freiburg und versucht, so oft wie möglich selbst beim Training dabei zu sein. Ziemlich sicher, dass da ein ganzes Nest kleiner Fußballgranaten heranwächst, das von Freiburg aus die Bundesliga aufmischt.

43. GRUND

Weil man Männern, die einem Blumen mitbringen, nicht trauen sollte

Laut Knigge sind Blumen immer ein passendes und unverfängliches Mitbringsel. Misstrauisch aber sollte man auf jeden Fall werden, wenn sie Frauen auf dem Weg in die Kabine von Männerfunktionären überreicht werden, wie zwei Beispiele aus der jüngsten Geschichte zeigen.

Das mit den Männer- und den Frauenabteilungen innerhalb eines Vereins ist ja eine komplizierte Sache: Nach der »Legalisierung« des Frauenfußballs fühlte sich so mancher Männerclub wohl fast schon genötigt, auch eine Abteilung für Frauen zu schaffen. So richtige Unterstützung wollte man aber nicht abdrücken. »Geduldet sein« nennt man das, was in der Realität auch heute noch heißt: Trainiert und gespielt wird auf den hinterletzten Äckern und auch nur, wenn da nicht die Ü-65-Herren zufällig gerade ihren Standfußball verfeinern müssen.

Der FSV Frankfurt und der HSV zeigen, wie das eine (Acker) mit dem anderen (Blumen) zusammenhängt:

Beim HSV war das Frauenteam ein notwendiges Übel, obwohl es die Talente im Norden versammelte und förderte und sich in den Nullerjahren ziemlich solide im Mittelfeld der 1. Liga aufhielt. Doch die neuen Plätze wurden trotzdem vorrangig den Bambini für ihre Ballverfolgung im Rudel zur Verfügung gestellt. Auch eine der Autorinnen schnürte jahrelang ihre Stollen für den HSV. Es war eine durch und durch schizophrene Situation: In der Nachwuchsschmiede des Nordens stolperten ganze Haufen hoch motivierter Spielerinnen mehrmals die Woche über wildwüchsige Maulwurffelder, und mittendrin unsere Autorin, enthusiastisch, laufstark – und Pauli-Fan. Was für eine Verwirrung.

Im Mai des WM-Jahres 2011 aber beginnt die Katastrophe für den nordischen Frauenfußball: mit Blumen. Claudia von Lanken hat gerade als Trainerin des 2. Teams die Meisterschaft in der 2. Bundesliga gewonnen. Sportchef Bastian Reinhardt »gratuliert«: »Reinhardt hat einen kleinen Blumenstrauß in der Hand und beglückwünscht uns zu der Saison und der Meisterschaft ... Und dann kommt: ›Ich hab nicht nur eine gute Nachricht, ich habe auch schlechte Nachrichten und muss euch leider überbringen, dass der Vorstand entschlossen hat euch abzumelden, beziehungsweise die Bewerbung für die 2. Bundesliga zurückzuziehen.‹ Nach der Information hättest du auch eine Stecknadel fallen lassen können, du hättest sie im Stadion beben hören.«[115]

Die Zerstörung des langjährig unter schwierigen Bedingungen aufgebauten Frauenfußballfundaments beim HSV geht unaufhaltsam weiter: Insgesamt ist es im Verein chaotisch, die Männer-Profis bringen nicht die gewünschte Leistung, 2011 verpasst man die

Qualifikation zum Europapokal, damit gehen wichtige Einnahmen flöten und der Verein macht Verluste von fast fünf Millionen Euro. Das ein paar läppische Hunderttausend Euro teure Frauenteam aufzulösen scheint natürlich »absolut sinnvoll«. Im Mai 2012 wird die Spielberechtigung für die Bundesliga zurückgegeben und man tritt lediglich in der Regionalliga an – wieder Gelegenheit zur Übergabe eines Blumenstraußes. Von Lanken: »Der gesamte Frauenbereich wurde zerstört. Wir waren mal der Verein mit der besten Struktur. 1. Liga, 2. Liga, Regio und B-Juniorinnen. Dafür habe ich zehn Jahre alles gegeben und dann lag alles in Schutt und Asche.«[116]

Ein eigenartiger Zufall, dass der FSV Frankfurt sein allerletztes Spiel am 5. Juni 2006 ausgerechnet gegen den HSV absolvierte. Der große FSV Frankfurt, lange Zeit das Nonplusultra im Frauenfußball, war tief gefallen und besiegelte den Sinkflug mit, man rate: natürlich Blumensträußen. Wurde in den 90ern auf höchstem Niveau gearbeitet mit tollen Perspektiven auf eine Professionalisierung, so gab es um die Jahrtausendwende ernst zu nehmende Konkurrenz vom 1. FFC Frankfurt. Zum anderen verheddert man sich in Dubiositäten mit den TV-Geldern aus dem DFB-Pokal und hofierte völlig gegen jede Vernunft die viertklassige Männermannschaft. Am Ende konnte man das Team aus fehlender »finanzieller Tragfähigkeit« nicht weiterführen.

Schon in den letzten Jahren des FSV-Frauenfußballs blieben die »Aufwandsentschädigungen« (von Gehalt zu sprechen traut man sich schon fast nicht mehr) für die Spielerinnen oft aus oder kamen verzögert. Da wurde dann plötzlich bei den Auswärtsfahrten nach Hamburg, Potsdam oder München an der Übernachtung gespart, die Spielerinnen mussten um fünf Uhr morgens losfahren und kamen nachts um zwei erst wieder. Dass alle am nächsten Tag zur Arbeit oder in die Schule mussten, war dem Vorstand herzlich egal. Verena Bentin, geborene Volz, ehemalige Torhüterin beim FSV, erinnert sich an die Schieflagen in Machtverteilung und Entscheidungsprozessen: »Es entscheiden ja meistens Leute, die das dann gar nicht ausbaden müssen. Die keinen Bezug hatten. Die nicht um vier Uhr morgens aufstehen mussten.«[117] Die logische Folge: Sämtliche Leistungsträgerinnen verlassen den Verein, die meisten wie Prinz, Smisek und letzten Endes auch die lange ausharrende Saskia Bartusiak wechseln gen FFC Frankfurt. Gaby König-Vialkowitsch: »Die haben uns langjährigen Spielerinnen einfach beiläufig 'n Blumenstrauß in die Hand gedrückt und das wars. Nach so einer langen Zeit ist das natürlich krass.«

2005 verließ fast die komplette erste Garde den Verein. »Man hat uns versprochen, dass man entsprechend Spielerinnen auf Bundesliganiveau holt«, erzählt Ivonne Bärthel, 2002 zum FSV gekommen, über die zwei letzten Spielzeiten. »Und die Quittung haben wir ja dann bekommen. Der Verein hat ja überhaupt kein Interesse mehr gehabt, das Team in der 1. Liga zu halten. Da gings eher darum: Je schneller die weg vom Fenster sind, umso schneller können wir die Männer aufbauen.« Während die Männer und die Jugend auf dem Rasen trainierten, wurden die Frauen immer öfter auf den Schotterplatz geschickt. Die Bundesligamannschaft kam sich vor wie im falschen Film. FSV-Urgestein Gaby König-Vialkowitsch: »Wir mussten auch mal im Ostpark trainieren, weil kein Platz mehr frei war.« Und wer den Frankfurter Ostpark kennt, weiß, dass das kein Zuckerschlecken, sondern Gänsescheiße ist – kein Wunder, dass auch König-Vialkowitsch nach der Saison 2004/05 die Notbremse zog und aufhörte, bevor das Schiff unterging. In die letzte Saison ging man mit dem Trainer Frank Schwalenberg und den drei tapfer Dagebliebenen: Verena Volz, Ivonne Bärthel und Annika Stunz. Schwalenberg versuchte die Spielerinnen noch zu motivieren, aber Bärthel meint im Rückblick trocken: »Wenn er realistisch gewesen wäre, hätte er doch gewusst, dass wir hier keinen Blumentopf gewinnen.« Die Folge: Am Saisonende einen Punkt und ein Torverhältnis von minus 137. Blumen gab's trotzdem. Die fünf Herren vom Vorstand waren leider alle verhindert – im Urlaub –, Aufsichtsratsvorsitzender Mario Blechschmidt überreichte an ihrer Stelle die Sträuße.

44. GRUND

Weil Heidi manchmal gar nicht weiß, wo der Ball ist, aber sie hat ihn

Nationaltrainer Gero Bisanz vertraute darauf. Die Heidi würde an den Ball kommen und dann würde es gefährlich werden. Franz Schalk, Vorsitzender des TuS Niederkirchen: »Sie war mit dem Ball schneller als andere ohne.«[118] Wie in den meisten Clubs zu der Zeit gründet sich 1969 auch beim TuS Niederkirchen eine Frauenfußballabteilung, in einem kleinen Kaff in Rheinland-Pfalz. Der TuS aus Niederkirchen muss in den 70ern aber immer wieder den Hut vor der TuS aus Wörrstadt ziehen, die Konkurrentinnen sind geradezu unschlagbar. Erst als Beverly »Danger« Ranger nach Niederkirchen kommt, gewinnt man 1976 zum ersten Mal die Südwestmeisterschaft. Richtig erfolgreich geht es mit Bundesligagründung 1990 los, den absoluten Höhepunkt erlebt die TuS 1993. Am 20. Juni steht das Meisterschaftsfinale gegen die Favoritinnen aus Siegen an. Auf dem Foto vom Einlaufen hat Siegens Kapitänin Silvia Neid noch gut lachen, Niederkirchens Spielführerin Ute Scherer macht hingegen ein Gesicht wie vor einer schrecklichen Mutprobe. Die rechte Bildhälfte füllt Helmut Kohl aus, der gönnerhaft die Hände zusammenschlägt. Siegen geht erst in Führung, aber Heidi Mohr – wer sonst – schießt erst den Ausgleich und kurz vor Schluss den Siegtreffer.

Heidi Mohr blieb übrigens immer bei der TuS, weil sie keinen Führerschein hatte und um keinen Preis von zu Hause wegziehen wollte. Glück für das verschlafene Niederkirchen. Glück aber auch, dass Heidi Mohrs Eltern die 15-Jährige damals zum Fußballspielen zwangen. Auf der Fahrt zum ersten Training heulte sie sogar, weil sie nicht wollte. Die leise und schüchterne Spielerin war sicherlich auch in ihrer Zeit ganz gut aufgehoben, in der das Medieninteresse am Frauenfußball noch verschwindend gering war – sonst wäre es ihr ähnlich ergangen wie Birgit Prinz. In der Nische, die Frauenfußball zu der Zeit einnimmt, kommt sie hingegen gut zurecht. Ein bisschen schizophren bleibt ihr Verhältnis zum Fußball dennoch: Da schießt sie noch das entscheidende Tor im EM-Halbfinale und ist später nur mittelgut gelaunt: »So was Blödes, jetzt müssen wir noch hier bleiben.«[119]

Heidi Mohr war von 1991 bis 1995 jede Saison Torschützenkönigin, im Nationalteam hält sie den besten Torschnitt: 0,81 Tore schoss sie pro Spiel im DFB-Dress. Großartig vor allem ihr Platz-da-ist-mir-egal-hier-komm-ich-Tor im EM-Finale 1991, das völlig zu Recht zum Tor des Monats gewählt wurde. Nach dem Motto »Wenn du denkst, triffst du nicht«[120] fuhr Mohr wie ein Kugelblitz mit dem Ball über das gesamte Feld. Aufgrund der wahren Torflut, die mit Mohr über das Feld hereinbrach, wurde sie immer wieder mit Gerd Müller verglichen. Damit war sie selbst eher nicht einverstanden: »Gerd Müller sei ein Abstauber gewesen, ihre eigene Spielweise ähnele indes eher der von Rudi Völler. Der war gleichzeitig auch ihr Vorbild und an ihm schätzte sie besonders den Einsatz und die selbstlose Spielweise.«[121] Mit ihrer Sturmpartnerin Patricia »Patti« Brocker bildete sie ein gefürchtetes Sturmduo, das sich blind verstand. Heidi Mohr ging 1999 noch für eine letzte Saison zum 1. FFC Frankfurt, zeitgleich begann der Zerfall der TuS Niederkirchen. Man mäanderte zwischen Oberliga und Regionalliga, am Ende wieder in der 2. Liga herum. Nach der Saison 2007/08 wollte der Verein die Lizenz nicht verlängern und besprach das, ganz typisch, mit – niemandem. Die Herren hatten durch die Frauenabteilung profitiert, den tollen Rasenplatz hätte es ohne die Erfolge von Mohr und Co. nicht gegeben. Jetzt in den Zeiten, in denen es schlechter lief, ließ man die Frauen fallen wie eine heiße Kartoffel. Zum Glück konnte man noch schnell genug vom sinkenden Schiff hüpfen und mit der Lizenz beim neu gegründeten 1. FFC 08 Niederkirchen weiterspielen. Da werden jetzt kleinere Brötchen gebacken, aber immerhin hält man sich in der 2. Bundesliga. Heidi Mohr holte mit dem FFC Frankfurt vor ihrem Karriereende noch den DFB-Pokal im Finale gegen Siegen und wurde 1998 zu Europas Fußballerin des 20. Jahrhunderts gewählt. Was für ein irrwitziger Titel. Bestimmt hat sie sich ein bisschen gefreut. Aber wenn wir mal zurückdenken … bestimmt hat sie sich auch ein bisschen gefreut, dass sie jetzt nach Hause gehen kann und im nächsten Jahrhundert nicht mehr spielen muss.

45. GRUND

Wegen des ersten Tangos

Als der USV Jena in der Saison 1999/2000 aus dem DFB-Pokal flog, nannte Werner Riebel das »tragisch-komisch«. Das Team um Spielertrainerin Heidi Vater hatte sich schon beim Spielstand von 2:2 auf die Verlängerung eingestellt, als ein Torschuss der Gegnerinnen aus Wittensee scharf aufs Tor kam, die Torhüterin ihn knapp ablenkte und die Abwehrspielerin bei dem Versuch, den Ball endgültig von der Torlinie wegzuknallen, ihn selbst ins Tor beförderte. Der Ball streift den Pfosten, springt zurück an das Bein der Libera und landet im Netz – Jena ist raus, tragisch und komisch.

Den Spielbericht findet man im *women's soccer – Das Frauenfußball-Magazin*, 23 Seiten im A5-Format auf gelbes Papier gedruckt, mit Tackern zusammengehalten, ohne Fotos und mit so schönen Überschriften wie »Brigit Prinz vergeigt Elfer« (Frankfurt gewinnt trotzdem 7:2) und Zitaten von Brandi Chastain: »Ich kann nur eins sagen: Wir sind erfolgreich, wir sind Frauen, wir sehen gut aus. Wo ist das Problem?«[122]

Aber zurück zum Club aus Jena. An der Universität sammelten sich Anfang der 80er-Jahre einige Frauen zum Kicken und schon nach ein paar Jahren stellten sie eines der besten Teams der DDR. Gründer, Trainer und langjähriger Begleiter des sogenannten Damenkollektivs aus Jena war Hugo Weschenfelder, Fußballlehrer an der Sportuni mit besten Kontakten zu sämtlichen Persönlichkeiten aus dem Fußballgeschäft im Umkreis. So mangelte es den Frauen zumindest nie an Trikots und Bällen, Carl-Zeiss-Jena-Trainer Hans Meyer zeigte sich gönnerisch. Von seinen Fußballnachbarn geschenkt bekam Weschenfelder auch seinen ersten »Tango«, keine Tanzstunde, sondern das damalige Nonplusultra in puncto rundes Leder. Der Tango wurde erstmals bei der WM 1978 in Argentinien eingesetzt, mit spezieller Imprägnierung gegen Regen. Auch Weschenfelder pflegte seinen Tango: »Nach jedem Heimspiel legte ich ihn in die Badewanne, schrubbte ihn und versteckte ihn bis zum nächsten Heimspiel im Schrank. Fast zwei komplette Spielserien hielt er durch.«[123]

Den eigentlichen Beginn des »Damenfußballs« in Jena legt Weschenfelder selbst auf das Jahr 1986, sechs Sportstudentinnen stoßen zum Team, das endlich in einen regelmäßigen Trainingsbetrieb kommt. Das Team aus Jena gehörte zu den besten Thüringens und mit zu den besten der DDR. Für das erste und letzte Spiel des DDR-Nationalteams stellte die Uni Jena drei Spielerinnen: Petra Weschenfelder, Heidi Vater und Doreen Meier, die auch alle zum Einsatz kamen. 1990 notiert Weschenfelder unter anderem als bislang größte Erfolge: Pokalfinalist 1989 in Berlin 0:1 gegen Schlema. Als Zielstellung nennt er den Aufstieg in die Bundesliga, es wird viermal die Woche trainiert, das »funktioniert trotz voller Einbindung in den Beruf«[124].

In einer Dokumentation über Hugo Weschenfelder von 2002[125] findet man auch Auszüge aus den Aufzeichnungsheften des Trainers aus den 80ern. Zu den Spielen gegen Fortschritt Erfurt, Handwerk Magdeburg oder Chemie Leipzig macht Weschenfelder Notizen zum Spielverlauf wie »kleiner Hänger zu Beginn der 2. Hälfte« oder »Endlich, endlich! Sieg der Moral nach 1:1 und Siegestor«. In der Einzelkritik gibt es unter anderem bei Heidi Vater ein Plus fürs Stellungsspiel und ein Minus für die Abwehrorganisation. Doreen Meier bekommt Pluspunkte für Goalgetter und Schnelligkeit mit der Klammer »Spielentscheidende Faktoren am deutlichsten ausgeprägt!« Abzüge gibt es bei »Abwehrarbeit« und »Relation Schnelligkeit – Technik«.

Hugo Weschenfelder hat den Jenenser Frauenfußball nicht nur mit etabliert, er ist untrennbar mit ihm verbunden. Und er würde wahrscheinlich immer noch an der Seitenlinie stehen, hätte ihn nicht eine schwere Krankheit 1996 im Alter von 61 Jahren viel zu früh aus dem Leben geholt. Prof. Dr. Werner Riebel sagt in seiner Trauerrede: »Für Hugo Weschenfelder war Fußball immer ein kulturelles Ereignis, er war für ihn Spiel, das auf Inspiration, auf Einsatz im Dienste der spielerischen Intelligenz basierte. ... Seine Schülerinnen und Schüler lernten von ihm, dass guter Fußball von einer Mannschaft gespielt wird, in der zwar jeder einzelne ein Individualist ist, sich aber mit seiner spontanen Subjektivität immer in den Dienst der Gemeinschaft stellt ... ›Lernt miteinander zu spielen und zu leben, nicht gegeneinander.‹«[126]

Damals wie heute ist der Club, seit 2003 als FF USV Jena ein eigenständiger Frauenfußballverein, bekannt für die Nachwuchsförderung. Mit dem FFC Gera wurde 2013 ein Kooperationsvertrag geschlossen, der den Austausch von Spielerinnen ermöglicht und so Talenten erste Spielpraxis in den höheren Ligen bietet, außerdem wollen die Vereine sich bei Trainingskonzepten austauschen. Das stärkt natürlich den Frauenfußball in der Region. Und der Erfolg gibt den Macherinnen und Machern recht: In der Saison 2013/14 schaffte man mit einem fünften Platz die beste Platzierung der Jenaer Bundesligageschichte.

46. GRUND

Weil beim FSV in den 90ern bunte Schuhe noch verboten waren

Man glaubt es ja kaum, vor allem nicht nach der WM 2014, aber bunte Schuhe waren doch tatsächlich mal verpönt. Heutzutage ist es schwer, überhaupt noch schlichte und – wie es sich gehört – schwarz-weiße Schuhe im Laden zu bekommen, wahrscheinlich gibt es schon einen Schwarzmarkt für die ausgerotteten Dinger. In den 90er-Jahren war das noch anders, und als Jennifer Meier beim FSV Frankfurt plötzlich mit was anderem als Schwarz-Weiß ankam (war es schon Neongelb?), da sagte Trainer Jürgen Strödter: »Solange du diese Schuhe anhast, spielst du nicht.« Man muss sagen, der Mann hatte Prinzipien, und auch wir sind etwas erleichtert, dass die Fußballerin auf unserem Buchdeckel wenigstens Schwarz am Fuß trägt. Nicht auszudenken, trüge sie auch noch den links und rechts unterschiedlichen Haribo-Verschnitt.

Gaby König-Vialkowitsch hat 25 Jahre lang die schwarzen Schuhe für den FSV Frankfurt am Bornheimer Hang geschnürt. Die Hoch- und die Tiefphasen hat sie in der vollen Breitseite miterlebt. 1983 zwölfjährig von der FSV-Hockey-Abteilung abgeworben, schlug sie ihren Weg im Mittelfeld des aufstrebenden Clubs ein. Initiiert hatte das Frauenteam 1970 die FSV-Leichtathletin und spätere Schatzmeisterin Renate Baum und der Männer-Profi Oskar Lotz übernahm das Training.[127] Der bekam gleich beim ersten Hallenturnier einen Tobsuchtsanfall, weil die Kickerinnen zwischen den Spielen lediglich ein Stück Salatgurke essen wollten. »Wollt ihr rülpsen oder Fußball spielen?« Lotz hätte es nach dem damaligen Sportler-Ernährungsverständnis wohl lieber gehabt, wenn die Frauen sich eine Tüte Pommes reingefuttert hätten. Gegen das Team der Deutschen Bundesbank am 6. September 1970 musste man die erste Niederlage hinnehmen und kurz darauf verließ Oskar Lotz auch noch den FSV. Nachfolger war ein weiterer FSV-Spieler, Gerd Seitz, der später das Jugendbuch *Erklär mir den Fußball* verfasste und auch in puncto Schuhwerk einiges draufhatte. Er trug nämlich das adidas-Modell »Anja«, weiß mit schwarzen Streifen und eigens für den Frauenfußball von einem adidas-Mitarbeiter designt, dessen Tochter Anja hieß.

Monika Koch-Emsermann wurde Abteilungsleiterin, 1974 auch Trainerin und der FSV zur ewigen Zweiten hinter der Schützengesellschaft Oberst Schiel. Auch in der Nachwuchsförderung war der FSV ganz weit vorne, die Spielerin Karin Lorenz gründete 1973 eine der ersten Mädchenmannschaften Hessens. Schon in jungen Jahren mit dabei: die Zwillinge Kerstin und Dagmar Pohlmann und natürlich Gaby König. Schließlich knackte man die Konkurrenz aus Oberst Schiel und wurde 1980 zum ersten Mal Hessenmeisterin. Bis 1998 sollte der Höhenflug anhalten. Ein ganz besonderer Moment für Gaby König war das DFB-Pokal-Finale 1990. Seit der 20. Minute steht es 1:0 für den FSV Frankfurt gegen den FC Bayern München, kurz vor Ende gibt es noch einen Elfer für München. Das Stadion in Berlin ist mittlerweile auch gut gefüllt und Zigtausende singen »Zieht den Bayern die Lederhosen aus«. FSV Torfrau Mary Harvey avanciert zur Pokalheldin, weil sie sich nicht entscheiden kann: »Ich wollte in die linke Ecke springen, zögerte aber. Aufgrund dieser Unentschlossenheit stand ich dann goldrichtig.«[128]

Beim ersten großen Erfolg war Gaby König allerdings noch nicht dabei, da war sie erst 14. 1985 stand das Team im Finale gegen die Erzrivalen vom KBC Duisburg. Man hatte noch etwas gutzumachen, 1983 ging das Pokalfinale gegen Duisburg mit 3:0 verloren. Auf der Seite des FSV spielen die Nationalspielerinnen Rike Koekkoek und Sissy Raith, bei Duisburg läuft Martina Voss auf. Nach Elfmeterschießen holen die Frankfurterinnen endlich den Pokal. Einen Werbecoup gab es bei dem Finale auch, über die Agentur Willi Konrad konnte man für das Finale einen Werbevertrag mit dem Toom-Markt abschließen. Hier beginnt wohl auch die Verknüpfung der FSV-Geschichte mit zwielichtigen Funktionären:

Von den 10.000 Mark blieben rund 8.000 in der Agentur Konrad stecken. Willi Konrad machte später bei Dynamo Dresden noch weiter durch Geschäftssinn und sein Kommunikationstalent auf sich aufmerksam. Auf die Frage eines Journalisten nach Überweisungen in die Schweiz kam subtil hessisch zurück: »Dreckschwein. Isch haue Ihnen in die Fress'. Mehr sind Sie ned wert.«[129]

Zurück zum FSV, dort herrschte nach der Meisterschaft 1986 Umbruchstimmung. Leistungsträgerin Rike Koekkoek wechselte zu den Rivalinnen des TSV Siegen, Monika Koch-Emsermann hörte 1987 als Trainerin auf, kam aber 1988 zurück. Junge Talente stiegen in das Bundesligateam auf, darunter Dagmar und Kerstin Pohlmann, Katja Kraus und Gaby König. Nach dem Pokalgewinn 1990 konnte man den Erfolg 1992 wiederholen, diesmal schoss Gaby König sogar das einzige Tor und die *Frankfurter Rundschau* titelte: »Ein 18-Meter-Schuss machte Gaby König zur Königin.«

1993 wurde Jürgen Strödter Trainer am Bornheimer Hang und trieb den Erfolg und die Professionalisierung des FSV an, orderte den Kader sogar ins zehntägige Trainingslager nach Portugal. 1995 erreichten die Frankfurterinnen dann alles, was es zu erreichen gab: Deutsche Meisterinnen, DFB-Pokalsiegerinnen, Super-Cup-Siegerinnen und den deutschen Hallencup gewann man auch noch. Ein Jahr später spielte Strödter kurz mit dem Gedanken, den stattdessen die SG Praunheim drei Jahre später umsetzte: die Frauenfußballabteilung vom FSV zu trennen und einen unabhängigen Verein aufzubauen. Strödters Vorhaben blieb aber vage und verlor sich im Ligaalltag. Im ersten Jahr der eingleisigen Bundesliga 1997/98 konnte der FSV ein letztes Mal die Meisterschaft gewinnen. Dann wurde die SG Praunheim zum 1. FFC Frankfurt und zur Konkurrenz, nicht nur sportlich, sondern auch finanziell. Für zwei Topclubs gab es im Rhein-Main-Gebiet noch nicht genügend Sponsoren und Siggi Dietrich war irgendwie immer etwas schneller.

Gaby König-Vialkowitsch blieb dem Verein aber noch fast bis zum bitteren und endgültigen Ende 2006 treu. Im Nationalteam kam sie auf insgesamt drei Einsätze, immer wieder verhinderten Verletzungen ihre Karriere im DFB-Dress. Dafür hatte sie bei ihrer ersten Nominierung ein besonderes Erlebnis: Im Abschlusstraining spielte sie gegen Silvia Neid und konnte die Kapitänin ein paar Mal tunneln. »Da werde ich mein Leben lang dran denken. Die war bestimmt auch ein bisschen angefressen und hat sich gedacht, da kommt jetzt so ein junger Fratz daher.«[130] 2005 beendete sie ihre aktive Karriere. »Ich bin eigentlich zehn Jahre zu alt. Manchmal bin ich schon traurig, wenn ich daran denke, wo man heute alles hingekommen wäre.« Vielleicht hätte sie dann sogar mit bunten Schuhen gespielt.

47. GRUND

Weil Geld keine Tore schießt oder manchmal doch

Es ist so, wir können es uns tausendmal anders wünschen: Geld regiert die Welt und damit auch den Fußball. Überall, wo es um was geht, geht's auch automatisch um Geld. Im Frauenfußball ist das sicherlich seit der Europameisterschaft 1989 und der ersten Prämie der Fall. Damals gab's zwar noch kein Geld, sondern ein bodenständiges Kaffeeservice. Dennoch war das wohl der Moment, in dem der schnöde Mammon den Weg in das Geschäft einschlug. Nur vier Jahre später stieg ein Mann mit dem Händchen fürs Geld in das Geschäft ein: Siegfried »Siggi« Dietrich steht wie kein anderer für Management im Frauenfußball. 1993 fing er bei der erfolgreichen SG Praunheim an, zuvor hatte er Eiskunstlaufshows promotet. Seitdem gab es selten ein Teamfoto der SG oder des späteren FFC Frankfurt, auf dem kein mit Sponsorenlogos bedrucktes Auto zu sehen ist. Zufall oder Schicksal? Der 1. FFC Frankfurt gilt bei vielen als der Club aus »Mainhattan« – in Frankfurt am Main ist eine Verbindung zum Geld irgendwie vorprogrammiert. Die Banken tummeln sich auf einem Haufen und die Skyline prägt das Logo des FFC. Verfolgt man den Stammbaum zurück, so kommt man verblüffend logisch an die Wurzel des Kapitalismus: Der 1. FFC Frankfurt gründete sich aus der SG Praunheim. Die Frauen der SG Praunheim wiederum stellten damals das Team bei der Deutschen Bundesbank. *Coincidence? I don't think so.*

Wenn der FFC also der Verein aus »Mainhattan« ist, quasi die Wall Street der Bundesliga, was ist dann eigentlich Turbine Potsdam? Der »Arbeiterinnen-und-Bäuerinnen-Verein«? Trainer Bernd Schröder wäre diesem Label sicher nicht völlig abgeneigt – sieht er doch seine Fußballphilosophie als eine Art Gegenentwurf zu dem »Kapitalisten-Verein«, dem FC Bayern München des Frauenfußballs.[131] In Potsdam werden Leistungsträgerinnen nicht einfach zusammengekauft, sondern langfristig und durch harte Arbeit überhaupt erst aufgebaut. Vor der Wende lobte das Magazin *Die neue Fußballwoche* 1986: »Eine wesentliche Stärke des Kollektivs ist die Ausgeglichenheit auf allen Positionen.« Alle für alle quasi. »Vorbildliche Leistung« im Beruf wurde mit der Auszeichnung »Aktivist der sozialistischen Arbeit« gewürdigt, außerdem gab es 61 internationale Begegnungen mit »beachtlichen Erfolgen« gegen führende Mannschaften der »sozialistischen Bruderländer«. Den Artikel gab es übrigens zur Würdigung des 15-jährigen Bestehens.[132]

Spätestens in der legendären Begegnung 1998, bei der Turbine Potsdam gegen den FFC Frankfurt einen 4:0-Rückstand noch aufholte und das Spiel 4:4 unentschieden endete, spätestens da manifestierte sich die Konkurrenz der beiden Clubs. Und es ist allerhöchstens leicht übertrieben, dass bei den Partien noch einiges mehr ausgespielt wurde und wird als luschige drei Punkte für die Tabelle. Es geht irgendwie immer auch um Ost gegen West, um Kapitalismus gegen Sozialismus, um Schröder gegen Dietrich, um Pro gegen Kontra, um schnöder Mammon versus Einheitsbrei im Sportinternat, um Stars versus Kollektiv.

Ein Club, dem das irgendwie alles ziemlich egal ist, hat sich in den letzten Jahren zwischen die Fronten gemogelt. Der VfL Wolfsburg ist erst seit 2003 im Frauenfußballgeschäft dabei und hat gleich mal zehn Jahre später das Triple eingeheimst. Was könnte anderes hinter dem schnellen Erfolg stehen als der fordistische Weg zwischen Erfindung und Effizienz, zwischen Verwirklichung und Entfremdung? Henry Ford hat nicht nur die serielle Produktion von Autos revolutioniert, sondern zugleich den Boden für Arbeit verändert. Die Aufgaben wurden in übersichtliche kleine Häppchen unterteilt, bis jede_r Teil eines winzigen Produktionsabschnitts war, den sie oder er überblicken und verantworten konnte. Zugleich konnte man sich immer schwerer vorstellen, dass auf dieser einen Schraube, die man just festgezogen hatte, mal eine Kleinfamilie über die Autobahn brettern sollte. Das Unternehmen konnte noch mehr produzieren, den Arbeitenden noch mehr Lohn und Sicherheit anbieten. Aber mal halblang – das fordistische Fließband ist beim VfL Wolfsburg sicherlich nicht besonders präsent, und auch die sozialistische Geschichte der Potsdamer Turbine liegt ein Weilchen zurück. Trotzdem bleiben die Entwicklungen unseres Wirtschaftssystems sichtbar, geben den Clubs unterschiedliche Profile und stellen uns vor die Frage, welches Modell als Nächstes möglich wird. Vielleicht kommt nach dem kapitalistischen Management das Team der Individualistinnen, die ihren überhöhten Verwirklichungsdrang auf der Nase der Trainer_innen und Berater_innen austanzen und dennoch völlig flexibel auf jedes Arbeitsverhältnis reagieren. Vielleicht gewinnt die nächste Meisterschaft das Team, das sämtliche Aufgaben auf dem Platz an die Crowd outsourct, die Spielerinnen trainieren über das Internet und sind rund um die Uhr an die Cloud angeschlossen. Und den Pokal feiern sie digital, mit all ihren Facebook-Freunden.

48. GRUND

Weil alle Ähnlichkeiten mit lebenden Personen beabsichtigt und nicht zufällig sind

Die Torfrau ist der Anker des Schiffs, der fest stehende Mast im Wind. Aus jeder ihrer Poren strömt Ruhe und Souveränität über den Platz. Keine der anderen muss sich umdrehen, alle spüren genau, dass sie da ist. Wenn der Ball doch mal durch die Abwehr schlüpft, dann ist sie zur Stelle. Sie liest den Raum wie eine Karte und weiß ganz genau, wann der richtige Moment ist – dann verlässt sie die Torlinie und stürmt der ballführenden Gegnerin entgegen, dass die guckt wie Bambi wenn's blitzt. Den Ball hat sie, egal ob aus dem Spiel heraus oder nach dem ruhenden Ball. Dann springt sie wie Spiderman in die Ecken und der Ball bleibt an ihren Handschuhen kleben wie an einer Fliegenfalle.

Die Innenverteidigerin ist die unsichtbare Klammer des gesamten Spiels und der Fels in der Brandung. An ihr fädelt sich alles nach vorne hin auf, mit ihren Laufwegen zeichnet sie wie eine Künstlerin die Zusammenhänge des Gesamtbildes. Ihr Gesichtsfeld ist das eines Turmfalken, fast 300 Grad des Geschehens nimmt sie wahr, als hätte sie Augen auch am Hinterkopf. Sie weiß immer genau, wer wo ist, egal ob es um die Mitspielerin oder die Gegnerin geht. Sie vermisst den Platz aus der Vogelperspektive, errechnet intuitiv das Verhältnis der offenen Räume, bringt mit der kleinsten Bewegung in ihren Knien das gesamte Teamgefüge in Bewegung, als wären alle miteinander verbunden, und schließt die Räume wieder. Im Duell mit der Gegnerin spürt sie genau, wann der richtige Moment für das Tackling ist, der Zeitpunkt für den leichten Körperkontakt, oder die Tempoerhöhung zum Abdrängen auf die Seite. Am Ball ist sie die Spielerin auf dem Feld mit dem kleinsten Ego, schnell gibt sie ihn weiter, auf die Flanke oder nach vorne, um das Spiel in Bewegung zu bringen.

Die Außenverteidigerin ist der stetige Atem des Spiels. Sie bewegt sich an der Seite auf und ab und wechselt dabei ständig ihre Rolle. Ist man in Ballbesitz, versucht sie, die Überzahl im Angriff herzustellen. Sind die Gegnerinnen am Zuge, zieht sie sich zurück und stärkt als verlängerter Arm die Innenverteidigerin. Sie ist selbstlos in ihren Laufwegen und weiß ganz genau, dass es nicht darum geht, dass sie den Ball bekommt, sondern zuallererst um ihre Präsenz, die Rückenstütze für Offensive oder Defensive, je nach Bedarf. Und wenn sie dann doch einmal mit dem Ball Richtung Strafraum zieht, dann flankt sie entweder im richtigen Moment auf den zweiten Pfosten, oder haut ihn gleich selbst mit leichter Drehung ins kurze Eck.

Die Sechserin ist die Schaltstelle des Spiels. Sie verarbeitet und verteilt die Signale. An ihr müssen alle Informationen des Spiels vorbei, und sei es auch nur der zurückgebliebene Windhauch des Balles. Lässt sie sich defensiv fallen, dann baut sie damit das Fundament. Sie lockt die Gegnerinnen zum frühen Pressing und öffnet die Räume für die Offensive. Sie ist immer erster Ausweg für den Pass aus der Abwehr. Rückt sie offensiv vor, dann sorgt sie dafür, dass die Gegnerinnen in den Rückwärtsgang stolpern. Hat sie den Raum, dann spielt sie den tödlichen Pass. Aus ihrem Überblick heraus bestimmt sie die Verlagerung des Spielflusses von rechts nach links oder andersherum.

Die Mittelfeldspielerinnen rechts und links sind die züngelnden Flammen, die von den Seiten aus den Angriff zum Lodern bringen. Sobald sie sich freilaufen, verlagern sie das Epizentrum des Ansturms auf ihre Seite. Kommen sie in den Ballbesitz, gibt es kein Halten mehr und kurz darauf die Flanke in den Strafraum. Entscheiden sie sich, noch ein Stück weiter mit dem Ball zu gehen, bis zur Torauslinie, dann halten sie alle Karten in der Hand. Der präzise Pass in den Rückraum besiegelt den Rest, die Mitspielerin muss nur noch den Fuß hinhalten. Sind die Gegnerinnen am Ball, dann bilden sie die erste Schallmauer gegen den Angriff. Da muss man es erst mal durchschaffen, bevor man sich Offensiveuphorie überhaupt erlauben kann.

Die hängende Spitze hat ihre Füße überall, sie ist die absolute Allrounderin. Aus jeder Richtung ist sie anspielbar. Sie ist sicherlich die Schlüsselspielerin für den Angriff, denn sie hält der Mittelstürmerin den Rücken frei, ist Anspielstation für die Sechserin und die Außenspielerinnen, zieht die gegnerischen Innenverteidigerinnen auf sich und öffnet Räume vor und im Strafraum. Sie ist Anspielstation für die schnellen und kurzen Pässe vor der Strafraumgrenze und kann auch den zielstrebigen und kräftigen Torabschluss setzen. Blind kann sie mit den Außenspielerinnen oder auch der Mittelstürmerin rochieren, sie ist immer da, wo man sie braucht.

Die Mittelstürmerin ist zur richtigen Zeit am richtigen Ort. Sie hält hin, was gerade am sinnvollsten scheint, den Fuß, das Knie, den Kopf. Ihre Kopfballstärke ist atemberaubend, sie steigt höher als alle anderen. Vor ihrer Schusskraft zittern die Torfrauen und Tornetze dieser Welt. Ist der Angriff am Laufen, dann läuft auch sie und startet genau im richtigen Moment in den Sprint, steht natürlich nicht im Abseits, nimmt den Ball im vollen Lauf mit, kann sogar noch die Torhüterin umspielen und sicher einlochen. *Timing is her middle name.*

Die Ähnlichkeit mit lebenden Personen ist beabsichtigt und nicht zufällig – denn diese Spielerinnen gibt es wirklich, überall. In den großen Stadien, aber auch auf dem Rasen im Park nebenan.

4. KAPITEL

VOM MUTTERLAND DES FUSSBALLS, KLEINEN FÜSSEN UND PIAS RHYTHMUS

ODER: DON'T DARE THE HAIR!

49. GRUND

Weil Michelle Akers eventuell nicht von diesem Planeten ist

Wenn es eine Person gibt, mit der man sich bei kompletter Dunkelheit in einem von wilden Wölfen und tollwütigen Gänsen besiedelten Waldabschnitt am Freitag, den 13. und bei Vollmond immer noch vollkommen sicher fühlt – dann ist es Michelle Akers. Man weiß nichts Genaues, aber eventuell wurde Michelle Akers genau zu einem ähnlichen Zweck, nämlich junge Mädchen zu retten, von einem fernen Sonnensystem auf die Erde gesandt. Seit 1966 beglückt sie also vor allem die Amerikaner_innen, aber auch den Rest der Menschheit als sportliches Idol und befeuert unsere Liebe zum Frauenfußball.

Und dabei hatte Michelle als kleines Mädchen eigentlich gar keine Lust. Ihre Mutter, die irgendwie die Bestimmung der Tochter erahnte, schickte die Achtjährige trotz Nörgelei zum Fußball. So konnte das Schicksal sich erfüllen. Akers bekam doch Lust, erspielte sich ein College-Stipendium und wurde zur erfolgreichsten Spielerin der University of Central Florida. Es hagelte Preise von allen Seiten. 1985 lief Akers dann zum ersten Mal für das US-Nationalteam auf. Es war erst das zweite Spiel in der Geschichte der Nationalelf. Das erste verlor man gegen Italien. Im zweiten machte wohl Michelle Akers den Unterschied und schoss prompt das erste Tor in der Geschichte des US-Frauenfußballs. Akers später trocken: »Bei unserem ersten Länderspiel hatten wir keine Ahnung, was uns erwartete. Keine war fit. Wir waren nur eine Horde Mädchen, die nicht wussten, auf was sie sich eingelassen hatten.«[133]

Das sollte sich bald ändern. Akers führte das Team 1991 als Torschützenkönigin zum ersten WM-Titel. Natürlich schoss sie beide Tore beim 2:1 gegen Norwegen im Finale. Beim legendären WM-Sieg 1999 war sie auch dabei. Als eine der ersten Fußballerinnen bekam sie einen Werbevertrag – für den Sportartikelhersteller Umbro posierte sie mit Ball am Fuß. Die kopfballgefährliche Stürmerin mit dem Spitznamen »Mufasa« (nach dem Löwenkönig in *König der Löwen*) ist von der FIFA zu Recht zur Spielerin des 20. Jahrhunderts gewählt worden.

Was ist jetzt eigentlich alles so überirdisch an diesen Leistungen? Birgit Prinz, Marta und Abby Wambach können da doch schon längst mindestens mithalten? Nun ja, Michelle Akers vollbrachte all diese Wunder trotz ernster körperlicher Gebrechen. Anfang der 90er-Jahre erkannte man bei ihr das sogenannte chronische Erschöpfungssyndrom. Die Schmerzen gehen von Kopf bis Fuß, der Schlaf ist kurz und unbefriedigend und die Müdigkeit endlos. Michelle Akers wollte trotzdem weiterspielen, auch wenn es bedeutete, dass sie sich nach jedem Spiel erst mal eine zünftige Infusion zur Rehydrierung gönnen musste. Als wäre das nicht schon herausfordernd genug, musste sie sich auch mit »normalen« Fußballerinnenverletzungen herumschlagen. Insgesamt zwölf (!) Mal wurde sie am Knie operiert. Trotz alldem spielte Akers 25 Jahre lang Fußball, als hätte sie versteckte Superkräfte. Und ob sie nun vom anderen Planeten war oder einfach ein harter Hund: Wer kann als besseres Vorbild dafür dienen, dass alles, aber auch wirklich alles möglich ist?

Nach dem Erfolg 1999 beendete Akers ihre Karriere. Auch mit ein Grund dafür, dass der amerikanische Frauenfußball eine Durststrecke erlitt? Die US-Girls sind nach wie vor eines der besten Teams der Welt, eine WM konnten sie seitdem allerdings nicht mehr gewinnen. Abby Wambach dazu trocken: »Well, it doens't mean you're a bad soccer player, but it means you didn't get it done, when you needed to.«[*][134] Wambach hat olympisches Gold und den CONCACAF-Cup gewonnen und hält seit 2013 den Weltrekord für die meisten Länderspieltore – nur die vermaledeite WM will sich nicht gewinnen lassen. Vielleicht wird ja 2015 in Kanada was draus – oder Michelle Akers muss doch noch mal zurückkehren.

---

[*] (dt.: Das bedeutet nicht, dass du eine schlechte Fußballerin bist, aber es heißt, dass du es nicht hinbekommen hast, als es nötig war.)

 50. GRUND

Wegen Hope in der Höhle der Löwinnen

»Wir wären keine Engländerinnen, wenn wir es uns nicht unnötig schwer machen würden«, konstatierte Alex Scott mit einem Hauch Sarkasmus nach dem Spiel gegen Neuseeland bei der WM 2011.[135] Neuseeland hatte überraschend ab der 18. Minute geführt und die Engländerinnen hatten sich mit Mühe am Ende doch noch den Sieg erkämpft. Trotzdem war auch bei dieser WM wie immer im Viertelfinale Schluss. In der Tat hat das Nationalteam der Engländerinnen noch nie etwas gewonnen. Die größten Erfolge sind die Vize-Europameisterschaften 1984 und 2009. Beim ersten Mal ging es noch recht knapp zu: Erst im Elfmeterschießen konnten die Schwedinnen den Titelkampf für sich entscheiden. 2009 sah die Sache schon anders aus. Im Finale gab es in einem unterhaltsamen Spiel eine 6:2-Klatsche gegen Deutschland.

Dabei verspricht der FIFA-Weltranglistenplatz Nummer acht mehr. Auch Stars wie Kelly Smith, Casey Stoney und Alex Scott konnten anscheinend nicht viel mehr ausrichten. Und selbst die schillernde Trainerin Hope Powell, die das Team von 1998 bis 2013 trainierte, musste die Tatsache hinnehmen, dass ein Halbfinaleinzug schon ein echter Erfolg ist.

Powell steht so sehr für den englischen Frauenfußball, dass das Nationalteam neben »Three Lionesses« auch den Spitznamen »Hope's Lions« trägt. Um trotz des Fußballverbots ihrer Mutter zum Training zu können, ließ sie sich als junges Mädchen die Ausrede einfallen, sie würde nur zum Fish-and-Chips-Imbiss um die Ecke gehen. Die Mutter wunderte sich zum Glück nicht, dass Hope anderthalb Stunden beim Imbiss für die Portion brauchte. Als Powell mit 16 Jahren zum ersten Mal für England spielte, schwärmte der Nationaltrainer Martin Reagan: »Sie ist wie ein Rolls-Royce: fehlerlos.«[136] Seltsamer Vergleich, aber nun gut. Powell war übrigens auch im Finale 1984 dabei, als Spielerin. Nach ihrem Rücktritt als aktive Spielerin 1998 wurde sie sofort Vollzeit-Nationaltrainerin mit voller Verantwortung bis hinunter in die Nachwuchsförderung.

2008 startete der englische Fußballverband eine Aktion mit dem nichtssagenden Namen »16 Milestones«. Teil davon war jedenfalls die bessere Finanzierung von Nationalspielerinnen, die sich Vollzeit auf den Sport konzentrieren wollten. In der Vorbereitung zur WM 2011 konnten sich 17 Spielerinnen darüber ihren Lebensunterhalt finanzieren. Eine Art Grundeinkommen für Leistungssportlerinnen. Mit nur einem Unentschieden gegen Mexiko wurde das Team Erste der Gruppe B. Vor allem gewannen Hope's Lions gegen die späteren Weltmeisterinnen aus Japan recht souverän mit 2:0. Im Viertelfinale verlor man in einem spannenden Spiel gegen Frankreich erst im Elfmeterschießen.

Wie es nun wohl weitergeht? England ohne Powell ist wie Faith ohne Hope. Oder Fish ohne Chips. Jedenfalls gewöhnungsbedürftig, wohl für alle Beteiligten.

51. GRUND

Weil Sūn Wén das Spiel lesen kann wie kaum eine andere

Es gibt sicher nur weniges, was unrosiger ist als Rosen aus Stahl. Auf der anderen Seite sind Stahlrosen haltbarer und man verheddert sich nicht so leicht in einem Stahlrosengebüsch. Stahlrosen sind sicher auch eine zeitlose Alternative zu Plastikblumentischgedecken.

Stahlrosen heißen auch die Nationalspielerinnen Chinas. Ihre Blütezeit waren die schönen 90er, von 1986 bis 1999 verteidigten sie konsequent die Asienmeisterschaft, immer noch absoluter Rekord. 2006 konnten sie den Titel noch einmal holen und befinden sich seitdem auf dem absteigenden Ast. Eine Spielerin tat sich während der rosigen Jahre besonders hervor: Sūn Wén, die das Spiel liest wie keine andere. Der amerikanische Nationalcoach Tony DiCicco sagte das über die Spielerin, nachdem diese nicht nur Torschützenkönigin, sondern auch beste Spielerin der WM 1999 wurde.[137] Für den Titel reichte es leider trotzdem nicht, die Amerikanerinnen gewannen das Finale im Elfmeterschießen. Sūn Wén war trotzdem schlagartig im ganzen Land bekannt, wurde auf der Straße angesprochen, abgelichtet und um Autogramme gebeten. Als 2000 die Wahl für den asiatischen Spieler des Jahres anstand, war auch Sūn Wén als erste Frau nominiert, der Iraner Ali Daei entschied die Wahl allerdings für sich.

An den Erfolg von 1999 konnte die brillante Technikerin Sūn Wén mit ihrem Team allerdings nicht mehr anknüpfen. Blieb wohl mehr Zeit für ihre zahlreichen anderen Fähigkeiten. Nicht nur beidfüßig, sondern auch noch belesen. Sūn Wén studierte chinesische Literatur, ihre Gedichte wurden veröffentlicht und gut singen konnte sie anscheinend auch. Am liebsten was von Whitney Houston oder Elton Johns *Candle in the Wind*. Ihre Karriere beendete sie eigentlich 2003, aber als sie 2005 vom Nationalcoach Ma Liangxing quasi angebettelt wurde, verhalf sie dem Team mit ihrem Comeback noch mal zum vorerst letzten Asienmeisterschaftstitel. Seit 2006 ist aber endgültig Schluss für die Fußballpoetin.

52. GRUND
Weil die Skandinavierinnen auf Zack waren

Wenn England das Mutterland des Fußballs ist, liegt dann das Tochterland in Skandinavien? Die Skandinavierinnen waren jedenfalls immer am vornsten in der Entwicklung. In den 70er-Jahren hatten zunächst die Däninnen das beste Team. Bei der inoffiziellen Weltmeisterschaft 1970 fetzten die Damen von der Dansk Boldspil-Union alles weg, was ihnen vor die Füße lief. Die deutsche Auswahl von Bad Neuenahr wurde mit 6:1 nach Hause geschickt und im Finale gewann man gechillt 2:0 gegen Italien. Die Spielerinnen kamen alle vom Boldklubben Femina und mussten in AC-Milan-Trikots spielen, weil ihr Trikotsatz auf der Anreise verschüttgegangen war. Half eventuell auch ein wenig beim Sieg. Auch ein Jahr später beim Mundial Cup in Mexiko, ebenfalls eine inoffizielle WM, spazierten die Däninnen wieder relativ entspannt zum Titel. Im Finale schlug man die Mexikanerinnen vor 110.000 Zuschauenden mit 3:0. Alle drei Tore schoss die 15-jährige Susanne Augustesen.

Susanne »Susy«Augustesen ist Dänemarks erste Starspielerin, könnte man sagen. Immerhin spielte sie gut 20 Jahre lang in Italien bei Clubs wie Bologna und Lazio, schoss über 600 Tore in der Serie A und wurde in sieben Spielzeiten Torschützenkönigin. Für die dänische Auswahl spielte sie aber komischerweise nie wieder. Die spielte wiederum 1972 ihr erstes offizielles Länderspiel gegen Nachbarin Schweden und gewann 1:0. Seitdem treibt man sich international im unauffälligen Mittelbereich herum und hält einen langweiligen Rekord: Rekorddritte bei Europameisterschaften. Was für ein Quatsch, solche Rekorde, aber da es sie gibt und sie akribisch verzeichnet werden, wollen wir das nicht verschweigen.

Die Förderung der Frauen lief in Dänemark und den skandinavischen Nachbarländern weitaus besser als im Rest der Welt. Man organisierte schon früh viele Testspiele, außerdem wurden Funktionen und Funktionärsposten früh und ausgiebig mit Frauen besetzt. 1989 organisierte der norwegische Verband einen Kurs extra für Schiedsrichterinnen, während sich in Deutschland Frauen noch bei den Lehrgängen reinmogeln mussten.[138] Das ist durchaus auch ein Spiegel der Gesellschaft. Frauenrechte und Bemühungen um Gleichstellung standen in Skandinavien schon verhältnismäßig früh auf dem Programm. Und in Norwegen gab es in den 80ern schon eine Premierministerin.

Der Fußball in Norwegen entwickelte sich demnach rasant. Schon 1971 gab es die erste inoffizielle Meisterschaft, gesponsert vom Osloér Fußballclub Frigg. Ein weiterer Antrieb für Mädchenfußball war der seit 1972 ausgespielte Norway Cup in Oslo, bei dem Jungen und Mädchen teilnehmen konnten. Die späten 80er und die 90er wurden dann die goldenen Jahrzehnte für die Norwegerinnen. 1987 holten sie im eigenen Land den EM-Pokal im Finale mit 2:1 gegen die Schwedinnen. Es folgten ein paar zweite Plätze, bis man 1993 wieder die EM gewann, dort dann mit dabei: Rekordnationalspielerin Hege Riise. Die wurde bei der WM 1995 zur besten Spielerin des Turniers und schoss das erste Tor im Finale gegen Deutschland (Endstand 2:0). Außerdem toll: Sie bekam in demselben Jahr den Preis für herausragende Persönlichkeiten des Fußballs in Norwegen mit dem großartigen Namen »Kniksenprisen«. Nach Stationen in den USA ist sie heute Co-Trainerin der norwegischen A-Auswahl.

In Schweden wiederum befindet man sich in der mindestens zweitstärksten, wenn nicht sogar stärksten Spielklasse Europas, der »Damallsvenskan«. Der Spielplan geht wegen der Winterkälte von April bis Oktober und die besten Clubs aller Zeiten sind der LdB FC Malmö und Umeå IK. Das schwedische Nationalteam ist überaus konstant und hat bisher schon an jeder EM und WM teilgenommen. Der Preis für die beste Spielerin des Jahres heißt »Diamantbollen« und die letzten drei Male hat natürlich Lotta Schelin abgeräumt. Ärzte hatten der 15-Jährigen wegen ihrer Rückenprobleme mal vom Fußball abgeraten, zum Glück für uns schlug Lotta diesen Rat in den Wind. Stattdessen wurde sie zweimal Torschützenkönigin in der Damallsvenskan (2006 und 2007) und in der Division 1 Féminine (2013). Und bei der EM 2013 auch noch. Die Liga der Nachbarinnen in Finnland heißt »Naisten Liiga«, hier wird nicht zweimal, sondern gleich dreimal gegen jedes Team gespielt. Quasi Hinrunde, Mittelrunde und Rückrunde. Mit dabei zum Beispiel das Team NiceFutis, was wortspielmäßig entweder Nice-Soccer oder Frauen-Fußball bedeuten kann. Das Nationalteam heißt »Helmipöllöt«, und das ist wirklich die Krönung aller Namen – klanglich schon ein Hit, und übersetzt heißt es Raufußkäuze.

Richtig was gerissen hat man bislang nicht, aber immerhin kam man beim ersten EM-Auftritt 2005 gleich mal bis ins Halbfinale.

Die Norwegerinnen erfanden übrigens zusammen mit den Schwedinnen und den Däninnen auch den Algarve-Cup. Im Winter war es vor Ort einfach zu kalt für ernsthaften Leistungssport, also reisten alle zusammen an die sonnige Algarve und luden die Crème de la Crème des Frauenfußballs ein – mittlerweile ist es das viertwichtigste Turnier im Frauenfußball.

53. GRUND

Weil Nordkorea gerne mal verwechselt wird und vom Hirsch vorm Blitztod gerettet werden musste

Wenn man an Nordkorea denkt, dann denkt man wohl erst mal an Militärstaat, Abschottung, Arbeitslager, Diktatur. Aber nicht unbedingt an Fußball. Dabei ist das Nationalteam der Frauen eines der erfolgreichsten in Asien und steht auf der FIFA-Weltrangliste auf dem elften Platz.[139] Angefangen hat es mit dem Frauenfußball in Nordkorea im Jahr 1985 – wobei auch diese Information von der staatlichen Nachrichtenagentur höchstselbst verlesen wurde. Über Fußball spielende Frauen in Nordkorea vor 85 ist so gut wie nichts bekannt, aber über andere Gesellschaftsphänomene ja auch nicht. Isoliert und abgeschottet vom Rest der Welt hat sich in Nordkorea ein Team etabliert, das schon dreimal die Asienmeisterschaften für sich entscheiden konnte. Am liebsten gewinnt man gegen die Erzrivalinnen aus China und dieser politische Unterton ist wohl auch der Hauptgrund für die offenbar recht gute sportliche Förderung der Fußballfrauen. Die Feinde der Welt auf dem Sportplatz zu besiegen – eine Staatsangelegenheit für die DVR Korea!

Wir wissen also, dass wir nichts wissen. Umso sagenumwobener kommt uns der Aufstieg und Fall des Teams vor, das vor der Weltmeisterschaft 2011 in der Zeitung *Oeffentlicher Anzeiger* als »Mordkorea«[140] bezeichnet wurde – Tippfehler oder Absicht? Man vermutet ja immer wieder, dass sportliche Fehltritte ebenso wie politische Meinungsäußerungen in Nordkorea mit strengen Strafen geahndet werden. Erfolge hingegen sollen den Spielerinnen lebenswichtige Belohnungen verschaffen, zum Beispiel erhöhte Reiszuteilungen. Es geistert sogar das Gerücht herum, dass es noch vor ein paar Jahren einen Schokoriegel als Siegprämie gab. Kein Hohn mehr von denjenigen, die sich noch über das Kaffeeservice echauffierten.

Während der Weltmeisterschaft 2011 in Deutschland wurde es richtig wild: In der Vorrunde ging es politisch brisant gegen die Auswahl aus den USA. Man verlor wenig überraschend mit 2:0. Trainer Kim Kwang Min gab dann auf der Pressekonferenz alles, um dem Parteikader daheim die Niederlage als unfaire zu verkaufen. Demnach wurde kurz vor der Abreise nach Deutschland der Platz des Abschlusstrainings in den Bergen Nordkoreas von einem Blitz getroffen. Mindestens neun Spielerinnen hätten dabei schwere elektrische Schläge erlitten, die Ärzte hätten von der Turnierteilnahme abgeraten. Trotzdem sei man natürlich angetreten, aber aus verständlichen Gründen hatte man den USA nicht die verdiente Niederlage beibringen können.

Mit den Schlagzeilen ging es aber auch nach dem Ausscheiden noch weiter. Bei einer umfassenden Dopingkontrolle nach dem letzten Vorrundenspiel gegen Kolumbien wurden bei fünf Spielerinnen 14 unterschiedliche Steroide gefunden, vier davon stehen auf der Verbotsliste der FIFA. Schuld war wieder der Blitz: Um die neun vom Schlag getroffenen Spielerinnen für die WM wieder in Gleichstrom zu bringen, wandte die Teamärztin Substanzen aus der traditionellen chinesischen Medizin an. Dabei handelte es sich um das Drüsenextrakt des bekannten Moschushirsches. Der Vorrat reichte allerdings, so die Verantwortlichen, nur für fünf der vom Blitz getroffenen neun Spielerinnen. Wer war also schuld: Spielerinnen, Ärzte, Hirsche oder Blitze? Nach einigem Hin und Her wurden die überführten Spielerinnen für anderthalb und die Ärztin für sechs Jahre gesperrt.

Obwohl die Spielerinnen aus Nordkorea 2011 also außerordentlich von sich reden machten, wurden sie zugleich Opfer einer peinlichen Verwechslungsreihe: Bei der Weltmeisterschaft irrten sich zunächst die Macher_innen des ersten und bisher einzigen Stickeralbums zum Frauenfußball zum ersten (und einzigen?) Mal. Bildchen Nummer 206 und 214 bildeten dieselbe Person ab, nur unter anderem Namen. Kim Kyong Hwa und Jon Myong Hwa wurden da über einen Kamm geschoren. Die leidtragende Jon Myong Hwa wurde daraufhin in der zweiten Druckauflage der Sticker mit ihrem eigenen Konterfei abgedruckt. Vonseiten der Spielerinnen oder des Teams gab es dazu keinen Kommentar. Noch brisanter fiel die Verwechslung ein Jahr später bei den Olympischen Spielen in London aus. Bei der Vorstellung der Spielerinnen vor dem Spiel gegen Kolumbien verwechselten die Organisatoren die Flagge Nordkoreas mit der der Erzfeinde aus Südkorea. Die Spielerinnen verließen geschlossen das Spielfeld und rotteten sich zum Boykott zusammen. Erst nach ausführlichem *mea culpa* konnte das Spiel mit einer Stunde Verspätung angepfiffen werden.

Man weiß wenig über dieses Team, das immer ein paar gute Ausreden in petto hat und bei der WM 2015 wegen des Hirsch-*incidents* nicht dabei sein darf. Aber wenn man es mal ganz nüchtern und simpel auf Höhe des Sportplatzes betrachtet, dann kicken in Nordkorea einfach sehr gute Spielerinnen. Bei der WM 2007 schaffte es das Team in der schweren Gruppe mit den USA und Schweden sogar bis ins Viertelfinale. Linda Bresonik: »Die spielen sich da so locker ins Viertelfinale … Ich bin schockiert, weil ich so was im Frauenfußball noch nicht gesehen habe – wie man so schnell, so viel und so intensiv laufen kann.«[141]

 54. GRUND

Weil Pia Sundhages Hund Cruyff Pelé Beckenbauer heißt

Pia Sundhage ist Schwedin. Das schützte sie aber nicht davor, dass sie als Nationaltrainerin der US-Amerikanerinnen als Pia Sandhäitsch anmoderiert wurde. Von 2008 bis 2012 war sie deren Trainerin, sie begann mit Gold und endete mit Gold. Außer den olympischen Medaillen 2008 und 2012 konnte das Team allerdings in der Zeit nichts holen. Innig war das Verhältnis dennoch – und musikalisch. Als Sundhage das Team zum ersten Mal traf, spielte sie Bob Dylans *The Times They Are A-Changin'* auf der Gitarre. Auch zum Abschied wurde die Klampfe wieder rausgeholt. Mit dabei: *50 Ways to Leave Your Lover* und *Leaving on a Jet Plane*. Und ganz zum Schluss Tina Turner: »Your simply the best. Better than all the rest. Better than anyone. Anyone I ever met.« Da blieb kein Auge trocken. Was bekam sie als Abschiedsgeschenk? Natürlich eine Gitarre, von allen unterschrieben.

Singen ist sicherlich ein Teil ihrer Kommunikationsstrategie und erhöht den Spaßfaktor. »Meine Philosophie fußt auf vier Säulen: Genieße das Spiel und den Moment. Das ist das Wichtigste. Man muss ein Ziel haben und wissen, was man tun muss, um es zu erreichen. Man braucht eine gewisse Selbstsicherheit, weiterhin ist Kommunikation sehr wichtig.«[142] Durch die Lieder verteilt sie Botschaften an ihre Spielerinnen. Eine Kostprobe gab sie auch mal auf einer Pressekonferenz in Frankfurt bei der WM 2011. Bei all dem Stress und Druck bei einem solch großen Turnier würde sie den Spielerinnen dann durch die Worte von Paul Simon mitteilen: »Slow down, you move too fast, you got to make the morning last, just kicking down the cobblestones, looking for fun and feelin' groovy.«[143]

Sundhage gehört zu der Generation, die es in der Kindheit schwer hatte, überhaupt zu spielen. Pelle hieß sie eine Zeit lang, um undercover bei den Jungs mitzukicken. Damals hätte sie sich wohl niemals ausgemalt, dass sie eines Tages als Trainerin vor Zigtausenden Menschen große Erfolge feiern würde. Als Spielerin war sie dabei, als die Schwedinnen 1984 den ersten Europameisterinnentitel der Fußballgeschichte holten. Der Kreis schließt sich, als sie 2012 Nationaltrainerin der Schwedinnen wird. Bei der EM 2013 im eigenen Land fliegt das Team nach einem starken Turnier leider im Halbfinale gegen Deutschland raus.

Sundhage, die sogar schon als Trainerin für die Herren-Nationalmannschaft vorgeschlagen wurde, verfolgt eine Philosophie der Leidenschaft, nicht nur an der Gitarre: »Fußballer arbeiten nicht wie Maschinen, sondern sie spielen. Und sie müssen verinnerlichen, dass es im Fußball nicht nur um Medaillen und Trophäen geht, sondern auch um Leidenschaft und Einsatz.«[144] Zu allem Überfluss ist sie auch noch witzig, ihrem Hund verpasste sie einfach die Namen ihrer drei Fußballidole: Cruyff Pelé Beckenbauer.

55. GRUND

Wegen der Black Queens

Im Frauenfußball des afrikanischen Kontinents hat eigentlich Nigeria die Nase vorn. Die Nigerianerinnen sind jedenfalls Rekordafrikameisterinnen. In der jüngeren Vergangenheit haben aber auch andere Länder mit schönem Fußball und beachtlichen Talenten auf sich aufmerksam gemacht, und da wurde es den Nigerianerinnen mitunter ganz mulmig, dort an der Spitze, wo sie sich so lange allein eingerichtet hatten. Offen gesagt: Der Umgang der Favoritinnen mit der Konkurrenz war kurios, mitunter auch eine Frechheit. Erst sorgte der nigerianische Fußballverband dafür, dass gegen drei Frauen von Äquatorialguinea ein Geschlechtsmogelverdacht erhoben wurde, nachdem der Überraschungsfavorit 2008 zum ersten Mal Nigeria vom Afrikameisterschaftsthron geschubst hatte. Weiter ging's mit den Verschwörungstheorien zur WM 2011. Die Cheftrainerin tönte lautstark, dass sie das lesbische Gesocks, das sich in ihrem Team herumgetrieben hätte, längst aussortiert habe: »Wir brauchen göttliche Intervention, um Homosexualität zu kontrollieren und einzuschränken. Bei uns hat es funktioniert.«[145] Ungünstigerweise tat sie das vor dem breiten Medienecho im, wie man so sagt, demokratisch-liberalen Deutschland. Nach der Presserüge wurde alles sofort dementiert.

All diese Vorkommnisse führen im Umkehrschluss leider dazu, dass wir in einem solchen Umfeld keinen Grund finden, Frauenfußball zu lieben. Ist zwar fies, denn schließlich handelt es sich um die Verfehlungen Einzelner, aber so ist das manchmal im Leben, mitgehangen, mitgefangen, und da geht uns für den Moment mal die Lust verloren, die Strategien dieser Trainerin auf dem Platz zu bejubeln. Stattdessen lieben wir also zum Beispiel den Frauenfußball in Ghana, da gibt's Gründe genug, dafür muss man noch nicht mal ein anderes Team blöd finden. Das Nationalteam nennt sich »Black Queens«, die U-17-Girls heißen »Black Maidens« und hinter Nigeria sind sie stets die Nummer zwei auf dem Kontinent. Dominik Müller, engagiert bei der U-17, klärt uns auf: »Vom Fußball können Frauen hier nicht leben, es gibt aber einige Behördenmannschaften (Immigration, Armed Forces, Prisons, Fire Brigade), wo die Mädels quasi wie in einer Sportkompanie oder -fördergruppe in Ruhe trainieren können. Dann gibt es die Liga, die aber nicht immer regelmäßig stattfindet. Das ist auch ein Grund, warum die Nationalmannschaften oft monatelang in Trainingslager gehen müssen bzw. eben auch können.«[146] Spitzenmäßige Namen haben die Vereine der Kickerinnen, unter anderem spielen sie bei den Fabulous Ladies, den Soccer Intellectuals oder den Prison Ladies.

Ja, Afrika ist groß und allzu oft werden die Dinge über einen Kamm geschoren oder Afrika gleich mal als ein Land behandelt, dabei gibt es in Afrika 54 Länder und ungefähr eine Milliarde Menschen. Trotzdem ist die Realität, mit der die meisten Leistungssportlerinnen in Afrika konfrontiert sind, von Land zu Land durchaus verwandt. Eine immer noch verbreitete Ansicht: Sport ist nix für Frauen, die Eltern Sport treibender Töchter sorgen sich, dass diese unfruchtbar werden oder keinen Ehemann finden. Außerdem haben die Töchter wenig Zeit für eine Karriere im Sport, denn anders als ihre Brüder sind sie fester Bestandteil des familiären Haushalts, von dem aus man ihnen den Weg in eine Ehe, nicht aber auf den Fußballplatz ebnet.[147]

Übrigens durfte auch die nigerianische Nationaltorhüterin Ann Chiejine von ihren Eltern aus keinen Fußball spielen. Sie hatten Angst, dass ihre Tochter zu muskulös werden würde, dann keinen Mann finden und keine Kinder mehr kriegen könnte. Ann spielte sich bis ins Nationalteam, bekam vier Kinder und bestritt die Afrikameisterschaft 2000 sogar noch im fünften Monat.[148]

Also doch noch mal zurück zu Nigeria, wir wollen ja nicht so sein. Das erste Vereinsteam bildete sich 1978 und hieß »Sugar Babes Ladies FC«. Den Club gab es aber nur eine kurze Weile, der Gründer sagte später, dass Nigeria aufgrund alter Rollenklischees noch nicht bereit war und die FIFA noch nicht genug Unterstützung zeigte. Das Nationalteam nennt man »Super Eagles« und es ist allerhöchstens mittelberühmt im Lande – wie Frauenfußball generell. So wurde zum Beispiel aufgrund von Unruhen und Straßenkämpfen zwischen Muslimen und Christen in Nigeria im Dezember 2002 der Miss-World-Schönheitswettbewerb aus Sicherheitsgründen kurzfristig nach London verlegt. Gleichzeitig begann in Nigeria die Afrikanische Meisterschaft, aber hier war eine Verlegung kein Thema.

In Nigeria gibt es einen funktionierenden Ligabetrieb, allerdings wird immer wieder viel Wind um das Geld gemacht. Von Korruption ist die Rede, oftmals kämen die Gehälter oder Prämien bei den Spielerinnen gar nicht an. International bekannt ist vor allem die Torwartin des Nationalteams, Precious Dede, die seit 2003 für die Super-Falken zwischen den Pfosten steht. Dede ist wie die

Autorinnen Theaterwissenschaftlerin und schauspielert nebenbei in sogenannten Nollywood-Filmen, so nennt man die Filmszene Nigerias. Mit vor der Kamera steht ihre Teamkollegin Desiré Oparanozie, ebenfalls Schauspielerin. Die war auch dabei, als erstmals eine afrikanische Auswahl im WM-Finale stand. Das geschah 2010 bei der U-20-WM in Deutschland, im Finale mussten die Nigerianerinnen allerdings den Gastgeberinnen den Pokal überlassen. Volle Unterstützung von ihren Eltern hatte als kleines Mädchen die Nationalspielerin Mercy Akide, die am Anfang vor allem mit Jungs auf der Straße kickte. Sie wurde wiederum ein Vorbild für den kleinen Chidi Odiah, der später Profifußballer und Nationalspieler wurde.

Frauenfußball in Afrika erfährt einen Boom besonders seit 2002, aus einem einfachen Grund: Die FIFA beschließt zu der Zeit, dass die Landesverbände mindestens vier Prozent der FIFA-Förderung für die Entwicklung des Frauenfußballs zur Verfügung stellen müssen. Hört sich erst mal gut an, ist aber eigentlich immer noch recht lächerlich, vor allem, wenn es bei den vier Prozent eher um Summen um die 10.000 Dollar geht. Sobald es um andere Dinge als Ausrüstung geht, Gehälter zum Beispiel, ist der Betrag im Rahmen eines Landesverbandes schneller aufgebraucht, als die Schiedsrichterin das Freistoßspray gezogen hat. Wie soll etwas professioneller werden, wenn an allen Ecken und Enden das Geld fehlt? Es ist schon schwierig, die Fahrten oder die Ausrüstung zu finanzieren – aber erst über festangestellte Spezialist_innen mit fairen Gehältern kann sich der Sport professionalisieren. Dafür kämpft vor allem auch Princess Bola Jegede. Die Geschäftsfrau aus Lagos ist Gründerin des Clubs Jegede Babes. Beeindruckt von ihren Reisen in andere Länder und den Status von Fußball spielenden Frauen wollte sie Mädchen und Frauen in Nigeria dieselben Möglichkeiten verschaffen und neben der sportlichen Förderung auch ihre Ausbildung unterstützen: »Ich denke, wenn man sie und ihre Trainer gut bezahlt, wird sich etwas bewegen. Alle werden ihr Bestes geben. Die Falcons müssen Gerechtigkeit erfahren. Behandelt die Mädchen so, wie ihr die Super Eagles behandelt, und ihr werdet überrascht sein, was sie können.«[149, 150] Falcons und Eagles – die Nationalteams der afrikanischen Länder gewinnen ganz klar den Preis für die schillernsten Namen: Die aus Tansania heißen »Twiga Stars« (Giraffen-Sterne), die Äthiopierinnen »Dinkinesh Lucy« (Du wunderbare Lucy), aus Namibia kommen die »Brave Gladiators« und die »roten Teufelinnen« sind die Spielerinnen aus dem Kongo.

56. GRUND

Weil Fußball wie Malen, Schreiben oder Singen ist: eine Kunst, die man einfach ausleben muss

Mit diesem Satz brachte eine der größten Spielerinnen und Trainerinnen des Fußballs die Definition des Sports so dermaßen gut auf den Punkt – Carolina Morace, italienische Nationalspielerin und Trainerin von Italien zwischen 2000 und 2005.[151] Mit unglaublichen 14 Jahren kickte sie zum ersten Mal für die Squadra Azzurra. Bei der EM 1991 schied man zwar im Viertelfinale aus, Morace machte sich durch ihre vier Tore dennoch einen Namen in Italien. Vielfach wurde sie mit Diego Maradona verglichen, und die Fans forderten: »Alle Jungen sollten Diego heißen und alle Mädchen Carolina.«[152] Dass Morace Fußball spielte, war Schicksal: Ihr Elternhaus stand zwischen zwei Fußballplätzen. Am Ball kam sie also gar nicht vorbei. Spitzname der dynamischen und aggressiven Stürmerin: Tiger.

Neben dem Platz arbeitete sie als TV-Journalistin und Rechtsanwältin, 1991 machte sie ihren Trainerinnenschein. 1999 zog sie große mediale Aufmerksamkeit auf sich, als sie als erste Frau Trainerin eines Männer-Proficlubs wurde. Mit dem Drittligisten Viterbese lief es aber nicht gut, schon nach zwei Spielen war Schluss. Vereinspräsident Luciano Gaucci wollte wohl weniger die Expertise als den Exotenstatus von Morace und hatte die Rechnung ohne ihr Temperament gemacht. Morace: »Ich bin doch kein Idiot. Dieser Typ versteht nichts vom Fußball, verlangt aber, zur Halbzeit in die Kabine zu kommen, um die Auswechslungen zu diktieren. Ein Trainer, der nur ein Minimum an Würde hat, lässt das nicht mit sich machen.«[153] Wo sie recht hat, hat sie recht.

Als Spielerin war sie 1995 dabei, als ein Schäferhund Vereinspräsident des ACF Agliana wurde. Gunther IV. war der Alleinerbe der Gräfin von Liebenstein. Deren fußballbegeisterter Sohn verunglückte bei einem Autounfall. Die Gräfin setzte Gunther als Erben ein und veranlasste, dass das Vermögen für soziale Projekte im Sportbereich eingesetzt werde. Einzige Bedingung: Gunther sollte Ehrenpräsident des jeweiligen Vereins werden. Einige Proficlubs lehnten dankend ab. Präsident wurde Gunther schließlich beim ACF Agliana. Kapitänin Morace: »Gunther setzt sich gegen Gewalt und jede Form von Intoleranz im Sport ein, so wie wir das auch tun.« So entstand in Zusammenarbeit mit dem Hund ein Jahreskalender gegen Gewalt und für Gleichberechtigung.[154] Am Ende kam schließlich raus, dass es die Gräfin gar nicht gegeben hatte und die ganze Geschichte ein Werbegag für die »Gunther Foundation« war, hinter der ein Pharmakonzern stand. Gunther lief trotzdem stur den Bällen auf dem Fußballfeld hinterher und gründete schließlich das Team »Verona Gunther«. Im Kader mit dabei: Carolina Morace.

 57. GRUND

Weil »Michael Jackson« Brasilien das ABC beibringen will

1958/59, Araguari, Minas Gerais, Brasilien. Einem der beiden örtlichen Gymnasien geht das Geld aus. Die Rettung: ein Benefizspiel. Um für Unterhaltung und hohe Zuschauer_innenzahlen zu sorgen, schlägt der Direktor ein etwas anderes Spiel vor: Frauenfußball.

Die Teams und das Match bekommen einen Exklusivartikel im *O Cruzeiro*, Brasiliens *Stern* – eine mediale Aufmerksamkeit, von der der heutige Ligabetrieb nur träumen kann. Für ganze zehn Monate wecken die kickenden Frauen Interesse Interesse in der Bevölkerung des Bundesstaates Minas Gerais, bis ihr Ruhm Staats- und Kirchenvertretern zu Ohren kommt. Bevor der große internationale Sprung zu einem Turnier in Mexiko gelingt, wird 1959 vom CND (Nationaler Sportrat) ein Verbot gegen »Sportarten, die sich inkompatibel mit den natürlichen Voraussetzungen der Frau zeigen« ausgesprochen. Erst 1979 wird dieses Verbot wieder aufgehoben. Auch in Araguari gibt es wieder eine Frauenfußballmannschaft, den Araguari Atlético Clube. Inzwischen ist sie eine unter vielen.

Die Geschichte des Frauenfußballs in Brasilien ist schwer zurückzuverfolgen. Erste Belege für gemischt-geschlechtliche Spiele stammen aus den Jahren 1908/09. Für lange Zeit wurde ein Benefizturnier im Jahre 1913 als erstes Spiel des Frauenfußballs in Brasilien gesehen, allerdings kam später heraus, dass die spielenden »Frauen« verkleidete Männer im Dienste der Obrigkeitskritik waren. Das erste Spiel einer echten Frauenfußballmannschaft gab es 1921 im Rahmen der Junifeste – die Partie erhielt sogar mediale Aufmerksamkeit, als »kurioses« und »komödiantisches«, aber dennoch sportliches Geschehen. Das allbeliebte Vorurteil, der Sport sei zu brutal und somit nicht damentauglich, stand dennoch hoch im Kurs. 1940 werden einige spielende Frauen in São João da Boa Vista, Bundesstaat São Paulo, sogar exkommuniziert – in einem so erzkatholischen Land wie Brasilien bedeutet das zu jener Zeit den Ausschluss aus der Gesellschaft. Die erste weibliche Schiedsrichterin lässt sich immerhin auf 1941 zurückführen – sie sprang spontan für einen kränkelnden männlichen Kollegen ein und pfiff das Freundschaftsspiel Serrano, Petrópolis, gegen America, Rio de Janeiro.

Eine brasilianische Frauenfußballnationalmannschaft gibt es offiziell erst seit 1986 – man spielte gegen die USA. Aktuell steht Brasilien im FIFA-Ranking trotz seiner jungen Nationalmannschaft immerhin auf Platz sechs. Gewonnen haben die Frauen in weltweiten Vergleichen bisher ein paar Olympiamedaillen und Südamerika-Meisterschaften, während der nationale Frauenfußballbetrieb weiterhin in bescheidenem Rahmen läuft. Manche Spielerinnen wie Formiga spielten in der Nationalmannschaft Brasiliens, ohne überhaupt ein Heimteam zu haben. Das liegt wohl daran, dass es erst seit dem 25. Oktober 2007 mit der Copa do Brasil de Futebol Feminino eine brasilianische Frauenfußballliga gibt. Davor gab es zwar Teams, aber keine vom CBF national organisierte Wettbewerbsstruktur. Und noch war der Fußball nicht globalisiert genug, dass brasilianische Spielerinnen sich einen Namen jenseits der Grenzen erdribbeln konnten. Bis Marta kam. Marta Vieira da Silva sprengt alle bisherigen Rekorde, gewinnt den Titel der Weltfußballerin des Jahres gleich viermal hintereinander (2006 bis 2009), schafft es auf die Titelseite diverser (Sport-)Zeitschriften und wird – wohl als erste Spielerin der Nation – engagiert, Werbung für die Männer-WM 2014 zu machen. Welch ein Ruhm! Sie ist die Einzige der Spielerinnen, die so außerordentlich bekannt ist. Dabei könnte diese Ehre noch eine ereilen – wenigstens des Wiedererkennungswertes wegen: Mariléia dos Santos, besser bekannt als Michael Jackson. Der Ähnlichkeit mit besagtem Sänger wegen. Und vielleicht auch, weil sie als eine der Pionierinnen des Frauenfußballs in Brasilien für Aufmerksamkeit und Anerkennung kämpft. Sie fing noch in der Verbotszeit mit dem Spielen an, blieb ganze 30 Jahre dabei und beendete erst mit 46 ihre aktive Laufbahn. In der schoss sie 1.574 Tore. Für eine offizielle Anerkennung dieser Zahl reicht allerdings ihre handschriftliche Notation nicht aus – und wie sollte es offizielle Belege »inoffizieller« Spiele geben? Inzwischen ist sie Koordinatorin für Frauenfußball in Brasilien mit ordentlichem Sitz in der Hauptstadt Brasilia und setzt sich für ein Frauenfußball-Exzellenzzentrum in Foz de Iguaçu im Bundesstaat Paraná ein.

Etwas über die Grenzen hinaus und in die südamerikanischen Fußballköpfe hinein hat sich der Frauensport mittlerweile schon geschlichen. In den Erzählungen junger Spielerinnen der heutigen Spielzeit sieht die Fußballwelt für Frauen aber noch nicht besonders rosig aus. Es gibt viele Clubs, wenige haben Geld, und im Amateurbereich wird nur in der Halle gespielt. Der Rasen ist den Männern und wenigen »professionellen« Damen vorbehalten. Es gibt keine Scouts, die sich die Rosinen von der Straße picken, man muss zu den Liga-Clubs, um an der Auswahl teilzunehmen. Vorspielen, wie Marta es einst in Rio machte. »Michael Jacksons« Traum von einer ABC-Struktur nach italienischem Vorbild erscheint weit entfernt von der Realität. Trotzdem: Ganz langsam tut sich was im Lande Dilma, auch was die Anerkennung der Spielerinnen in der Gesellschaft angeht.

58. GRUND

Weil die Dinge sich langsam ändern und die Mentalitäten auch

Fußball gehört zu Südamerika wie ein behaarter Arm zur Grillzange, und wenn der Boss sagt, das Fleisch ist durch, dann ist das Fleisch durch. Diego Maradona, 2010 Trainer der argentinischen Männer-Nationalmannschaft, über die Vorbereitung auf die WM: »Während sich die anderen verletzten, haben wir uns ausgeruht und die Steaks auf den Grill gelegt.«[155] Hat den Gauchos auch nichts gebracht, im Viertelfinale war Schluss. Maradona steht zum Machotum und zur Notwendigkeit von Psychiatriebesuchen, wo ihm übrigens Folgendes geschah: »In der Klinik gab es einen, der behauptete, er sei Robinson Crusoe. Ich sagte, ich bin Diego Maradona und keiner glaubte mir.«[156]

In einem Land, in dem der Papst, Maradona und Messi in wechselnder Reihenfolge vergöttert werden, ist es für Mädchen und Frauen nicht leicht, einen Fuß in die Tür zu bekommen. Vor allem nicht, wenn man unter der Armutsgrenze aufwächst. Fußball kann aber ganz besonders in diesem Fall eine Quelle für Mut und Träume werden. Ginger Gentile und Gabriel Balanovsky haben einen Dokumentarfilm mit dem Titel *Goals for Girls – A story of women with balls* über Mädchen und Frauen aus dem Armenviertel Villa 31 in Buenos Aires gedreht. Von der Gesellschaft als zukünftige Dienstmädchen, Kriminelle oder Teenager-Mütter abgestempelt, nehmen sich die Mädels den Ball und eine Perspektive – und sei es auch erst mal nur eine Perspektive auf dem Fußballfeld. Sie bleiben hartnäckig und lassen sich nicht mehr so einfach das Spielfeld wegnehmen. Und auch wenn die Mädchen noch für zehnmal mehr Aufgaben im Haushalt abkommandiert werden, sie kommen irgendwann doch noch auf den Platz, um Dampf abzulassen. »Wenn du wütend bist, tritt den Ball. Und wir treten den Ball hart!«, sagt die 16-jährige Karen, die aber erst noch einen riesigen Haufen Klamotten bügeln muss, bevor sie spielen darf.[157] »Der Fußball lässt mich vieles vergessen.« Trainerin Monica Santino ermutigt die Mädels, ihren Ärger am Ball auszulassen. Für sie ist Fußball aber noch weitaus mehr als ein Ventil: »Fußball ist ein Grund, um über Gesundheit, Bildung und Frauenrechte zu sprechen.«[158]

Auch in Honduras, einem der ärmsten Länder Mittelamerikas, herrscht vorrangig Machokultur und der Fußballplatz gehört den Männern. »Klar ist das für Frauen! Wir müssen zeigen, dass es das ist!«, sagt Kenia in dem Film *Adelante Muchachas!* von Erika Harzer. Trotz schlechter Bedingungen auf den Ascheplätzen spielen die Mädchen aus Tegucigalpa mit Leidenschaft und gegen die Vorurteile der Jungs und Männer. Auch hier befindet man sich in einem Teufelskreis: Die Wege zum Training und zu den Spielen sind gefährlich, immer wieder werden Spielerinnen von Männern verbal oder auch körperlich angegriffen – die Mütter verbieten ihren Töchter daraufhin aus Angst das Spielen. Immer mehr Mädchen lassen sich aber nicht mehr davon unterkriegen. Die Fußballplätze der Hauptstadt von Honduras sind ein wichtiger Ort für erste Schritte von Emanzipation, und sie bieten Raum für eine Begegnung: Die Schere zwischen Arm und Reich ist enorm im Land, fast 80 Prozent der Bevölkerung leben unter der Armutsgrenze. Auf dem Feld trifft das Team aus dem Armenviertel auf das Team der bürgerlichen Mittelschicht. Es begegnen sich Fußballbegeisterte, die sich sonst nie über den Weg gelaufen wären, und lernen die jeweils andere Perspektive kennen.

Ein Vorbild dafür, dass man es weit schaffen kann, ist sicherlich die mexikanische Nationalspielerin Maribel Domínguez. Als junges Mädchen musste sie sich lange bei den Jungs durchsetzen. In einem Slum von Mexiko-Stadt aufgewachsen, ist »Marigoal« Rekordnationalspielerin geworden, spielte in der amerikanischen, spanischen und mexikanischen Liga. Aufsehen erregte vor allem das Angebot des mexikanischen Männer-Zweitligisten Celaya 2004 – die FIFA verbot allerdings den Vertragsabschluss. Domínguez war ganz verständnislos: »Ich muss ja nicht alleine gegen 11 Männer antreten, Fußball ist ein Mannschaftssport.«[159] Schon immer votiert sie für gemischte Teams im Fußball, nur so könne man am meisten voneinander lernen. In den spanischen Regionalligen ist das übrigens rein regeltechnisch möglich, solange 50 Prozent des Teams Männer sind. Maribel Domínguez dazu: »Das war ein wichtiger erster Schritt – hoffentlich nicht der letzte. Die Dinge ändern sich langsam und die Mentalitäten auch. Fußball ist keine reine Männersache.«[160]

59. GRUND

Weil fuck sports, let's dance

Sie tun es in der Kabine, auf dem Platz und auf dem Weg zum Platz. Für ein Tänzchen ist schließlich immer genug Zeit! Für die Spielerinnen des amerikanischen Nationalteams sind Musik in der Kabine und ein kleiner Tanz hier und da Ablenkung gegen die Aufregung. Da werden die Füße im Rhythmus hin und her geschmissen, die Hüfte gekreiselt und die Arme geschwungen.

Aber nebenbei ist natürlich nie genug! 2012 tanzten Leroux, Rapinoe und Co. vor den Handykameras ihrer Team- und Dancemates zu dem Song *Party in the USA* von Miley Cyrus. Ein waschechtes *homemade music video*. Natürlich inklusive unisono Flurtanz mit Trolley in der Hand, Choreos im Hotelzimmer mit Besuch auf dem Klo und Sprüngen von Bett zu Bett, Tischtennisschlägern als Mikrofon und Sesselkopfnickern.[161] Motto: *Don't tell us, don't show us, move us!*

Weniger improvisiert war der Siegerinnentanz, den die Schwedinnen bei der WM 2011 aufs Parkett legten. Auf Schwedisch »Vinnare dans« oder auch bekannt als »Logobitombo« gab's die Kreis-Choreo nach jedem gewonnenen Spiel. War aber nicht selbst ausgedacht – der Logobi ist ursprünglich ein Straßentanz, der in den 80ern in den Städten der Elfenbeinküste populär wurde. 2011 gab's dazu den Hit *Logobitombo*, das passende Musikvideo und einen Hype auf YouTube. Schnell war die Choreo verbreitet und eben auch auf dem WM-Rasen zu betrachten. Das Ganze geht grob so: Arme ausgestreckt nach rechts, dann nach links, zweimal vorhüpfen und dann mit einem Arm in der Höhe um die eigene Achse hüpfen. Wieder in die andere Richtung hüpfen, dann vorbeugen, zurück, vorbeugen, zurück und Arme kraulen. Sieht vor allem auch witzig aus, wenn die schwedischen Funktionäre in ihren grauen Businessanzügen mitmachen. Tanzen mit Schlips ist halt leider irgendwie uncool.[162]

»You do the hokey pokey and you turn yourself around, that's what it's all about« – dachten sich auch die Neuseeländerinnen bei der WM 2011. Die Außenseiterinnen freuten sich über ihren einzigen Punkt aus dem Spiel gegen Mexiko so doll wie über einen Sieg. Von den Fans gefeiert, tanzten sie prompt den »Haka«, einen traditionellen neuseeländischen Volkstanz der Māori. Als Kriegstanz wird der Haka schon seit 1884 von der neuseeländischen Rugby-Mannschaft vor dem Spiel zur Verunsicherung der Gegner getanzt. Man braucht also eigentlich einen Vollbart, Blitze, die aus den Augen schießen, und Schläge auf eine Brust aus Stahl, die kilometerweit zu hören sind. Die Neuseeländerinnen ließen es etwas ruhiger angehen, schließlich hatte man den Erfolg ja schon eingesackt und musste nicht noch irgendwen in die Flucht schlagen. Im Vordergrund also rhythmische Klatschabfolgen, energisches Stampfen und das Präsentieren der Fäuste und Armmuskeln.[163]

Manche tanzen lieber solo als im Team und heißen auch noch so. Die amerikanische Nationaltorhüterin Hope Solo tanzte 2011 bei dem TV-Wettbewerb *Dancing with the Stars* mit. Unter anderem natürlich auch Walzer und Tango. Den Vogel schossen sie und ihr Tanzpartner Maksim allerdings beim Jive ab. Solo tanzte in High Heels, die aussahen wie Fußballschuhe, und in einem Trikot, dessen gesamter unterer Teil leider auf dem Weg zur Bühne verloren gegangen war. Solo und Maksim wurden Vierte und die Erfahrung war für Hope Solo anscheinend so intensiv, dass sie ihr gleich recht viel Raum in ihrer Biografie einräumte. Vor allem ging es um die raue Art, mit der Maksim sie behandelte. Der wies alle Vorwürfe zurück. Mit dem Solotanzen ist es aber wohl vorerst vorbei.

 60. GRUND

Weil Abby Wambachs Kopf und Megan Rapinoes Haare twittern können

Als Abby Wambachs Kopf am 16. Juli 2011 zum ersten Mal online ging, hieß es gleich im dritten Tweet: »Screw bending it like Beckham. Head it like me.« Da kann man einfach nichts gegen sagen, Wambachs Kopf ist eine Klasse für sich und kann es sich absolut erlauben, für sich selbst zu sprechen.

Abby Wambachs Kopf streitet sich auf Facebook manchmal sogar mit Abby Wambachs Füßen. Am 21. Juni 2013 gibt es folgenden Diss: »TAKE THAT ABBY'S FEET! I was the one who got Abby her

159th goal – WWOOORRLLDD RREECCOORRDDD. I'm such a good head«[164]. Am Tag zuvor hatte Abby Wambach gegen Südkorea vier Tore erzielt und mit dem dritten Treffer in der 29. Minute und dem insgesamt 159. Tor im Nationaldress den Weltrekord von Mia Hamm überholt. Wie es sich gehört mit einem exzellenten Kopfball nach einer Ecke von Megan Rapinoe. Neuester Hashtag in den sozialen Netzwerken: #chasingabby – wer kann diese Rekordhalterin noch einholen?

Abby Wambach erzielt überdurchschnittlich viele Tore per Kopf, in Deutschland nennt man das auch Kopfballungeheuer. Kein Wunder, dass viele es auf ihren Kopf abgesehen haben. Bei den Olympischen Spielen 2012 langte die kolumbianische Spielerin Lady Andrade ordentlich zu und verpasste Wambach mit geschlossener Faust ein blaues Auge. Abby Wambachs Kopf twitterte: »I don't need two eyes to score« und »Everyone don't worry, I'm fine. Actually, I'm better than fine. I'm Abby Wambach's head!« und »Does anyone have a steak I can throw on my eye?«. Wambachs Kopf hat Humor (Looking for a headtrick tomorrow.), weiß Bescheid (I hope you put sunscreen on me.) und fragt Rapinoe's Hair, ob es ihr bei den Haaren hilft.[165] Megan Rapinoe's Hair: »Imagine my hair was on Abby Wambach's head. The world might explode from the awesome.«

Seit Megan Rapinoe ihre Erfolgsformel auf Twitter veröffentlichte (My keys for the game are always play good, and have the hair look good!), sind auch ihre Haare auf Twitter unterwegs (»I'm just the cherry on top«).[166] Nicht der erste, aber sicherlich einer der erfolgreichsten Körperteile-von-Spielerinnen-Twitter-Account. Erster Kommentar von Wambachs Kopf: »You are spectacular. Best hair in the biz.« In Deutschland müsste man singen »Sie hat die Haare schön!« und es würde noch nicht mal Rapinoes Spielerinnenqualitäten abwerten – dafür ist die Frau einfach zu gut. Also, HAIR WE GO! wie RapinoesHair anmahnt. Auch die Fans bei Twitter sind sich einig: »If cristiano's hair and beckham's hair had a baby it still wouldn't even be in the same league as Megan @rapinoeshair.«

Ronaldos Haare sehen anscheinend echt alt aus gegenüber dem neuen Haar-Star: »I used to think that Cristiano Ronaldo had the best hair in soccer ... and then I saw @RapinoesHair and my life changed ...« Der gute Ruf von Rapinoes Haaren wächst und wächst: »If paper beats rock, rock beats scissors, and scissors beats paper, what beats all 3 at the same time? Answer: @RapinoesHair« Was Haare nicht alles können, vor allem diese. Cristiano Ronaldo war gestern, heute geht's gegen Chuck Norris. »RapinoesHair once got in a fight with Chuck Noris's beard ... and thus the sun was born.« Außerdem: »Chuck Norris wears @RapinoesHair pajama's to bed. Boom.« Das multipel-fähige Haar wird immer wieder als Präsidentschaftskandidatin vorgeschlagen. Was kommt als Nächstes – die Sintflut? Und selbst die würde RapinoesHair wahrscheinlich überstehen.

61. GRUND

Weil man mit Schuhgröße 34 bei der WM mitspielen und auch noch Weltmeisterin werden kann

Man braucht keine großen Schuhe, um große Schritte zu machen. Die 157 Zentimeter große japanische Nationalspielerin Aya Miyama trägt Schuhgröße 34. Das reichte völlig aus, um den Amerikanerinnen im WM-Finale 2011 in der 81. Minute den Ausgleich zu verpassen. Das Ende vom Lied war der Titel nach Elfmeterschießen, Miyama brachte gleich den ersten Elfer sicher unter. Als Kapitänin der ersten Titelgewinnerinnen vom asiatischen Kontinent nahm sie den Pokal entgegen.

Mehr Spiele als Miyama hat nur Homare Sawa für Japan auf dem Konto. Die Dienstälteste des Teams spielt schon seit 1993 für das Nationalteam. Erst nach 18 Jahren dann der Erfolg bei der WM, Sawa schießt insgesamt fünf Tore und wird zur Spielerin des Turniers und zur Weltfußballerin 2011 gewählt. Der Erfolg wurde natürlich auch in den Kontext der Katastrophen vom März 2011 gesetzt. »Ein unverwüstliches Team lindert den Schmerz einer ganzen Nation«, schrieb die *New York Times*. »Katastrophen vergessen – für einen Tag – Egal ob in Tokio oder anderswo: Der Gewinn der Weltmeisterschaft hat Japan in Hochstimmung versetzt. Für einen Moment konnten die Zerstörungen durch Erdbeben und Tsunami vergessen werden«, stand in der *FAZ*.[167] Sawa selbst sagte nach dem Erfolg: »Ich hoffe, dass wir den japanischen Menschen zuhause Kraft und Mut geben können. Ich hoffe, unser Fußball hat zukünftigen Spielerinnen und Kindern die Chance gegeben, wieder zu träumen.«[168]

Seit dem Titelgewinn boomt der Frauenfußball in Japan. Sawa und Miyama spielen nach einem kurzen Ausflug in die amerikanische Liga WPS wieder in der japanischen Liga mit Namen L. League oder Nadeshiko League. Das L. steht einerseits simpel für Ladies, Nadeshiko ist schon eine etwas ambivalentere Bezeichnung und spiegelt das Frauenbild in Japan wider. Nadeshiko bedeutet übersetzt Nelke und wird als Bezeichnung für junge Frauen benutzt. Stark wie ein Samurai und zugleich sanft wie eine Blume. Die Nadeshiko hat zwar zunächst starke Eigenschaften und steckt sämtliche Niederlagen ohne Wimpernzucken weg, ist aber keinesfalls selbstständig und kann sich nur über ihren Mann definieren. Nun ja, das kann uns jetzt nicht so begeistern, trifft aber vermutlich auch auf keine der Nationalspielerinnen Japans zu. Wie dem auch sei, die Teams der L. League haben tolle Namen: Da wären die Red Diamonds Ladies aus Urawa, ein anderes Team heißt International University Charme, der Club aus Kyoto nennt sich Bunnys Kyoto S.C. Ehemalige Teams hießen Nikko Securities Dream Ladies und Suzuyo Shimizu F.C. Lovely Ladies. Poetische Namen, winzige Füße – und Weltmeisterinnen 2011.

62. GRUND

Weil dem Frauenfußball auf die Sprünge zu helfen, perfektes, pures Glück sein kann

Findet zumindest Monika Staab, langjährige Trainerin und Präsidentin beim 1. FFC Frankfurt.[169] Als Beraterin für die Entwicklung des Frauenfußballs reist sie seit 2007 zu den Fußballverbänden in unterschiedlichste Länder dieser Welt, trainiert, berät und baut Strukturen auf.

Entwicklungshilfe und FIFA – die Kombination riecht fast nach Geldwäsche. Ist natürlich erst mal toll zu hören, dass die FIFA Gelder für soziale Projekte in Entwicklungsländern lockermacht, klar. Ob das Geld dann aber auf den Ascheplätzen und an den nackten Füßen der Fußballer_innen wirklich ankommt oder sich stattdessen in Cabriolets und Maßanzügen von lokalen Funktionären auflöst, das überprüft natürlich niemand. Im Rahmen des Entwicklungshilfe-Programms GOAL stimmt immer mal wieder was in den Abrechnungen nicht so ganz. Oder, auch sehr beliebt, mit dem Geld werden Leute angestellt, die vielleicht gar nicht so qualifiziert sind, aber mit jemandem verwandt – oder es werden Sportplätze auf Grundstücken gebaut, die gar nicht so geeignet sind, aber immerhin der Familie gehören. Eine Hand wäscht die andere, nennt man das. Herr Blatter erklärt das so: »Wenn wir Probleme haben in der Familie, dann lösen wir die Probleme in der Familie und gehen nicht zu einer fremden Familie. Alles, was im Fußball passiert, und alle Schwierigkeiten, die im Fußball sind, sollen innerhalb der fußballerischen Gerichtsbarkeit oder Rechtsprechung gelöst werden und nicht vor ordentliche Gerichte gebracht werden. Das ist nicht mehr unsere Familie.«[170] Der Don hat gesprochen und er wählt sich seine Gesetze selbst aus.

Monika Staab arbeitet zwar auch für die »Familie FIFA«, aber manchmal muss man eben direkt in die Institutionen hinein, um sie von innen heraus zu verändern. Und Monika Staab ist sicherlich eine der wenigen, die in dem verrosteten Supertanker tatsächlich hier und da einen frischen Anstrich anbringen. Im Gegensatz zu den offiziellen Programmen der FIFA mit Namen GOAL und FAP (Financial Assistance Programme), bei denen erst mal nur eine Projektfinanzierung ermöglicht wird, arbeitet Monika Staab direkt vor Ort. Der direkte Kontakt zu den Verbänden und Funktionär_innen ermöglicht es ihr, genau an den richtigen Stellen anzusetzen.

Bei ihren Bemühungen stieß sie aber auch auf altbekannte Mauern. In der Position als Nationaltrainerin des Frauenteams in Bahrain wollte sie dem Frauenfußball dort professionellere Strukturen ermöglichen. Nach erfolgreichen ersten Schritten war nach fünf Monaten wieder Schluss: »Ich musste ganz schnell lernen, dass man dort mit den Männern nicht diskutieren kann. Wenn sie eine Entscheidung getroffen haben, ist Schluss und die Klappe zu, keine weitere Diskussion möglich. Als man merkte, dass die Frauen erfolgreicher waren als die Männer, wurde das Projekt vom hiesigen Verband wieder eingestampft.«[171] Das erste Länderspiel gegen die Malediven gewann Bahrain mit 7:0, Presse war allerdings fast keine zugegen, die Funktionäre des Fußballverbandes Bahrain hatten Angst, dass es zu viel Aufmerksamkeit geben könnte. Monika Staab resümierte eher nüchtern ihre erste Station: »Wenn es in Bahrain um Frauenfußball geht, dann konnte ich wohl nur ein paar Funken streuen. Das große Feuer müssen sie dort selbst entfachen.«[172] Staabs Reise ging weiter, unter anderem über Pakistan und Sri Lanka nach Jordanien, Kambodscha und Uganda. Immer wieder traf sie auf ärgerliche Fehlplanung der Verbände mit den FIFA-Fördergeldern. In der Stadt Jinja im Südosten Ugandas etwa spielen die Kids auf einem nigelnagelneuen Kunstrasenplatz, die Umkleiden wurden aber aus Geldmangel nicht zu Ende gebaut und gespielt wird mit zusammengeflickten Bällen aus Plastiktüten. Korruption ist und bleibt das größte Problem, auch im Frauenfußball – weil das Geld gar nicht erst ankommt. Stattdessen versickert der

Anteil für die Frauenfußballförderung in den Verbänden. Weitere Probleme, mit denen sich Staab immer wieder konfrontiert sieht: Es gibt fast keine Frauen als Trainerinnen und Funktionärinnen. Und fast keine Plätze für Mädchen- und Frauenfußball. Dafür aber jede Menge unzeitgemäße Trainingsmethoden: »Die meisten Trainer in den Entwicklungsländern bräuchten gar keinen Sportplatz, denn der überwiegende Inhalt ihres Trainingsprogramms besteht aus Runden laufen.«[173] Immer wieder versucht sie den Trainern zu vermitteln, dass es um Fußball und nicht um Leichtathletik geht.

Dafür, dass Monika Staab hartnäckig das Bewusstsein von Funktionären in aller Welt auf die Förderung von Mädchen- und Frauenfußball lenkt, Seminare für die Aus- und Fortbildung von Trainerinnen, Betreuerinnen und Funktionärinnen anbietet und bisher die Verbände von über 60 Ländern beim Aufbau von Strukturen beraten hat, erhielt sie 2014 den Preis als Fußballbotschafterin. 2012 wurde sie als Nationaltrainerin nach Katar berufen und musste auch dort immer wieder bei null anfangen und den Eltern der talentierten Mädchen und Frauen vermitteln, dass Fußball nicht die Zukunft der Töchter ruinieren, sondern sie ganz im Gegenteil für die Zukunft stärken würde. »Fußball ist ein Stück Emanzipation. Das Selbstvertrauen, das die Frauen auf dem Feld gewinnen, stärkt sie auch gegen Unterdrückung.«[174] Monika Staab gibt sich nicht zufrieden. Immer wieder fordert sie von der FIFA eine Ausweitung der Frauenfußball-Förderung. Dass zum Beispiel die Projektgelder aus dem FAP fifty-fifty zwischen Frauen- und Männerfußball aufgeteilt werden sollen. Und dass es mehr Frauen wie sie geben soll, die von der FIFA Vollzeit angestellt werden – um dem Frauenfußball auf die Sprünge zu helfen.

5. KAPITEL

VOM KAFFEESERVICE ZUR TITELVERTEIDIGUNG

ODER: WARUM HIER NICHT RUMGEMEMMT WIRD

63. GRUND

Weil Marion Isbert Nerven aus Stahl hatte und verantwortlich war für den Stau in Osnabrück

Bei der Frauenfußball-Europameisterschaft 1989 steht für die deutsche Nationalmannschaft Marion Isbert im Tor. Ein historisches Turnier – Deutschland zum ersten Mal in der EM, die EM zum ersten Mal in Deutschland, Deutschland gewinnt und Deutschland bekommt ein ebenso wertvolles wie glamouröses 1-b-KAFFEESERVICE[175]. Im Halbfinale sind aber Sieg und Kaffeeservice erst noch auszukämpfen, und es wird spannend, denn auch die Italienerinnen haben vorher heimlich trainiert – es gibt Verlängerung und Elfmeterschießen. Marion Isbert, zu dem Zeitpunkt 25 Jahre alt und Keeperin beim TuS Ahrbach, hat einen Bänderriss und sehr starke Nerven. Sie hält drei Elfmeter, und dann sticht ihre Kollegin Sissy Raith der Hafer: »Wer drei hält, kann auch einen schießen.«[176] Gesagt, getan, und im Übrigen ist Frau Isbert damals nicht nur eine Wahnsinns-Torhüterin, sondern auch Feldspielerin und Torschützenkönigin der Verbandsliga Rheinland. Der Ball ist natürlich drin, auch wenn sie selbst behauptet, sie habe geschossen, »als hätte sie jemand gegen den Ball geschubst«[177]. Für den Frauenfußball in Deutschland ist dieses Spiel ein wichtiger Meilenstein. Zum ersten Mal findet legal ein solches internationales Frauenfußball-Turnier in Deutschland statt, natürlich ist das erst mal kein Großereignis. Aber das Spektakel des Halbfinales ist die perfekte Werbemaßnahme: Fußballfans verstehen es wie kaum eine andere Spezies, ernsthafte fachlich-sachliche Ansprüche mit dem Abfeiern des Spektakulären zu verbinden, und dieses Spektakel hat nun mit Hand und Fuß von Marion Isbert Einzug gehalten in den bislang mittelpopulären deutschen Frauenfußball. Der Frauenfußball verspricht nach diesem EM-Halbfinale 1989 nicht nur hohes spielerisches Niveau, sondern auch, im besten Sinne, Unterhaltungswert. Das Finale der deutschen Frauen gegen Norwegen im vergleichsweise beschaulichen Osnabrück ist daraufhin restlos ausverkauft, es gibt Stau und Radiodurchsagen – Dinge, von denen wir heute zumindest für die Frauen-Bundesliga noch träumen.

Die Fußballerinnen vom DFB rücken über Nacht ins Zentrum der medialen Aufmerksamkeit. Nicht mal die unsäglich populäre Steffi Graf kann in diesen Tagen gegen die Kickerinnen anspielen, in ihrem Tennisröckchen – die Fernsehquote ist selbst ganz verwirrt über diese neue Entwicklung.

Marion Isbert, die für diesen wichtigen Moment im Frauenfußball reichlich mitverantwortlich ist, bleibt Chefin Spektakel, man schreibt beeindruckte Porträts über die »fliegende Hausfrau«. Sie selbst wundert sich immer noch: »Irgendjemand muss die Torfrau umgeschubst haben, das war wahrscheinlich mein schlechtester Elfmeter, den hätte sie halten müssen.«[178]

Isbert trifft übrigens später beim TSV Siegen auf eine weitere Legende des Tors, die unverwüstliche Silke Rottenberg, und muss ihren Stammplatz an sie abgeben. Die junge Rottenberg hat Reflexe wie Spiderman und Isbert geht angesichts der würdigen Nachfolge Anfang der 90er zurück zum TuS Ahrbach, wo es eine kleine Abstiegs-Schieflage zu verhindern gilt. Kurz darauf folgt ihr letztes Länderspiel.

Witzig, die Marion. Frauenfußballgeschichte schreiben und hinterher noch kurz bei allen wegbereitenden Vereinen Danke sagen gehen, könnte man meinen. Also vom kleinen auf den großen Rasen und dann wieder zurück – zuletzt dorthin, wo sie selbst am Anfang über ihre eigenen Schnürsenkel gestolpert ist: Etwa 2008 kehrt sie zurück zu ihrem allerersten Verein aus Jugendtagen, dem SV Niederwerth, um dort die Jugend zu trainieren. Und damit es auch jetzt, gegen Ende ihrer Karriere, noch ein bisschen Spektakel gibt, steigt Marion Isbert bei den »Alten Herren« des SV Niederwerth ein. Als Torhüterin auf dem Feld, als Feldspielerin bei den Männern: Isbert schlägt dem DFB eben ab und zu was Neues vor.

64. GRUND
Wegen Birgit Prinz

Was soll man da noch sagen? Getrost kann man diesen Grund für sich stehen lassen und jede und jeder wird sofort wissen, wer, was, wo, warum, wieso, wann, wie. Das Schöne an Birgit Prinz ist ja, dass jede_r eine eigene Erinnerung an sie hat. Und das andere Schöne an Birgit Prinz ist ja auch, dass sie das nie ausgenutzt hat. Birgit Prinz ist Understatement pur und alles andere als eine Blenderin. Selber sagte sie vor der Kamera bei der WM 2007: »Ich hätte in viele Talkshows gehen und dort auch sicherlich viel Geld verdienen können. Aber das ist nicht, wonach ich strebe, es hat mich nicht glücklich gemacht.«[179]

Birgit Prinz ist eine Überfliegerin gewesen. Mit 15 Jahren läuft sie zum ersten Mal in der Bundesliga auf, für den FSV Frankfurt. Außer einer Saison in der amerikanischen Profiliga 2002, in der sie natürlich den Titel gewann, bleibt sie Frankfurt treu und spielt ab 1998 für den 1. FFC Frankfurt. Mit 16 Jahren debütiert sie für die Nationalelf und schießt prompt ein Tor. Sie ist mit Abstand Rekordnationalspielerin (214 Spiele) und Rekordtorschützin im Nationaldress (128 Tore). Im Vergleich: Gerd Müller und Miroslav Klose kommen nur auf 68 beziehungsweise 71 Törchen. Prinz spielt 269-mal in der Bundesliga und schießt dabei 267 Tore – was für ein Schnitt! Und es geht noch weiter: neunmal Deutsche Meisterin, zehnmal Deutsche Pokalsiegerin, dreimal UEFA-Cup-Gewinnerin, fünfmal Europameisterin, zweimal Weltmeisterin ... Puh, erst mal durchatmen.

Und diese Frau mit einer solchen Star-Biografie wollte eigentlich nie zum Star werden. Birgit Prinz wollte Fußball spielen, aber dadurch weder zum Sternchen auf dem roten Teppich noch zum Gesicht des Frauenfußballs oder irgendwelcher Marken werden. Als sie 2003 vom Herrenverein AC Perugia ein Angebot in der Serie A bekam, da lehnte sie ab. Sie wollte weiter so viel wie möglich Fußball spielen und nicht als abgespielter Marketing-Gag auf der Ersatzbank versauern. Es gibt zwar sowohl ein Automodell als auch eine Barbie, die nach ihr benannt wurde, aber großes Tamtam hat sie um sich nie gemacht.

Anscheinend als »Alptraum jedes Journalisten«[180] bekannt, hat Birgit Prinz nie viele Worte verloren. »Ich muss das nicht ständig haben, angeglotzt zu werden.«[181] Na ja, sagen wir es mal anders: Sie hat nie ihr Privatleben vor irgendwem ausgebreitet. Und wenn sie mal etwas in Mikrofone und Kameras sprach, dann schaffte sie es, mit wenig Worten viel auf den Punkt zu bringen. »Wir möchten unseren Sport vermarkten, nicht unsere Hintern.«[182] Oder: »Die Fähigkeit zur Selbstreflexion spielt eine große Rolle. Mein Ziel war immer: Noch besser zu werden! In kleinen Schritten. Aber immer besser. Da ist es außerordentlich wichtig, dass man selbst reflektieren kann. Wo bin ich, wo stehe ich im Moment, wo will ich hin, was kann ich besser machen?«[183]

Und letztendlich über das Medienspektakel: »Ich will das nicht. Es ist nicht das, was mich glücklich macht.«[184] Punkt, aus.

Trotzdem fragten die Journalistinnen immer wieder nach »dem Menschen«. »Sie ist ein sehr emotionaler Mensch! Sie ist ein sehr rationaler Mensch!«, philosophiert Wegbegleiter Siggi Dietrich (Manager beim FFC Frankfurt) und wir wissen, dass wir nichts wissen.[185] Aber was wollen wir auch noch mehr wissen von Birgit Prinz, deren 20-jährige Karriere die meisten Begleiter_innen und Fans des Frauenfußballs übertrumpft. Nächste Frage von Eurosport: »Wie wichtig war Birgit Prinz für die Entwicklung des Frauenfußballs?« Ganz einfach. Birgit Prinz IST die Entwicklung des Frauenfußballs. Bei fast allem, was es dort zu erreichen gab, war sie die Beste. Siege, Pokale, Rekorde, Tore, Bashings.

Birgit Prinz ist zu einer Legende geworden, ohne sich selbst vor ihren Sport zu stellen. Sie musste kein Buch schreiben, keinen Film drehen, keine Interviews geben, um sich in unser Gedächtnis einzubrennen. Riesig war der Jubel 2007, als sie zur Führung im WM-

Finale gegen Brasilien traf, vielleicht ihr Karrierehöhepunkt. Genauso groß aber der Jubel, als sie zwei Jahre später bei der EM 2009, von der Presse mal wieder massiv unter Druck gesetzt, »endlich wieder« traf. Vielleicht noch größer unser Respekt vor der mutigen Pressekonferenz während der WM 2011: »Besser ein beschissenes Karriereende als eine beschissene Karriere«.[186]

Warum Frauenfußball lieben? Wegen Birgit Prinz. Punkt, aus.

65. GRUND

Weil Silvia Neid eigentlich einen Lotto-Toto-Laden aufmachen wollte und dann aber nicht mehr dazu kam

Silvia Neid ist aus dem Frauenfußball nicht wegzudenken: Mit 18 Jahren spielte sie zum ersten Mal für das Nationalteam und war 1989 beim ersten EM-Titelgewinn Spielführerin. 1996 hörte sie als Spielerin auf und fing als Co-Trainerin an. Seit 2005 ist sie selbst die Chefin. Sie war also wirklich bei allem dabei: Weltmeisterin, Europameisterin, Deutsche Meisterin, DFB-Pokal-Gewinnerin, Trainerin des Jahres, Tor des Monats, Verdienstorden und -kreuze mit Band und so weiter und so fort. Wird sie eventuell bald sogar Bundestrainerin auf Lebenszeit? Und wie soll man ohne sie jemals wieder etwas gewinnen?

Silvia Neid hätte selber nicht gedacht, dass es mal so weit kommt. Aber für den Fußball hat sie mehrfach andere Karrierewege verlassen: »Damals war eben noch die Zeit, dass die Eltern gesagt haben, na, du als Mädchen brauchst eigentlich gar keine Ausbildung und die Schule muss auch nichts Besonderes sein, weil du wirst ja sowieso heiraten. So war der Stand der Dinge.«[187] Sie entscheidet sich für eine Ausbildung zur Fleischerei-Fachverkäuferin, doch als sie mit 19 die Stelle als Filialleiterin angeboten bekommt, schlägt sie den Posten aus. Sie hat Pläne, die ihr wichtiger sind, und sie will auf eigenen Beinen stehen. »Mein Chef war dann stocksauer, weil ich mich gegen dieses super Jobangebot entschieden habe und stattdessen nach Bergisch Gladbach gehe und nichts dafür kriege.«[188] Dass die Fleischerei-Filialleiterin in spe später mal Weltmeisterin werden würde, hätte sich der Chef damals wohl auch nicht vorstellen können. Silvia Neid selber aber sicher auch nicht. Sie plante auch abseits des Fußballs: »Am Ende meiner Karriere habe ich mir schon Gedanken gemacht. Als für mich klar war, dass ich 1996 nach den Olympischen Spielen international aufhören werde. Ich hatte mir in den Kopf gesetzt, eine Lotto-Toto-Annahmestelle in Siegen aufzumachen, weil ich wusste, dass das eine Geldquelle ist und ich in Siegen ja auch bekannt war. Das war der Plan. Ich hatte zwar 1990/91 meine B-Lizenz schon gemacht. In meinen Plänen kam aber nicht vor, Trainerin zu werden, weil es ja für mich um eine Existenz ging und ich ja überhaupt nicht wusste, ob ich mit einem Trainerjob genug Geld verdienen kann.«[189] Plan C gab es auch noch: Professionelle Tänzerin wäre sie sonst noch gerne geworden. Anstatt Lottoscheine entgegenzunehmen oder das Tanzbein zu schwingen, plant sie jetzt die großen internationalen Turniere des Nationalteams.

Wer an der Spitze steht, ist gemeinhin auch viel Kritik ausgesetzt. Im Fußball gilt das noch mal besonders erbarmungslos. Es sitzen schließlich nicht nur 80 Millionen Hobbybundestrainer am Tresen, sondern bei Bedarf auch 80 Millionen Hobbybundestrainerinnen. Und die wissen, natürlich, alles besser. Solange es gut lief, war das nicht so wild, der Erfolg gibt einem bekanntlich recht. Während es also noch gut lief, da gab es höchstens ein paar Expert_innen, die es Silvia Neid übel nahmen, dass verhältnismäßig viele Spielerinnen von dem einen und eher weniger Spielerinnen von dem anderen Verein in den Kader berufen wurden. Oder es wurde an dem Altersdurchschnitt des Teams herumgemosert. Als dann aber 2011 bei der WM im eigenen Land das Team schon im Viertelfinale ausschied und Silvia Neid einige interessante Umstellungen in der

Aufstellung vorgenommen hatte, wurde die Kritik dann lauter. Die falschen Wechsel, die falsche Einstellung. Neids Erkenntnis aus der ganzen Sache: »Der Sieger ist der King. Der Verlierer ist die Bratwurst.«[190]

Aber zurück zum Lottoladen in Siegen. Es ist doch immer schön zu wissen, dass manche Menschen, die es bis ganz nach oben geschafft haben, eigentlich mal ziemlich realistische Ziele und Bedürfnisse hatten. Die siebenfache Deutsche Meisterin gewann die meisten dieser Titel, nämlich sechs, mit dem TSV Siegen. Für das Angebot, das sie damals bekam, würden die meisten Spielerinnen heute sicher nicht mal mehr den Hörer abnehmen. »Mit 21 Jahren 1984/85 habe ich dann ein super Angebot aus Siegen bekommen. Mir wurde eine Wohnung gesucht. Ich musste weniger arbeiten, erstmal so sechs Stunden am Tag, so dass mehr Zeit fürs Training blieb, und dann wurde mir noch Geld bezahlt. Seitdem war ich dann in Siegen und hatte einen super Job im Blumengroßhandel (des Vereinstrainers, Anm. der Autorinnen), wo ich sehr selbstständig arbeiten konnte. Mir wurde die Hälfte von der Kaltmiete bezahlt und das Geld vom Verein. Das heißt, mir ging es dann finanziell sehr gut.«[191]

66. GRUND

Weil Ulrike Ballweg die beste Frisur hat und auch sonst weiß, wie der Hase läuft

Es gibt sie, die Frisur des Frauenfußballs. Ulrike »Uli« Ballweg trägt sie seit, ja seit wann eigentlich? Ungesicherten Quellen zufolge kam sie seinerzeit mit der Haarpracht aus dem Mutterleib. Andere behaupten zusätzlich, dass sie niemals etwas anderes als einen Trainingsanzug trug. Fußball und Frisuren gehören letztendlich zusammen wie Niveau und Gesichtscreme oder Taktik und Pfefferminze. International kommt man natürlich an Megan Rapinoes *Hairdo* nicht vorbei. Doch national hält Uli Ballwegs Vorne-kurz-hinten-lang-Frise schon immer, immer noch und wahrscheinlich für immer die Poleposition. Und da sieht nix frisch gestylt und geföhnt aus, sondern nach Arbeit. Ballweg trägt den Proletarier-Look, könnte man sagen, im Gegensatz zu ihrer Chefin Silvia Neid mit der gestriegelten Bourgeoisie-Matte.

Es gibt sie, die Taktikqueen des Frauenfußballs. Uli Ballweg ist der heimliche Kopf des Klemmbretts. Wenn niemand hinschaut, zeigt sie Silvia Neid, wo's langgeht. Auch im Training hat sie die Trainingshosen an. Uli ist die wahrscheinlich fitteste 50-Jährige, die den jungen Spunden beim DFB immer noch die Übungen vormacht. Die Sprints sind natürlich kein Problem und auch beim Torschuss wünschen sich Nadine Angerer und Co., sie wären hauptberuflich Ballmädchen geblieben. Man kann vermuten, dass Uli nicht nur mit Frisur und Trainingsanzug, sondern gleich schon als Trainerin auf die Welt kam. Mit 25 Jahren wurde sie die jüngste Bundesligatrainerin, lange Jahre spielte und trainierte sie in Personalunion. Zum Beispiel beim SC Klinge Seckach tat sie das elf Jahre lang zwischen 1987 und 1998. Unter anderen bosste sie die beachtliche Renate Lingor über den Platz. Bezeichnenderweise hielt die Hoch-Zeit von Seckach auch nur bis 1998 an. Weitere ihrer Stationen waren der Hamburger Fußball Verband (wo sie sogar eine der Autorinnen ein paar Jahre über das Feld scheuchte) und Praktika bei Ajax Amsterdam und dem Karlsruher SC.

Wegbegleiterin gestern wie heute: Silvia Neid. Erst spielten die beiden als Knirpse zusammen beim SV Schlierstadt, dann zwei Jahre bei Klinge Seckach. Neid lockte die große Karriere auf dem Feld, Ballweg blieb als Spielertrainerin bei Seckach und begann parallel, den Nachwuchs im Badischen Fußballverband auf Spur zu bringen. Als Neid dann Trainerin beim DFB wurde, ließ Ballweg nicht lange auf sich warten. Das Trainerinnenduo feierte mit der U-19 den Weltmeisterinnentitel 2004. Als Neid Trainerin beim A-Team wurde, wer war nicht weit? Ballweg natürlich, sie assistiert und trainiert beim A-Team und hauptverantwortlich noch die U-23-Auswahl.

Die Fußballphilosophie des Duos: »Variables, ballorientiertes Spiel mit direktem Zug zum gegnerischen Tor.«[192] Das kann ja nur gut werden. Noch dazu ist Uli Ballweg beinharte Realistin. Auf die Frage, ob irgendwann eine Frau mal ein Profiteam der Männer trainieren würde, sagte sie: »Von den Fähigkeiten her wäre das natürlich möglich, aber ich glaube nicht, dass die Männer und die Öffentlichkeit so weit sind, dass sie das verkraften könnten.«[193] Aber wenn eine es könnte, dann sicher sie.

67. GRUND

Weil niemand so schnell war wie Heidi Mohr

Wir schreiben den 14. Juli 1991 im Norden Dänemarks. In der 83. Minute – wohlgemerkt damals schon Verlängerung, weil die Spielzeit insgesamt nur 80 Minuten betrug – schnappt sich die Stürmerin Heidi Mohr an der Mittellinie den Ball. Es steht 1:1 im Finale zur Europameisterschaft gegen Norwegen. Heidi Mohr also in Ballbesitz legt los, rennt wie eine Berserkerin durch die gegnerische Hälfte, mit so großen Schritten, als hätte sie Siebenmeilenstiefel an. Ihre Schritte sind gefühlt dreimal so groß wie die der ihr hinterherhechelnden Norwegerinnen. Heidi Mohr rennt weiter, der Ball scheint an ihrem Fuß zu kleben, drei Norwegerinnen hat sie schon hinter sich gelassen. Am Strafraum trifft sie auf die erste Innenverteidigerin, durch die sie einfach durchrennt, auch die zweite lässt sie stehen. Die Außenverteidigerin wird überrannt, Mohr ist jetzt halb links im Strafraum und kann mit links schießen. Halb Schuss, halb Lupfer über die Torfrau hinweg landet der Ball lupenrein im rechten Eck.

Dieser geniale Alleingang zum 2:1 für Deutschland bringt Heidi Mohr die Torjägerinnenkanone und den Preis zum Tor des Monats

Juli. Überhaupt hat sie längst den Ruf weg, die schnellste und die torgefährlichste Spielerin der Nation zu sein. »Bomberin der Nation« wird sie auch genannt, oder weiblicher Gerd Müller. Bei der EM 91 schießt sie in jedem Spiel mindestens ein Tor. Sensationelle 166 Tore erzielt sie in 121 Ligaspielen. Vor Interviews und Presseanfragen drückt sie sich, wenn es geht. Weiterer Spitzname deshalb »stille Torkanone«[194]. Mit Gerd Müller mochte sie übrigens gar nicht gerne verglichen werden. Lieber dagegen mit ihrem Vorbild Rudi Völler.[195] Auch frisurentechnisch lagen beide auf einer wortwörtlichen Wellenlänge. Zitat Völler: »Was meine Frisur betrifft, da bin ich Realist.«[196]

68. GRUND

Weil wir den Schweizer Käse und das Staffelholz haben

Man kann selbstbewusst behaupten, dass Pokaldesign eine Königinnendisziplin des Frauenfußballs ist. Der erste hochheilige Frauenfußball-Europameisterschaftspokal hatte noch dazu einen besonders festlichen Namen: Man nannte ihn »Schweizer Käse«. In der Zeit von Schulterpolstern und Vokuhila war nämlich auch der Pokal formal recht eigenwillig – die Trophäe des besten Fußballteams von Europa war nichts Geringeres als ein Klotz mit Löchern drin.

Das war optisch nicht zu toppen, darum setzte die Mailänder Kunstschmiede Bertoni bei der Gestaltung des nachfolgenden Pokals auf funktionale Stärken: Ein geschwungenes Pokälchen von drei Kilogramm, federleicht, eine echte Reisetrophäe … Wir alle wissen aber, dass EM-Pokale nicht mehr viel reisen, dieser Tage. Es ist üblich geworden, dass Deutschland die EM gewinnt, und nun beginnen die schönen Ultralight-Preise in der Eingangshalle vom DFB zu verschimmeln. Als Deutschland 2001 zum dritten Mal in Folge Europameisterin wurde, ging der handliche Pokal in den Besitz des Nationalteams über, und die UEFA gab bei Bertoni eine neue Variante in Auftrag. Das mit Bertoni und Mailand ist übrigens wichtig – DFB, das alte *fashion victim*, legt viel Wert auf die edle Herkunft seiner Trophäen und wird nicht müde, sie in Beschreibungen zu erwähnen. Der neue Bertoni ist ein Kilo schwerer und man hat sich (vermutlich immer noch in alter Ehrfurcht vor dem Schweizer Käse) wieder was Besonderes überlegt – der DFB meint dazu: »Bei der Form des Pokals wurden die Kunstschmiede vom Logo der Frauen-Europameisterschaft inspiriert. So entstand ein zeitgemäßes Design. Fließende Linien dominieren.«

Fließender Bertoni Nummer zwei kostet 14.000 Schweizer Franken und wird 2005 das erste Mal verliehen – richtig, an die DFB-Auswahl. An dieser Stelle eine Frage, die uns schon länger beschäftigt: Welche Funktion hat es eigentlich, dass wichtige Pokale so teuer sind? Ist das eine Art Beweis für die Bedeutung des Sieges? Und – viel wichtiger – wie könnte man einen solchen Pokal zu Geld machen, wenn's am Ende des Monats mal nicht mehr reicht?

Nun stehen also schon zwei Bertonis beim DFB zu Hause. Und weil seit 1995 (!) niemand anders mehr die EM gewonnen hat, wird 2013 auch Bertoni II schon zum dritten Mal von der DFB-Auswahl in die Höhe gestemmt und damit in die Schatzkammer übernommen.

Heißt: In Mailand werden schon wieder ordentlich die Edelmetalle geschwungen und 2017 kriegen wir alle das Ergebnis zu Gesicht. Den Schweizer Käse kann man natürlich schwer toppen. Was es allerdings noch nie gab: einen Pokal, aus dem man auch wirklich trinken kann.

Auf nationaler Ebene ist beim DFB-Pokal formalästhetisch auch schon immer ordentlich was los gewesen. Der erste, 1981 verliehene Pokal ging ganz in seiner Funktion als Ur-Trophäe auf – eine aus Silber gefertigte Dokumentenrolle mit einem Lorbeerzweig, auf deren Rückseite die Gewinner eingraviert wurden. Ein würdevolles Ding, das man locker auch Cicero in die Hand hätte drücken können. Um ein bisschen familiärer mit dem Vereinspokal ins Gespräch zu treten, wurde er im Volksmund bald das »Staffelholz« getauft und machte als solches bis 1993 die Runde im DFB-Pokal.

So ein Einstieg mit antiker Symbolik ist natürlich eine hohe Messlatte. Trotzdem muss sich der Folgepokal überhaupt nicht hinter dem Staffelholz verstecken, mal ganz abgesehen davon, dass der dicke Humpen hinter dem schlanken Holz nicht zu übersehen gewesen wäre. Der zweite DFB-Pokal war tatsächlich ein Trinkgefäß aus zwei verschachtelten Halbschalen mit einem Fassungsvermögen von vier Litern. Ob man wirklich daraus trinken kann oder ob das Getränk durch die Lücken der Halbschalen abhandenkommt, ist nicht überliefert. Das eigentliche Ass im Ärmel des Staffelholznachfolgers ist aber eine bunte Verzierung, ein seitlicher Streifen aus Chrysocoll. Für alle, die gerade ganz kurz vergessen haben, was das noch mal war: Chrysocoll ist natürlich ein blaugrünes Mineral, das im orthorhombischen Kristallsystem mit der ungefähren chemischen Zusammensetzung $Cu_4H_4[(OH)_8|Si_4O_{10}] \cdot nH_2O$ kristallisiert.[197] Eigentlich stellt man, weil es Bakterien abtötet, Unterwasserfarben für den Schiffbau daraus her, aber warum nicht einen zünftigen Pokal damit verzieren? Das Material ist als Werkstoff in der Goldschmiedekunst seit der Antike bekannt, heißt auf Griechisch auch wörtlich übersetzt »Goldleim«. Selbst angesichts von Schweizer Käse und Staffelholz müssen wir also anerkennen: Der zweite DFB-Pokal war ein grün-griechisch geleimter Unterwasserhumpen. Überflüssigerweise sagt der DFB dazu: »Der materielle Wert beträgt rund 10.000 Euro, der ideelle Wert lag jedoch schon immer viel höher – gehört der Sieg im DFB-Pokal doch nach der Meisterschaft zum begehrtesten Titel im deutschen Frauenfußball. Dies wird sich nun auch mit der neuen Trophäe nicht ändern.«[198]

Und weil sich das auch mit der aktuellsten Trophäe, die 2010 zur Feier des neuen Austragungsorts Köln aus der Taufe gehoben wurde, nicht ändern sollte, sagte der DFB auch hier: »Der materielle Wert beträgt rund 30.000 Euro, der ideelle Wert liegt jedoch viel höher – gehört der Sieg im DFB-Pokal doch nach der Meister-

schaft zum begehrtesten Titel im deutschen Frauenfußball.«[199]
Muss wichtig sein, wird notiert. Ideeller Wert höher als materieller Wert, wobei der materielle Wert immer gut als Richtwert dienen kann, damit man weiß, wie hoch man den ideellen Wert ansetzen kann. Leider muss man sagen, dass mit diesem neuen Pokal auch auf DFB-Ebene die große Kreativität ein Ende findet. Wir finden das, nach Staffelholz und Unterwasserhumpen, verzeihlich. Trotzdem sollte der DFB die Huldigung der neuen Trophäe, die mit ihrer sportlich-femininen »Taillierung« (!) überzeugen soll, vielleicht lieber anderen überlassen.

Hannelore Ratzeburg macht das besser: »Ich freue mich, dass wir zur Premiere des Finales in Köln nun auch einen neuen Pokal erhalten haben. Der Schritt in die Eigenständigkeit bekommt dadurch eine ganz eigene Symbolik. Mir persönlich gefällt der Pokal sehr gut. Seine schlichte Eleganz und Schönheit ist anmutig und faszinierend zugleich.«[200]

69. GRUND

Weil die WM wie ein Martini ist und geschüttelt gehört, nicht gerührt

Die WM ist die Mutter aller Turniere und der absolute Traum für alle, die mal etwas werden wollten im Fußball. Und dabei sein ist schon fast alles. Steffi Jones beschreibt es so: »Das war schon immer mein Kindheitstraum: Trikot anziehen, rausgehen, Nationalhymne wird gespielt und dann Gänsehaut pur.«[201]

Blicken wir zurück. Lange bevor die schlauen Funktionäre des DFB den Frauenfußball aus Angst vor der Meuterei doch noch in ihren Verband aufnahmen, gab es natürlich schon Länderspielpartien. Und bald auch Turniere zum Ländervergleich. Die erste inoffizielle WM fand im Juli 1970 statt, organisiert von der nicht anerkannten FIEFF, Fédération Internationale et Européenne de Football Féminin. Nicht anerkannt jedenfalls von den Männerbünden der FIFA und UEFA. Die Firma Martini & Rossi erkannte das wirtschaftliche Potenzial eines internationalen Turniers und unterstützte das Vorhaben finanziell. Auch wenn diese Partnerschaft aus heutiger Sicht ungewöhnlich scheint: Eine WM ist definitiv der geschütteltste aller Drinks, mit all ihrem Spektakel und der coolen Unschlagbarkeit, die unsere Lieblingsspielerinnen umschwebt. Aber bitte nur Dry und gut gekühlt! Oder wie einst ein Barkeeper sagte: »Drei Sachen müssen hier immer trocken sein: der Humor, die Socken und die Martinis!«[202] So also gefälligst auch bei einer WM!

Aus Deutschland reiste als Vertretung das Team vom SC Bad Neuenahr an und verlor beide Spiele. Weltmeisterinnen dieser ersten Coppa del Mondo wurden die Spielerinnen aus Dänemark. Der FIFA gefiel die Piraterie natürlich gar nicht, und sie setzte sich gegen die aufstrebende kleine Konkurrenz zur Wehr, indem sie dem Frauenverband unlautere Motive vorwarf: Die FIEFF sei nur an schnellem Profit interessiert. Wie die FIFA zu diesem lichten Moment antikapitalistischer Besorgnis kam, ist nicht überliefert, und sie hat diese grüblerische Haltung ja auch erfolgreich abgelegt. Jedenfalls richtete die FIEFF, unbeeindruckt von diesen Vorwürfen, 1971 ein weiteres Turnier in Mexiko aus. In Mexiko-Stadt sahen 110.000 Zuschauer_innen das Endspiel. Eine deutsche Vertretung war bei dieser sogenannten Test-WM nicht dabei. Der DFB verbot eine Teilnahme und verfiel, ähnlich wie die FIFA, in antikapitalistische Grüblerlaune. Präsident Neubergers größte Sorge: »Dass der saubere Fußball durch die Geschäftemacher endgültig diskriminiert wird.«[203] Natürlich war das schon damals eine schlechte Ausrede, Katar 2022 lässt grüßen. In echt hatte Neuberger Angst vor den plötzlich erstarkten Frauen. Wenn die sich jetzt auch noch selbstständig machen würden mit einem DFFB – Neuberger hörte im Traum seiner schlaflosen Nächte das emsige Sägen am Thron seines gemütlichen Fußballmonopols und kam zu dem Schluss, dass es Zeit sei für ein bisschen Gleichberechtigung. Also schnell das Fußballverbot aufgehoben und die Damen unter die eigene Kontrolle gebracht. Einen Reisekostenzuschuss für die inoffizielle WM 1981 in Taiwan gab es trotzdem nicht – Stichwort »Freundschaftsspiel«. Die Vertretung aus Deutschland kam diesmal von der SSG Bergisch Gladbach und gewann prompt das Turnier im Finale mit 4:0 gegen die Auswahl aus den Niederlanden und vor 36.000 Zuschauer_innen. »Außer Wimpeln und Ansteckern haben wir keine Unterstützung vom DFB erhalten«, so Manager Hans Gronewold.[204]

Auch die FIFA bekam es langsam mit der Angst zu tun und ergriff vor der bevorstehenden Gründung eines eigenen Frauenverbandes (mit dem Namen FIFF) die Initiative, um nicht zu sagen die Kontrolle. 1991 fand dann in China die erste offizielle Weltmeisterschaft statt. Die Funktionäre aus China waren zunächst skeptisch, ließen sich dann aber von den guten Besucher_innenzahlen (Auslastung 80 Prozent) und den Schwarzmarktpreisen (die Tickets waren bald ein Monatsgehalt wert) überzeugen.[205] Die USA gewannen im Finale gegen Norwegen mit 2:1 und Michelle Akers wurde zur herausstechenden Protagonistin mit zwei Treffern und der einzigen Gelben Karte.

Die nächste WM 1995 in Schweden ließ in puncto Besucher_innenzahlen etwas zu wünschen übrig. Lag aber eventuell auch an den abstrusen Regelexperimenten der FIFA. Immer noch war die Spielzeit der Damen insgesamt zehn Minuten kürzer, nun durfte zusätzlich auch einmal pro Halbzeit ein »Time-out« genommen werden. Außerdem gab es die Golden-Goal-Regel. Die Unterteilung in drei Hälften, die mehr Werbepausen ermöglichen sollte, wurde glücklicherweise noch unterbunden. Man kam sich ja so schon vor wie das Versuchstier für die Männer-WM. Im Finale regnete es in Strömen und trotz Starbesetzung mit Neid, Mohr, Voss und Co. musste das deutsche Team eine 2:0-Niederlage gegen die Norwegerinnen um Ausnahmetalent Hege Riise hinnehmen.

1999 setzte die WM in Amerika neue Maßstäbe: Unter dem Motto *This is my game, this is my future, watch me play* lockte man mehr als eine Million Zuschauer_innen in die Stadien. Sämtliche Rekorde (live, TV etc.) wurden gebrochen, die Amerikanerinnen waren ständig in den Medien präsent. Mia Hamm wurde zum ersten richtigen Frauenfußball-Star und bekam große Werbeverträge. In Deutschland sprach das Verhalten der öffentlich-rechtlichen Sender Bände: Das Viertelfinale USA gegen Deutschland wurde nicht live zur besten Fernsehzeit übertragen, sondern erst nach dem *Tatort* und *Sabine Christiansen* als Aufzeichnung ausgestrahlt. In einem spannenden Duell musste sich Deutschland den späteren Weltmeisterinnen mit 3:2 geschlagen geben. Im Finale kam es zum Elfmeterschießen, bei dem die USA gegen China die Oberhand behielten. Gefeiert wurde der Titel schön amerikanisch: mit einer großen Parade in Disneyland.

70. GRUND

Weil das hier eine WM ist, da wird nicht rumgememmt

Mit einem herrlich rollenden oberpfälzischen »r« tat Nationalspielerin Simone Laudehr 2007 diese Turnierregel kund. Mit dickem Knöchel zwischen den Spielen und selbstbewusstem »Das kriegen wir schon hin«. Wo kämen wir denn auch hin, wenn die mehrfache Bänderdehnung zur Turnierpause führte? Oder wie Sandra Smisek sagte: »Bänderriss? Da kommt bei uns ein Tape drauf und dann wird weitergespielt.«[206] Rummemmen ist nicht.

Aber noch mal kurz zurück, wo waren wir denn? Ach ja, bei der WM, der Mutter aller Turniere, und wie das US-Team sich gerade in Disneyland verlustierte. Das deutsche Team hingegen machte sich für den ersten Titel bereit. Bis 2003 und auf Birgit Prinz hatte man warten müssen. Die Reise ging dann nicht wie geplant nach

China – gemeine Lungenkrankheit SARS –, sondern wieder in die Vereinigten Staaten. Die grandiose Stimmung von 99 ließ sich aber nicht wiederholen, vielleicht waren die Amis auch noch zu ausgefeiert. Die Stadien waren jetzt eher so mittelvoll, die Stimmung eher mittelgut – alles natürlich im Vergleich zu 99. Dafür wurde die Liebe zum Frauenfußball in Deutschland entfacht. Im Halbfinale gegen die USA absolvierten die DFB-Spielerinnen das Spiel ihres Lebens, erst traf Kopfballungeheuer Kerstin Garefrekes nach einer Ecke, man sah laut US-Kommentar »a brave piece of goalkeeping by Rottenberg«[207], außerdem Riesen-Chancen auf beiden Seiten, einen offensiven und offenen Schlagabtausch und letztendlich Prinz und Meinert, die alles zum 3:0 klarmachten. Im Finale ging es gegen Schweden und über 13 Millionen sahen das goldene Tor von Nia Künzer in der Verlängerung. Am Frankfurter Römer jubelten 8.000 Menschen den frischgebackenen und erstmaligen Weltmeisterinnen zu. Zusammen mit Muhammad Ali und Dieter Bohlen bekam das Team den Bambi 2003, den wohl irrelevantesten und beliebigsten Preis Deutschlands in Form eines Reh-Pokals. Außerdem wurde Birgit Prinz Torschützenkönigin und viel bekannter, als es ihr eigentlich lieb war. Aber immerhin öffnete der erste WM-Titel ein paar Türen. Es gab zum ersten Mal ernsthafte Knete, 15.000 Euro Siegprämie war das Spektakel dem DFB wert. Außerdem fiel jetzt allen mal auf, dass die Frauen in den aussortierten Trikotsätzen der Männer spielten und eventuell für das internationale Parkett einen eigenen Schnitt verdient haben könnten.

Die WM 2007 konnte dann schließlich in China stattfinden, die Lungenkrankheit hatte sich verzogen. Das deutsche Team war regelrecht *on fire* und verteidigte fast traumwandlerisch den Titel. Na ja, gut, lassen wir die Füße mal auf dem Boden und geben kurz zu, dass zwar im ersten Spiel Argentinien mit elf Buden heimgeschickt wurde, Sandra Smisek das schon vorhergesehen hatte (»zweistellig!«), dann aber die Spiele gegen England und Japan etwas mühsam waren. Zum Glück wurde das Team mit der Kamera begleitet. Sonst wüssten wir nichts über die sechs Bäume auf dem Weg des Teams, von denen Smisek sagt: »Wir dürfen jetzt nicht das Ziel aus den Augen verlieren, nur weil wir den ersten Baum erreicht haben.«[208] Gegen Nordkorea im Viertelfinale traf sogar Annike Krahn zum 3:0 irgendwie mit der Hüfte und bemerkte: »Das war ein typisches Annike-Tor. (…) Schöner kann ich's nicht.«[209] War aber drin, und darum auch schön. Das Finale gegen Brasilien wurde zu einem hochklassigen und extrem spannenden Spiel. Die Brasilianerinnen trafen den Pfosten, Nadine Angerer hielt die verrücktesten Schüsse, außerdem noch einen Elfer von Marta, es gab tolle Kombinationen und äußerst gefährliche Torchancen. Birgit Prinz erlöste uns in der 52. Minute mit dem 1:0 und Simone Laudehr sorgte in der 86. Minute mit dem 2:0 für Klarheit. Puh, erst mal Urlaub machen. Schon anstrengend, so ein tolles Turnier, und dann galt es ja auch noch diesen Rekord im Auge zu behalten – würden sie das ganze Turnier ohne Gegentreffer bleiben? Ja, sie würden, und wir würden darüber fast aus den Latschen kippen.

Die WM 2011 sollte noch mal alles toppen. Uschi Holl: »Alle dachten, cool, wir kaufen uns ein paar Chips und ein Deutschlandtrikot und schauen jedes Spiel, das wir vier zu null gewinnen.«[210] Daraus wurde leider nichts, im Viertelfinale war gegen Japan Schluss. Alle heulten und wussten auch nicht so recht, dabei gab's noch ein paar tolle Partien zu sehen. Anekdote noch aus der Vorrunde: Beim Spiel Australien gegen Äquatorialguinea prallt der Ball in der 16. Minute an den Pfosten und wieder aufs Spielfeld. Verteidigerin Bruna fängt ihn sicherheitshalber einfach mal, man weiß ja nie. Dummerweise passiert das Ganze im Strafraum, sodass im Grunde ein Elfmeter fällig gewesen wäre. Glück gehabt, dass die Schiedsrichterin wohl gerade intensiv an ihre Hantelsammlung dachte. Genial auch das Viertelfinale Brasilien gegen die USA: Erst 1:1 nach 90 Minuten, dann 2:2 nach 120 und schließlich Hope Solos Parade-Auftritt im Elfmeterschießen. Bezeichnend aber auch: Dauerpfiffe für Marta, die Fans im Stadion wurden zu einem Hund, der aus Reflex den Postboten ankläfft. Von all der Aufregung irgendwie unberührt und auf bescheidene Weise vergnügt: die Japanerinnen. Aya Miyama wirkte bei ihren Torschüssen so lässig, als würde sie nur eben mit dem Fuß die Werkzeugkiste wieder unter die Bank schieben. Im Finale gegen die USA ging es wieder nach 1:1 in die Verlängerung und dann mit 2:2 ins Elfmeterschießen, das die Japanerinnen, Schuhgröße hin oder her, für sich entscheiden konnten. Zu diesem Zeitpunkt waren wir längst Fan. Die Heulerei im Viertelfinale lag weit zurück und wir bestaunten die Schnelligkeit der japanischen Pässe, versuchten möglichst selten zu blinzeln und das ganze Ausmaß dieser spannenden Partie auf uns wirken zu lassen. 2015 geht es in Kanada endlich weiter.

71. GRUND

Weil man sich unnütze Informationen immer noch am besten merken kann

Turniere ohne Sammeln und Tauschen sind irgendwie nur halb so schön. Die Frauen-EMs und -WMs mussten ganze 20 Jahre ohne durchhalten. Im Jahre 2009 hatte das Warten endlich ein Ende. Schnittini erblickte das Licht der Welt – das erste und absolut unlimitierte Sammelposter im Frauenfußball![211] Neu und nicht im Handel erhältlich! Fans und deren Kinder konnten endlich Sticker mit dem Konterfei der Lieblingsspielerinnen auf einem Fanposter aufkleben. Das Ganze natürlich extra dafür und mittelgut designt. Seit jenem bemerkenswerten Jahr hat das »Projekt Spielfeldschnitte«, dem eine der Autorinnen angehört, schon zu zwei Europameisterschaften und einer Weltmeisterschaft das köstliche PDF zum Selbstausdrucken herausgebracht. Offiziell kopierte dann auch endlich mal Panini zur WM 2011 das Engagement (dabei blieb es aber vorerst). Echte Kontinuität muss man auch hier mal wieder selbst beisteuern und so folgt zur WM 2015 in Kanada selbstredend Schnittini Numero vier.

Als wäre das nicht alles schon des Guten genug, gibt es noch eine gefeierte Beigabe zu jedem Bild: die unnütze Information. Wer bislang dachte, es gibt sowieso an zwei Händen abzählbare Informationen zu den Spielerinnen, der sei hiermit belehrt: Es gibt sogar recht unnütze Informationen zu den Spielerinnen! Das macht natürlich, neben dem nicht vorhandenen Lerneffekt, absolut gute Laune. Hier nun also die bisherige Ansammlung von Dingen, die man nicht wissen muss:

Fangen wir bei unserer Torfrau an. Nadine Angerer trägt gerne Mützen, okay, das wusste man eh schon. Dass ihr VW-Bus einstmals Totenkopfventile hatte, das ist wohl etwas unbekannter. Und obwohl sie so gerne und am allerliebsten in Weiß spielt, hat sich seltsamerweise noch kein Waschmittelkonzern bei ihr für einen Werbevertrag gemeldet. Was da wohl los ist? Über Birgit Prinz privat weiß die Medienwelt ja ziemlich wenig. Irgendwann kam dann doch raus: Als kleines Mädchen hatte sie ein Poesiealbum! Nicht zu glauben. Außerdem gibt es noch zu berichten, dass das Autohaus Matthes eine exakt auf neun Stück limitierte Sonderedition des BMW 116i mit dem Namen »Birgit Prinz« versah. Mit Autos hat auch die unnütze Information zu Célia Šašić, geborene Okoyino da Mbabi, zu tun. Unter ihren Lieblingsapps befindet sich die App Stau Mobil, denn: »Wer zu spät kommt, den bestraft das Leben!« Simone Laudehr erhält definitiv den Preis für die besten unnützen Zitate. Darunter: »Früher war ich noch wilder.« Und: »Ab und zu les ich daheim auch mal ein Büchlein und trink 'nen Latte Macchiato.« Den Preis für das unnützeste Frage-Antwort-Spiel bekommt hingegen Annike Krahn. Auf ihrer Webseite gibt es die Möglichkeit, Fragen zu stellen. Anna fragt: »Wenn ihr im Verein oder bei der Nationalmannschaft einen Pokal gewinnt und ihr dann irgendwann schlafen geht, wo bleibt der Pokal die Nacht über?« Annike antwortet: »Den Pokal nimmt in der Regel über

Nacht ein Betreuer oder jemand aus dem Management mit.« Näh! Da wird ja der Hund in der Pfanne verrückt!? Und Karen fragt: »Warst du schon einmal in Island?« Annike antwortet: »Nein, in Island war ich leider bisher noch nicht.« Man kann sagen: *Too much information!!* In Richtung Essen geht es weiter. Ariane Hingsts Lieblingsessen sind Nudeln mit Ketchup oder Tomatensoße. Anja Mittags dagegen Königsberger Klopse. Außerdem putzt sie sich nach dem Aufstehen erst einmal die Zähne, brav – und gut zu wissen! Babett Peter ist auf Facebook mit der Fleischerei Bendig befreundet, Inka Grings Lieblingsfarben sind Blau und Gelb. Lena Goeßlings Glücksbringer ist eine Schornsteinfegerfigur und Nadine Keßler mag Weihnachtsmärkte. Kim Kuligs Hobby ist Schlafen, außerdem besitzt sie einen Satz Bettwäsche vom VfB Stuttgart. Nach Beendigung ihrer Karriere möchte sich Linda Bresonik mit dem Hundesalon Lindemann selbstständig machen. Und ein Wahnsinns-Zitat von kicker.de über Melanie Behringer: »Melanie Behringer könnte glatt als Frohnatur durchgehen.« Gut, dass wir auch das jetzt endlich wissen!

72. GRUND

Weil – wer pfeift hier eigentlich?

Bibiana Steinhaus ist die erste Schiedsrichterin im Profifußball der Männer, Kommissarin bei der niedersächsischen Polizei und offenbar ein kleiner Witzbold. Wenn sie viel zu tun hat, kriegt der *Spiegel* am Telefon eben Folgendes zu hören: »Sie haben das Recht zu schweigen. Alles, was Sie sagen, kann vor Gericht gegen Sie verwendet werden. Sie haben ein Recht auf einen Anwalt. Wenn Sie sich keinen leisten können, dann sprechen Sie nach dem Piepton.«[212]

Beide Berufe, Polizistin und Schiedsrichterin, bezeichnet Steinhaus als Traumjobs, es interessiert sie, als Entscheidungsträgerin für das »Management unterschiedlicher Persönlichkeiten«[213] verantwortlich zu sein.

Sie selbst spielte als Verteidigerin beim SV Bad Lauterberg, hatte aber eigenen Angaben zufolge kein Talent und gab ihre aktive Fußballkarriere 1995 zugunsten ihrer Schiedsrichtertätigkeit auf. Ohne große Pläne, ermutigt von ihrem ebenfalls schiedsrichtenden Vater, nahm sie mit 16 Jahren aus Quatsch die Schiedsrichterinnenprüfung in Angriff – und absolvierte sie mit Leichtigkeit. Es ging sehr schnell sehr steil bergauf, weil sie Talent und Spaß dran hatte, und weil es zu dem Zeitpunkt nur zwei Prozent weibliche Schiedsrichter gab. Mit 20 Jahren debütierte sie 1999 als DFB-Schiedsrichterin in der Frauen-Bundesliga, und in den folgenden Jahren ging auch ihre Karriere im Männerfußball los. Von 2001 bis 2007 hangelte sie sich über Regional- und Oberligaspiele bis in die 2. Bundesliga der Herren durch und betrat damit vollkommen neues Terrain. Im Frauenfußball war sie längst international unterwegs, wurde 2005 zur FIFA-Schiedsrichterin ernannt und pfiff wichtige Spiele der UEFA Euro 2009 in Finnland. Im Männerfußball ging es weiter mit Einsätzen in der Bundesliga als vierte Offizielle und mit dem DFB-Pokalfinale 2008. Mittlerweile trägt Bibiana einen silbernen Ring, in den ein Fußballfeld eingraviert ist, und eine Kette mit einer glitzernden Trillerpfeife und scheint überhaupt nichts anderes tun zu wollen, als Ordnung auf große Fußballplätze zu bringen. Man hat dabei ein bisschen den Eindruck, sie gehe ihren Weg nicht gezielt mit emanzipatorischen Absichten, sondern einfach ohne jedes Interesse für die Bedenken, die ihr in der Männerdomäne entgegenschwappen. Nach wichtigen Stationen, wie der EM 2009, lässt sie aber doch verlauten: »Es erfüllt mich schon mit Stolz, dass ich diesen Meilenstein für uns Schiedsrichterinnen legen konnte.«[214]

Die hatten es lange Zeit wirklich nicht leicht. 1993 hieß es noch: »Sie können leider an dem XY-Lehrgang nicht teilnehmen, da am Ort keine Damentoiletten vorhanden sind.« Oder: »Es gibt leider nur Doppelzimmer.«[215] Zwischen den Zeilen klang: Wir wollen hier keine Frauen in Schwarz. Die Taktik: sich nicht mit vollem Vornamen anmelden und anreisen, dann konnten die Herren einen schlecht noch abweisen. Auch auf dem Platz muss man sich Respekt erkämpfen, dabei hilft es bisweilen, vor dem Spiel ein paar Tricks mit dem Ball vorzuzeigen. Und Sprüche zurückzugeben: »So schlecht wie Sie spielen, so schlecht kann ich gar nicht pfeifen!«[216]

Das hat man heutzutage glücklicherweise nur noch selten nötig. Stattdessen stehen die nächsten Erfolgsgeschichten an – bald, hoffen wir. Obwohl Bibiana Steinhaus für die WM 2011 nominiert wurde, das Finale zwischen Japan und den USA pfiff, stellte man ihren Aufstieg in die 1. Bundesliga der Männer noch zurück. Alle Lauftests waren bestanden, Steffi Jones stand hinter ihr – aber es war wohl noch nicht so weit. Es nimmt alles überhaupt kein Ende, Schiedsrichterin des Jahres 2007 bis 2011, Olympia 2012 – das Ganze lässt sich ganz gut zusammenfassen mit den Worten von Herbert Fandel, dem Vorsitzenden der DFB-Schiedsrichterkommission: »Bibiana Steinhaus ist die beste Schiedsrichterin der Welt. Das sage ich überall, wo ich es loswerden kann. Das sieht aber auch jeder, der von Fußball Ahnung hat.«[217] Sie selbst sieht ihre Arbeit bescheidenerweise so: »Vielleicht habe ich einen Spieler vor einer Roten Karte bewahrt, weil ich ihm rechtzeitig die Grenzen aufgezeigt habe. Das ist eine unsichtbare Leistung. Das größte Lob ist doch, wenn die Zuschauer sich nach den 90 Minuten fragen: Wer hat eigentlich gepfiffen?«[218]

73. GRUND

Weil Nia Künzer im richtigen Moment den Kopf hinhielt

Künzer, das »Goldköpfchen« oder auch »Golden Girl«, wird am 12. Oktober 2003 in der 88. Minute eingewechselt. Es steht 1:1 im Finale der Weltmeisterschaft gegen Schweden – Verlängerung. Zehn Minuten später steht Renate Lingor auf der rechten Seite zum Freistoß bereit und sagt an, wo der Ball hin soll: »Nia!« Und wie so oft bei Renate Lingor, auch genannt die »weiße Brasilianerin«, geht der Plan auf. Die Freistoßexpertin bringt den Ball exakt in den Fünfmeterraum, auf den Kopf von Nia Künzer, die nur noch einnicken muss. Es gilt das Golden Goal, das Spiel ist aus und Deutschland zum ersten Mal Weltmeisterin! Zehn Jahre später sagt Künzer über das Tor: »Nachstellen könnte ich es schon noch, so hoch springen nicht mehr.«[219]

Die Weltmeisterschaft 2003 sollte ursprünglich in China ausgetragen werden, doch der Ausbruch von SARS, einer ansteckenden und ganz gemeinen Lungenentzündung, zwang die Organisator_innen zum Umzug. Die Wahl fiel auf die USA, die schließlich die letzte WM 1999 schon zu aller Zufriedenheit ausgerichtet hatten. China flog dann auch noch im Viertelfinale gegen Kanada raus und alle hofften auf die Titelverteidigung des gefeierten US-Teams um Mia Hamm. Doch die Euphorie von 1999 schien merklich zurückgegangen, es kamen weniger Menschen zu den Spielen und im Halbfinale gegen Deutschland musste die USA eine 3:0-Niederlage einstecken. Nia Künzer hatte im Turnier zuvor als Jokerin insgesamt 91 Minuten gespielt und erzielte in der 98. Minute des Finales ihr erstes und letztes Tor bei einer WM. Birgit Prinz wurde mit sieben Toren Torschützenkönigin und zur besten Spielerin des Turniers gewählt, das Gesicht des Titels ist aber ein anderes: Nia Tsholofelo Künzer, deren zweiter Name mit »Hoffnung« übersetzt werden kann. Als ziemlich neugeborenes Schrumpelbaby traf sie übrigens schon auf Berti Vogts im Flugzeug. Künzer studierte Heil- und Sonderpädagogik an derselben Universität, an der auch die Autorinnen lernten, zu dritt saßen sie im Winter 2007 zur Prüfung im Hörsaal A des Philosophikums II. Künzer zur Diplomprüfung, die kleinen Autorinnen zur Vordiplomsprüfung. Alle drei haben jedenfalls ihre Prüfungen bestanden und Gießen hinter sich gelassen. Nia Künzer spielte von 1997 bis 2008 beim 1. FFC Frankfurt; mittlerweile hat sie ihren goldenen Schopf wegen ihrer rekordverdächtigen Verletzungsgeschichte vom Platz zurückgezogen. Vier Kreuzbandrisse zog sie sich im Laufe ihrer Karriere zu, schön gleichmäßig verteilt auf beide Knie. Dafür arbeitet sie seit 2006 als Fußballexpertin für die ARD, wo sie auch 2015 die Frauenfußball-WM kommentieren wird.

74. GRUND

Wegen der »Zwanziger Jahre«

»Die schönsten Erlebnisse meiner Amtszeit sind mit dem Frauenfußball verbunden«, schreibt Theo Zwanziger auf Seite 243 seiner Autobiografie *Die Zwanziger Jahre*.[220] Liegt wahrscheinlich auf der Hand, die Damen haben sich immerhin während seiner Tätigkeit immer recht gut benommen: keine Wettskandälchen mit Schiedsrichterinnen, keine Machtkämpfe mit Managerinnen, keine Bestechungsgelderverdachtsmomente, niemand pinkelt in die Hotellobby oder zeigt den Fans den Stinkefinger. »Durch ihre bescheidene und ehrliche Art unterscheiden sich die Fußballerinnen, auch die im absoluten Spitzenbereich, wohltuend von vielen männlichen Profis.«[221]

Erste Funktionärstätigkeiten übernahm er im Rheinland, Zwanziger wurde 1992 Vorsitzender des Landesverbandes. Dort entstand wohl seine Liebe zum Frauenfußball, im Rheinland tummelten sich immerhin mit Bad Neuenahr und dem TuS Ahrbach die besten Teams ihrer Zeit. Zwanziger schwärmt über diese Zeit der 70er und 80er. Aber weiter ging es heimlich, still und leise auf der Karriereleiter. Der promovierte Jurist (Steuer- und Verfassungsrecht) wurde Schatzmeister im DFB-Vorstand und deichselte auch während der WM 2006 den Finanzbereich des großen Turniers. Auf dem Weg nach ganz oben gründete er 2007 die DFB-Kulturstiftung und stärkte insgesamt das Profil des DFB als ideell und sportpolitisch engagiert. Dieses Engagement ließ auch später in Zwanzigers Karriere kaum nach, 2010 gründete er die Theo-Zwanziger-Stiftung, seit 2013 mit neuem Namen »Fußball hilft! – Die Stiftung des Fußballverbandes Rheinland«, die Bemühungen im Bereich Mädchenfußball und die Verknüpfung zu Kunst und Kultur fördert.

Doch zurück zu den Anfängen – natürlich ging es an der DFB-Spitze, wie es sich für einen großen Herren-Sport-Verband gehört, nicht ohne Machtkämpfe zu. Zwanziger konnte trotzdem ohne größere Kollateralschäden Fuß fassen. 2006 löste er den DFB-Präsidenten Gerhard Mayer-Vorfelder endlich ab. Auch in seiner neuen Rolle als Präsident blieb er Schutzpatron des Frauenfußballs; offenbar machte ihm das auch mehr Spaß als FIFA und UEFA. »Zu einem Frauen-Bundesligaspiel gehe ich gern, in die internationalen Gremien treibt es mich nicht unbedingt.«[222] Insgesamt muss man echt mal zugeben, dass Zwanziger dem knarzigen, harzigen, Stock-im-Allerwertesten-konservativen DFB ein neues Image verpasste: irgendwie pfiffiger, liberaler, offener, klüger. Seine Themen: gegen Gewalt, gegen Rassismus, gegen Homophobie. Generell gegen Diskriminierung und für mehr Aufklärungsarbeit.

Treu ist Theo Zwanziger seinen Prinzipien, aber auch seinen Wurzeln. Immer noch besucht er die Spiele des Vereins, für den er mal den klassisches Zehner von halb links gegeben hat. Beim VfL Altendiez ist er immer noch Vereinsmitglied. Die beiden anderen Lieblingsvereine: Borussia Mönchengladbach und Turbine Potsdam.

Als Freund und Förderer sah er sich schon lange, echter Fan des Frauenfußballs wurde er erst 2004. Beleidigt, weil die Borussen im Halbfinale des DFB-Pokals rausgeflogen waren, kam Zwanziger zum Finale nicht ins Stadion, sondern hockte vorm TV. Ein paar Akten wollte er noch durchschauen, parallel dazu lief schon mal der Fernseher mit dem Finale 1. FFC Frankfurt gegen 1. FFC Turbine Potsdam. Zwanziger konnte sich aber nicht so richtig auf die Arbeit konzentrieren, das Spiel war zu spannend. »Die Mädels, vor allem die Turbinen, spielten einen begeisternden Fußball. Schnelle, flüssige Kombinationen, Torchancen ohne Ende.«[223] Besonders angetan war er von Anja Mittag, er schrieb ihr nach dem Spiel sogar einen Fanbrief. Bei der WM 2007 sprang Theo Zwanziger dann für den kranken Engelbert Nelle (auch großer Unterstützer des Frauenfußballs, nannte mal das WM-Finale 2003 das schönstes Fußballerlebnis seiner Laufbahn) als Delegationsleiter ein. Was sich erst als stressig ankündigte, denn Zwanziger hatte noch andere Verpflichtungen, erwies sich schließlich als großartige und wegweisende Zeit, vor allem die unaufgeregte Vertrautheit von Team und Unterstützenden. »Dies ist meine Welt. Ich tausche sie nicht gegen ein Bankett nach dem Champions-League-Finale der Männer ein.«[224] Die Feier nach dem Titelgewinn im Hotel nennt Zwanziger sogar eine der schönsten seiner Fußballkarriere. Und ein kleines Tänzchen mit Bundestrainerin Silvia Neid war inbegriffen.

Ein Verdienst von Theo Zwanziger für den Frauenfußball oder den Fußball überhaupt ist, dass er immer wieder talentierte Frauen förderte und vor allem herausforderte. Dazu gehört sicherlich Silvia Neid, aber auch Steffi Jones, die er als OK-Präsidentin für die WM 2011 gewinnen konnte. »Frauenfußball ist ein Leistungssport, aber er hat zugleich eine gesellschaftliche Dimension. Unser Land wird größere Konflikte nur vermeiden können, wenn Diskriminierung bekämpft und Integration gefördert wird.«[225] Fußball sei für alle da, darum gelte es, Hindernisse zu beseitigen und Vorbilder aufzubauen. Außerdem fordert Zwanziger einen eigenen Ligaverband für die Frauen-Bundesliga nach dem Vorbild der DFL. Das würde eine vom DFB unabhängigere Position bedeuten, aus der heraus man die Interessen der Vereine und Spielerinnen stärker vertreten kann. »Anders als der Männerfußball, der von Sensationsgier alleine leben kann, ist der Frauenfußball ein zukunftsorientiertes gesellschaftliches Phänomen, das mit der Stellung und Entwicklung der Frauen in der Gesellschaft untrennbar verbunden ist.«[226]

Zwanziger nimmt kein Blatt vor den Mund, das gefällt uns. Manchmal lässt er sich dann zu einem kleinen Seitenhieb hinreißen: »Der FC Bayern München gibt lieber Geld aus, um eine Basketballabteilung aufzubauen, statt seine erstklassigen Fußballerinnen noch stärker zu unterstützen ... Der Hamburger SV hat sein Frauenteam sogar aus der Bundesliga abgemeldet, angeblich, weil er es nicht finanzieren kann. Dabei sind es die Männer, die dort das Geld zum Fenster hinauswerfen.«[227] 2012 trat Theo Zwanziger als Präsident des DFB zurück. Wirklich sehr schade, wobei man auf der anderen Seite jetzt auch wieder kritischer mit dem DFB ins Gericht gehen kann. Meine Güte, endlich! Das war nicht so leicht mit einem Typen wie ihm an der Spitze. Wir lieben sie, die »Zwanziger Jahre«!

75. GRUND

Weil da die Post abgeht

Es gibt in Deutschland eine Post-Nationalmannschaft. Nein, das ist nicht die Nationalmannschaft nach der Nationalmannschaft, sondern tatsächlich die Bundesauswahl von der Deutschen Post. Und ja, die Spielerinnen des Teams haben gelbe Trikots, auf denen ein schwarzes Posthorn drauf ist, und schnelle Schuhe.

Doris Fitschen und Petra Landers, beides ehemalige Nationalspielerinnen des DFB, dachten sich, so ein Freundschaftsspiel gegen die Post wäre doch was Feines. Recht haben sie! 2010 war es dann zum ersten Mal so weit. Ein Team aus ehemaligen Nationalspielerinnen trat gegen die Auswahl der Postmitarbeiterinnen an. Dass das Pokalfinale erstmals unabhängig vom Männerfinale in Köln stattfand, war ein passender Anlass. Vor dem Pokalfinale also das Spiel Retro Germany gegen FC Deutsche Post. An Publikum mangelt es nie, schließlich wollen viele Fitschen, Meinert, Wiegmann, Stegemann, Prinz und Co. noch mal in Aktion sehen. Aber auch die Frauen von der Post sind auf Zack. Alle spielen in Vereinen, von der Landesliga bis zur Regionalliga, eine hat sogar schon in der 2. Liga mitgekickt. Am Abend vorher trifft man sich schon zum Essen und plaudert über alte Zeiten, eigentlich ist das wie ein Klassentreffen.

Der ganze Spaß dient noch dazu einem guten Zweck, das Spiel fand etwa 2010 zu Gunsten des Ambulanten Kinderhospiz-Dienstes Köln statt. Alle sind ambitioniert, haben sehr viel gute Laune und einigermaßen ausgeglichen ist das Ganze auch noch: Das erste Spiel gewann Retro Germany mit 8:2, das zweite Spiel ging mit 2:4 knapp verloren. 2014 war das Ergebnis dann ziemlich eindeutig: Retro Germany 6, FC Deutsche Post 0. Ihre Post bekommen die ehemaligen Nationalspielerinnen trotzdem noch pünktlich.

76. GRUND

Weil Karla Kick immer noch besser war als Goleo

Mal unabhängig von unseren Stehplatzdauerkarten für Sonntag 14 Uhr und den Stammplätzen an den Stehplatz-Stangen unseres lokalen Clubs (im Fachjargon »Anlehn- und Abweisebügel«) – wir lieben den Ligabetrieb, die Bratwurst im Brötchen, die Nähe zum Spiel, den Einlass ohne Ordner_innen. Aber natürlich lieben wir genauso doll die internationalen Turniere, das riesige Spektakel, den ganzen Hochglanz, die satten Farben im TV. Und, ja, okay, ist schon irgendwie logisch, dass dafür der grüne Rasen als Magnet nicht ausreicht. Das große Turnier braucht immer mehr als die normalen Zutaten des Fußballs. Fußball braucht Spielfeld, Tore, Ball, 22 Spielerinnen, vier Schiedsrichterinnen – los geht's. Das große Turnier braucht ein Motto, ein Maskottchen, ein Logo, unvergessliche Attribute, berühmte Personen, Musik und all den Merchandise. »Nach dem Spiel ist vor dem Spiel« reicht einfach nicht aus, bei einem solchen Riesen-Event muss es heißen: Nach dem Spiel ist vor dem Stickeralbum, vor dem Fanschal, vor der Erweiterung der Trikotsammlung.

Bei der ersten WM 1991 war der Entwurf für das Maskottchen zunächst eine Ziege mit Ziegenbart. Man befand sich immerhin im chinesischen Jahr der Ziege und die WM war in China. Dennoch:

Zu anstößig, zu taktlos, befanden einige der Funktionäre. Wir wissen nicht, ob die Ziege oder der Bart. Stattdessen gab es dann einen kleinen Spatz mit roten Wangen und Blumenstrauß in der Hand.[228] Klar, liegt ja förmlich auf der Hand. Das Logo bestand aus den zwei Seiten der Erde, über die eine stilisierte Figur einem Ball hinterherspringt. Natürlich nicht irgendeine Figur, sondern eine Frau – Hinweis: Brüste und lange Haare. Vier Jahre später, bei der WM 1995 in Schweden, wurden die Haare noch ein Stückchen länger, sehr viel welliger und in Großaufnahme gedruckt. Das Logo bestand also aus sehr viel Haaren, etwas Gesicht und einem Ball. Noch einfacher machten es sich die Organisator_innen der EM 2005 in England: Das Logo bestand einfach nur noch aus Haaren, sonst nix.

1995 wurde aber nicht nur das lange und wellige Haar als Symbol Nummer eins für Frauenfußball erfunden, am 18. Juni des Jahres erblickte auch ein kleines Kätzchen namens Karla Kick das Licht der Welt.[229] Das behauptet sie jedenfalls in ihrem Steckbrief, den mittlerweile jedes Maskottchen bekommt, man will sich ja nicht lumpen lassen. Zufälligerweise war das auch der Tag, an dem Deutschland das erste Mal in einem WM-Finale stand. Allerdings bedeutete das auch: Zur WM 2011 war Karla Kick gerade mal 16 Jahre alt, durfte also streng genommen noch gar nicht ohne Erziehungsberechtigte ins Stadion. Früher durfte man sich aber mit 16 auch noch nicht so stark die Wimpern schminken wie sie, nun ja, die Zeiten ändern sich stetig.

Immerhin hatte Karla Kick untenrum etwas an, was man von Goleo, dem Maskottchen der Männer-WM 2006, nicht behaupten kann. »20elf« sollte sich »von seiner schönsten Seite« zeigen, wie das Motto den Konsument_innen versprach. Was hat »schön und sexy und lange Wimpern« mit Fußball gemeinsam? Stimmt, gar nichts. Da waren die PR-Leute der WM 2011 einfach schlecht informiert. Nur die, die das Logo designten, ahnten was und verzichteten erstmals auf Haare. Insgesamt setzte die Kampagne 2011 auf »Lifestyle« und »Sexyness«. Zu diesem Unsinn fällt Tanja Walter-Ahrens noch

Folgendes ein: »Natürlich spiele auch ich schöne Pässe, aber mein Fußball ist nicht sexy. Frauenfußball hat es nicht verdient, dass man ihn so verkauft. Die Kampagne hätte auch funktioniert, wenn sie die sportlichen Aspekte betont hätte.«[230] Ebenso übrigens, wie dieses Buch auch funktioniert hätte, wenn auf dem Cover weniger Haare wären.

Ja, *sex sells*. Überall wimmelte es 2011 von Schminke, Frisuren, Nagellack und High Heels. Die Berichterstattung über die Accessoires der Spielerinnen nahmen mindestens genauso viel Raum ein wie die über die sportlichen Aspekte, selten wurden sie mal in Sportklamotten abgelichtet, dafür mussten sie sich für einen Werbespot in Slow Motion auf dem Fußballfeld mitten im Angriff schminken. Und das bei einem allgemeinen Durchschnitt an Frauensportberichterstattung von weniger als 15 Prozent in den Medien.[231]

Das Maskottchen für die WM 2015 in Kanada hat natürlich auch Wimperntusche drauf. Sie kann aber auch sonst einiges. Die Schneeeule Shuéme ist »ganz und gar eine Eule von heute«, wie die FIFA in ihrer Ankündigung schreibt.[232] Dabei schafft man natürlich das Kunststück, in einem einzigen Wesen alle Eigenschaften und Werte des Frauenfußballs auf einmal darzustellen. Denn sie ist eine »von Kopf bis Fuß sportliche, elegante und moderne Eule. Ihre Farbe symbolisiert Frieden und Fairness, ihre modische Frisur verströmt Selbstvertrauen und Stolz. Ihre fließenden Umrisse deuten auf ihre Anmut hin, während ihre Flügel und ihr Schweif präzise Kontrolle und Beweglichkeit gewährleisten.« Es fließt fließend mit fließender Anmut, die Frisur sitzt und auch dieses Maskottchen hat immerhin eine Hose an.

77. GRUND

Weil man nie weiß, wie die Heldinnen morgen heißen

Der ultimative Weihnachtstraum: Das Trikot des Lieblingsteams liegt unterm Baum – und es ist nicht irgendeins, sondern das von Birgit Prinz! Beflockung, die absolute Aufwertung jedes Trikots. Die flauschigen Buchstaben zeigen ganz genau, für wen das Herz schlägt. Der ultimative Weihnachtsalbtraum: Die Spielerin wechselt den Verein. Die Beflockung ist nicht mehr aktuell und nur noch eine Erinnerung an andere Zeiten. Ein neues Trikot müsste her, aber man hängt noch zu sehr daran, auch wenn man es im Stadion nicht mehr anzieht. Möglicher Ausweg: Ein Trikot des Nationalteams. Dort gibt es immerhin keinen Transfermarkt und die Beflockung bleibt länger aktuell. So lange bis Silvia Neid es sich anders überlegt.

Ein anderes Thema, fast so brenzlig wie Beflockung: Heiraten. Man flockt sich eine andere Person ans Leben, bis dass der Tod euch scheide und mit Unterschrift. Mit Flock und Ehe ist es ja so, beides behauptet in diesem Moment, für immer zu sein. Natürlich kann Heiraten schön sein, Flock ja auch, aber man sollte die Klebestellen beachten und bepflegen. Jedenfalls ist die Eheschließung mittlerweile recht trendy im Fußballgeschäft. Vielleicht hat sich der Lesbenanteil tatsächlich verringert? Daran kann es aber auch nicht liegen, denn auch die mit einer Frau liierten Spielerinnen heiraten manchmal. Torhüterin Ursula »Uschi« Holl schloss 2010 eine eingetragene Lebenspartnerschaft, aka Homo-Ehe, mit ihrer Partnerin Carina. 2013 heiratete Weltfußballerin Abby Wambach ihre Partnerin Sarah Huffman auf Hawaii. Und 2014 sagte Nicole Parma Ja und wurde zu Nicole Jones an der Seite von Steffi Jones.

Heiraten ist also »in« und im Frauenfußball fabriziert das einiges an Überraschungen. Während sich der Sport noch im Schatten der Illegalität bewegte, fiel das noch nicht so auf. Martina Arzdorf,

200-fache Torschützin für Bad Neuenahr und Torschützin des ersten Tores beim ersten inoffiziellen Länderspiel, heißt seit den 70ern Martina Hertel.

Was als Erstes richtig auffiel, war das Verschwinden von Yūki Nagasato und das Auftauchen von Yūki Ōgimi. Nagasato machte 2012 16 Tore für den 1. FFC Turbine Potsdam und dann noch mal über 30 mit neuer Beflockung unter dem Namen Ōgimi. Ein weiteres Beispiel ist Célia Okoyino da Mbabi. Kaum hatten sämtliche Kommentatoren es gelernt, ihren Nachnamen richtig auszusprechen, da entschied sich die Nationalspielerin für den Namen Šašić und heiratete Amateurfußballer Marko mit eben selbigem Nachnamen. Die Kommentatoren beißen sich erneut auf die Zungen, wie man dieses Šašić denn nun richtig betont. Shaschitsch ungefähr, jedenfalls noch gewöhnungsbedürftig. Ebenfalls mit neuem Namen spielt Fatmire »Lira« Bajramaj. Der Zweitligaprofi Enis Alushi hatte ihr einen Antrag gemacht.

Der vorherigen Generation war übrigens der Doppelname wohl noch wichtiger. Die ehemalige Nationalspielerin Martina Voss heiratete 2009 und heißt seitdem Voss-Tecklenburg. Andersherum kann es natürlich auch gehen. Die ehemalige Nationaltrainerin und erste Frau mit Fußballlehrerinlizenz Christina Theune ist den Fans wohl eher als Tina Theune-Meyer oder TTM bekannt. Als solche begleitete sie das Nationalteam unter anderem zum WM-Titel 2003. Dann hatte sich die Beflockung irgendwie doch abgenutzt, die Scheidung kam und Theune-Meyer heißt seit 2008 wieder Theune.

Unsere Gesellschaft ist ja eigentlich schon so weit, dass nicht unbedingt die Frau den Namen des Mannes annehmen muss. Genaue Zahlen gibt es nicht, aber man geht davon aus, dass trotzdem in mindestens 80 Prozent der Fälle der Name des Mannes zum Ehenamen wird. Irgendwie progressiver, zumindest aber mal grundsätzlich erfrischend unentschiedener, scheint da wieder mal die Beziehung abseits von *boy meets girl*. Carina Holl: »Ursula hatte eben den Künstlernamen, weil man Ursula Holl kennt, Carina Schrörs kannte man nicht. Wenn Ursula plötzlich anders hieße, würde jeder fragen, haben die eine neue Torfrau?«[233] Wahrscheinlich. Wir finden sowieso, dass man aus Respekt vor der Beflockung einfach auf den Namenszirkus verzichten sollte, dann kann jede_r völlig wild in der Gegend herumheiraten, auch mehrere Partner_innen zugleich, und das ohne jeden Weihnachtsalbtraum.

6. KAPITEL

DIE FRAGEN, DIE UNS ALLE BESCHÄFTIGEN

WAS SIND DAS FÜR MÄDCHEN UND WARUM MACHEN DIE DAS?

78. GRUND

Weil Wim Thoelke schon in den 70ern alle Chauvi-Sprüche innerhalb einer einzigen Sendung verbraucht hat

Es gibt ja doch einige Menschen auf dieser Welt, die aus Zufall in ihren Beruf gerutscht sind und bei denen man hinterher denkt, ja, Mensch, der andere Weg wäre wahrscheinlich auch ganz gut gewesen. Thoelke wurde Sportreporter, weil es am falschen Tag zur falschen Zeit regnete. Eigentlich als gelernter Jurist und Geschäftsführer des Deutschen Handballbundes unterwegs, schrieb er eines Tages einen Bericht für die Akten des Süddeutschen Rundfunks. Am nächsten Tag fielen alle Fußballspiele wegen Regens aus und Thoelkes Bericht wurde als Platzhalter gesendet. In den 50er- und 60er-Jahren war es nicht schwer für einen Mann, schnell in einem aufsteigenden Bereich Fuß zu fassen, Radio und Fernsehen entwickelten sich rasant. Da war auch Platz für Thoelke. Von dem aus Verlegenheit gesendeten Beitrag bis zu seiner Stellung als Leiter der Sportredaktion im ZDF vergingen gerade mal läppische zehn Jahre. Schnell wurde er zum bekannten Gesicht im *Aktuellen Sportstudio*. Multitalent Thoelke verdiente nebenbei noch Geld mit der Leitung einer Fluggesellschaft, dem Design von Oberbekleidung und dem Handel mit Sportwagen – wie es sich für einen echten Chauvinisten dieser Zeit gehörte.

Legendär geworden ist sein Kommentar zum Frauenfußball im *Aktuellen Sportstudio* 1970. Der Sport stemmt sich gerade aus seiner Unterdrückung und Thoelke macht gleich mal klar Schiff mit allen Querschlägern, die es dazu zu sagen gäbe. Der Showmaster schleudert im Sekundentakt mit scharfen Geschossen. Die Nationalelf der Frauen läuft ein und Thoelke macht gleich den ersten Witz: »Auch ein Fräulein Müller ist dabei, Fräulein Gerda Müller.« Weiter geht es mit den Spielszenen, Thoelke kennt sich aus. »Und da hat Mutter eine wunderbare Flanke nach halb links gegeben!« Vor lauter

Enthusiasmus überschlägt sich bald seine Stimme: »Laufen, Erna!« Schnitt auf das tosende Publikum. Thoelke mal wieder ganz der Experte: »Junge, Junge. Ja, die brauchen sich gar nicht aufzuregen, die Zuschauer. Die Frauen waschen doch ihre Trikots selber. Wenn die Männer in den Schlamm fallen würden, das wär schlimm, denn dann müssen die Frauen zu Hause waschen.« Immer noch was Tragisch-Wahres dran, wie man erst kürzlich bei der EM 2013 im ZDF-Spot *Ballsauber* sehen konnte. Weiter geht's mit Thoelke, dem geheimen Lyriker: »Ja, decken, decken, nicht Tisch decken. Richtig Mann decken.« Denn, das hat der Mann schnell erkannt, es geht doch – wie so oft – um Freiheit. »Frei von allen kleinlichen Sorgen um Haushalt, Mann und Kinder spielt der Libero da hinten.«[234]

Nachdem der hoch qualifizierte Kommentar des Spielgeschehens abgehakt ist, kommt Thoelke zum wichtigsten Tagesordnungspunkt seiner Sendung. »Nun fragt man sich natürlich, also ich frag mich und ich nehme an Sie sich auch: Was sind denn das für Mädchen, die das betreiben, und aus welchen Gründen tun sie das?« Und überhaupt, ist die Erde nun rund oder doch eine Scheibe? Bisher hatte Prophet Thoelke ja immer gut getroffen mit seinen Vorhersagen, nun aber greift er im Interview mit seinen Gästen Doris, Veronika, Sonja und Marliese (Nachnamen waren damals wohl auch überflüssig) voll daneben: »Aber nach einem Anfangsinteresse schläft das dann bald ein und da stehen nur noch die Freunde da und die Väter vielleicht und die Mütter und sagen: Ach guck mal unsere Else, läuft die nicht hübsch.« Sonja springt erst auf, auf den Pessimismus-Zug, aber Marliese widerspricht heftig. Weiter geht's mit der brennenden Pediküren-Frage: »Nun sind die Frauen doch recht empfindlich, was ihre Beine angeht. Haben Sie keine Sorgen, dass ein wesentlicher Teil dieser jungen Dame durch das Fußballspiel in Mitleidenschaft gezogen werden könnte?« Marliese, ganz pragmatisch, belehrt den Opa: »Ach, ein paar blaue Flecken, aber das gibt's in jeder Sportart.« Thoelke kann immer noch nicht recht glauben, ob er träumt oder ob das alles stimmt, und fordert die vier zu einer kleinen Übung in der Ballannahme auf. Doris und Co. machen artig mit und Thoelke kommt zur nächsten Erkenntnis: »Ja sehen Sie, das ist das Schöne an Frauen. Sie gehen auch mit einem Ball zart um.« Die Entwicklung des Chauvinisten muss sich bis heute an Wim Thoelkes Meisterleistung messen. Noch 2009 wirkt die Gratulationsanzeige von Sponsor Mercedes Benz zur Europameisterschaft wie ein müdes Zitat: »Sie haben nicht nur die schöneren Beine, sie können auch gut damit umgehen.«

Wim Thoelke wusste wohl damals schon insgeheim, dass er nicht zum Sport, sondern in die Unterhaltungsshows gehört. Schon zwei Jahre vor der Frauenfußball-Sendung musste er im *Aktuellen Sportstudio* den Auftritt der ersten fliegenden Schubkarre kommentieren. Da mag er sich auch gefragt haben: Was sind denn das für Schubkarren, die das betreiben, und aus welchen Gründen tun sie das? Es wird schnell existenziell: »Also mancher, der diese Schubkarre sein Leben lang durch die Gegend schiebt, hat nie geahnt, was in ihr steckt.«[235]

79. GRUND

Weil Auf Los Geht's Los

Man muss schon spätestens in den 70er-Jahren geboren sein, um *Auf Los Geht's Los* zu kennen. Moderiert von Joachim »Blacky« Fuchsberger lief die Spielshow zur besten Sendezeit am Samstagabend in der ARD. Für die zwölfte Sendung 1978 suchte man ganz besondere Kandidatinnen: Bewerben konnten sich ausschließlich Frauenfußballteams.[236] Über 120 Teams meldeten sich, Fuchsberger war baff: »Wir wussten gar nicht, dass es so viele Frauenfußballvereine in Deutschland gibt!« Als Kandidatinnen ausgewählt wurden natürlich die Besten: die amtierenden Deutschen Meisterinnen von der SSG Bergisch Gladbach und die amtierenden Vizemeisterinnen von der Schützengesellschaft Oberst Schiel aus Niederrad bei Frankfurt. Das ist auch das Schöne an diesen Sendungen aus den 70ern, die Leute freuten sich wie Bolle, mal ins Fernsehen zu kommen. So auch die beiden Top-Teams Deutschlands. Erste, schon skeptische Frage an die Kapitäninnen: »Haben Sie mit einem Damenfußballspiel die Zuschauer schon mal so richtig von den Stühlen gerissen?« Die kecke Antwort: »Ja, bei uns in Niederrad, da stehen die Zuschauer immer. Wir haben nämlich keine Sitzplätze.« Fuchsberger glotzt und glotzt, kommentiert die schönen Beine der Damen und bittet dann je drei Spielerinnen an die Spieltische. Zentrales Spiel der Show ist das A–Z-Spiel. Fuchsberger gibt eine Umschreibung eines Begriffs vor, und dann dürfen Buchstaben vorgeschlagen werden, die dann entweder – Glocke – in der Lösung vorkommen oder – Tröte – nicht. Für jeden erratenen Begriff gibt's 500 Mark in die Vereinskasse. Vor jeder Spielerin steht außerdem ein Glas O-Saft, wie es sich für die 70er gehört.

Also geht's gleich erst mal los mit der ersten Runde A–Z. Ein Ausweis für zwei? – Doppelpass! Eine kostenlose Mahlzeit? – Gefundenes Fressen! Von einer kriminellen Vereinigung betriebene Reklame? – Bandenwerbung! Übrig gebliebene Wachmänner? – Restposten! Rausschmiss mit dem Mund? – Maulwurf!

Rasant das Ganze, die Kolleginnen von der SSG quittieren jeden richtig erratenen Begriff ihrer Auswahl mit zünftigem Kurvengesang: »Immer wieder, immer wieder, immer wieder SSG!« Fuchsberger stellt nach dieser ersten Aufwärmrunde dann die Kandidatinnen vor. Bei der SSG spielen Irmgard »Stoffelchen« Stoffels, die seit sechs Jahren versucht, einen akzeptablen Vorstopper abzugeben, und Gabi »Eisenfuß« Göbel mit Horst-Dieter Höttges als Vorbild im Sinn. Spielweise: Hart, aber herzlich. Und Beatrix Müller, Libera, Vorbild natürlich Beckenbauer. Auf der Seite von Oberst Schiel spielen Fräulein Ripper, Mittelfeldspielerin und technische Zeichnerin, Monika Hennig (wenn sie das Spielfeld betritt, dann holen alle schnell ihre Schienbeinschützer) und Frau Senkler, als Einzige verheiratet und Referentin für Damenfußball beim Hessischen Fußballverband. Auf Nachfrage von Fuchsberger, was sie als problematisch für den Frauenfußball ansieht, weist sie auf das Verbot von Trikotwerbung hin. Grund: Die weibliche Physis könnte die Grafik verzerren. Fuchsberger grinst süffisant.

Über Satellit sehen wir als Nächstes eine Liveschaltung nach Argentinien, ein Wunder der Technik! Über feinsten, noch überhaupt nicht ausgereiften Splitscreen unterhält sich Fuchsberger mit seinem Korrespondenten und *special guest* Freddy Quinn singt live zu der Band, die da in Argentinien im Hintergrund sitzt. Es wird natürlich auch in das WM-Quartier der Deutschen Nationalmannschaft bei Ascochinga geschaltet (die sogenannte »Schmach von Córdoba« steht ihnen noch bevor). Helmut Schön: »Wir haben uns schon des Öfteren über Damenfußball unterhalten und ich muss sagen, obwohl ich früher doch sehr skeptisch war, glaube ich jetzt, mit Zunahme der besseren Technik und auch der körperlichen Vorzüge (Gelächter der Mannschaft), der Damenfußball floriert ... Ich bin sicher, mein Kapitän Berti Vogts ist derselben Meinung.« Sein Kapitän Berti Vogts: »Ja, ich hab zwar noch kein Spiel gesehen einer Damenfußballmannschaft, aber ich muss sagen, dass es vielleicht Probleme gibt mit der Mann- und Raumdeckung. Sepp, was sagst du dazu?« Sepp Maier: »Joa, dazu möchte ich Folgendes sagen (kratzt sich am Kopf) ...« Fernsehen *at its best!*

Nächstes Spiel: Pantomime. Die Kandidatinnen haben Kopfhörer auf mit lauter Musik, damit sie nix anderes hören, über ihnen werden Begriffe eingeblendet und das Publikum muss die Begriffe pantomimisch erklären. Mit dabei: Einwurf, Kopfball, Barmixer, Foul und lange Unterhose. Lange Unterhose? Ja, lange Unterhose. Dann noch mal A–Z, diesmal mit folgenden Grandiositäten: Ein Gespenst zur Post bringen? – Den Geist aufgeben! Viehfutter ängstlich machen? – Heuschrecken! Ein rauchendes Insekt? – Smoking-Fliege! Der Weg von zu Hause bis zur Stammkneipe? – Durststrecke! Da müssen wir jetzt auch schnell hin.[237]

80. GRUND

Weil Sabine Töpperwien keinen Bock auf Rhythmische Sportgymnastik hatte

Sabine Töpperwien spielte ursprünglich Tischtennis, die liebenswerteste Sportart Nummer zwei. Vor fast 30 Jahren fing sie beim NDR als freie Sportjournalistin an. Ihr Wunsch: in der Fußballberichterstattung eingesetzt zu werden. Die Herren aus der Redaktion: Baum? Die dachten, Töpperwien spräche Gibberisch oder käme direkt vom Mond geflogen. Zur Rhythmischen Sportgymnastik solle sie doch gehen, und wenn sie sich richtig reinhängen würde, dann würden doch in spätestens zwei Jahren die bundesweiten Berichte winken und internationale Wettkämpfe. Töpperwien: »Davon habe ich erstens keine Ahnung und zweitens interessiert mich das auch nicht.«[238] Also stieg sie ins Fußballgeschäft ein, als Frau allein auf weiter Flur. Aber die Hartnäckigkeit lohnte sich schnell: Erst hing sie am Telefon und gab die Spielzusammenfassung von der Oberliga durch, dann hing sie live am Telefon und berichtete aus der zweiten Liga und schließlich stand der vollausgerüstete Ü-Wagen für sie an den Stadien der Bundesliga bereit. Töpperwien verkörpert seit 1989 DIE Stimme der ARD/WDR-Radio-Konferenz. Natürlich blieben positive wie negative Reaktionen nach ihrem ersten Radioeinsatz nicht aus. Die negativen bezogen sich aber fast gar nicht auf Fachliches, sondern tatsächlich größtenteils auf ihr Geschlecht – sie solle doch bitte schön hinterm Herd bleiben. Das spornte sie natürlich eher an, dranzubleiben. 1989 kommentierte sie als erste Frau das erste live übertragene Frauenländerspiel, das EM-Halbfinale Deutschland gegen Italien. Ein paar Zitate wurden glücklicherweise niedergeschrieben.[239] Zum Beispiel über Doris Fitschen, mit 20 Jahren damals die Jüngste im Team: »Das Küken in der deutschen Mannschaft in ganz souveräner Manier, wie eine Alte!« Oder über die Stimmung im Stadion an der Bremer Brücke in Osnabrück: »Das

Publikum steht wie eine Frau hinter den deutschen Spielerinnen!« Jawohl! Und als Marion Isbert, die gewitzte Keeperin mit dem eisernen Nervenkostüm, sich nach dem Triumph die Augen rieb: »Da fließen die ersten Tränen, völlig zu Recht – diese gestandene Frau!«

Im selben Jahr kommentierte Töpperwien auch zum ersten Mal ein Spiel der 1. Männer-Bundesliga, und zwar das Derby zwischen dem HSV und St. Pauli. Das hatte allerdings vorrangig einen Image-Grund: Töpperwiens Wechsel in den Erstligakommentar des WDR stand fest, der NDR wollte es sich aber nicht nehmen lassen, dass die erste Reporterin in der Geschichte des Erstligabetriebs von ihnen kam.

Außer den internationalen Topspielen, also mindestens das Finale der Champions League und die Spiele des Nationalteams, kann man leider immer noch äußerst wenig Frauenfußball im TV sehen. Maren Meinert sagte einmal: »Wir können zum fünften Mal Europameister werden und würden in den Schlagzeilen doch hinter Bowling stehen.«[240] ZDF und ARD stürzen sich auf jede Begegnung der DFB-Herren mit Hintertimbuktu. Mit den Frauen will man aber offenbar nur etwas zu tun haben, wenn es absolut sein muss, und auch dann nur vor 18 Uhr. Zum Beispiel zeigte die ARD das Finale 1989 wohl eher aus der Not heraus, denn RTL-Plus hatte ihnen das parallel laufende Tennis-Match in Wimbledon weggekauft. Auch heute noch muss man für manche Partien illegal über das Netz einen japanischen Livestream hacken.

Theo Zwanziger meckerte schon 2005: »Die Frauen-Bundesliga ist eine DFB-Spielklasse und keine Wald-und-Wiesen-Liga. Wir wollen erreichen, dass unsere TV-Partner ARD und ZDF mehr Frauenfußball zeigen. Wenn ARD und ZDF nicht senden, dann müssen Sie zumindest die Übertragungsrechte für andere Sender freimachen.«[241] Es entpuppt sich ein absolut unterschätzter Sender als Vorreiterin in der Frauenfußball-Übertragung: Eurosport. Lange Zeit von uns als mittelmäßiger Sportsender abgetan, auf dem stundenlang so absurde Leibesübungen wie Darts, Snooker oder

Curling übertragen wurden, kommt man heute als Frauenfußball-Freund_in an Eurosport nicht mehr vorbei. Ehrlich gesprochen lieben wir Eurosport! Angefangen bei den Champions-League-Partien und den Begegnungen des Nationalteams, bis hin zu Top-Spielen aus der Bundesliga kann man auf Eurosport feinsten Frauenfußball verfolgen. Im Gegensatz zu den öffentlich-rechtlichen Sendern dieses Landes nimmt Eurosport den sportlichen Bildungsauftrag ernst und überträgt nicht nur die Spiele des deutschen Nationalteams bei WM und EM, sondern alle Spiele des Turniers.

Mittlerweile hat der DFB auch ein eigenes Angebot über DFB-TV. Zumindest gibt es pro Spieltag eine Partie auf dem Verbandssender im Netz zu sehen. Das ist schon mal ein Anfang, wenn man auch über eine Totale und einen Praktikanten mit Camcorder für die Close-ups nicht so richtig hinauskommt. Das ist zwar lächerlich für den Bundesligabetrieb, aber immerhin! Danke, Praktikant, wir lieben dich und den Camcorder und überhaupt: Was nicht ist, kann ja noch werden. Wir würden jedenfalls einschalten.

81. GRUND

Weil Frauen langsam kommen, aber gewaltig

Schlägt man das erste *Kicker*-Sonderheft zur »Damen-Fußball-Bundesliga 90/91« auf, kann man durchaus einen Lachanfall bekommen. »Frauen kommen langsam, aber gewaltig« lautet die Überschrift zum Start der Bundesliga.[242] Da hat sich jemand ja mal wieder was total Witziges ausgedacht. Die Kenner_innen der Neuen Deutschen Welle wissen jedoch sofort: Es handelt sich um ein Zitat von Ina Deter (auch bekannt durch den Song *Neue Männer braucht das Land*). In ihrem Song von 1986 mit eben selbigem Titel geht es um schlaue und starke Frauen. Wehe also dem, der Übles beim Lesen der Seite vier im *Kicker*-Sonderheft denkt.

Aber über die Jahre musste man ja auch sensibel für bescheuert doppeldeutige (und doppelbödige) Presseideen werden. Im *Spiegel* vom 26. Oktober 1970 heißt die Überschrift »Hand am Busen« mit dem Untertitel »Die Herren in Europas Fußballverbänden fürchten, dass ihnen die Damen durchbrennen.«[243] Natürlich liest man in dem Artikel nichts, was in irgendeinen sportjournalistischen Zusammenhang gebracht werden könnte. Stattdessen äußert man sich frappiert darüber, dass die Damen »wie die Kerle qualmten und soffen«. Höchst interessiert ist man auch am Schutz des Busens und daran, von welchen Richtungen ein Ball so auftreffen kann. Dass es den Frauen ernst ist mit dem Fußballspielen, lässt sich anscheinend nur über Gewalt erklären: »Wie ernst, zeigte sich am vorletzten Wochenende bei der ersten Hamburger Meisterschaft. Ein Mädchen brach sich ein Bein – über den Turniersieg entschied ein Foulelfmeter.«

Selbst noch vier Jahre später geht es im *Spiegel* im selben Ton weiter. Ein Artikel in der Ausgabe vom 19. August 1974 heißt »Hand auf die Brust«, eine gewisse Fixiertheit auf die Oberweite scheint zur Masche zu werden.[244] Was sich Spielerinnen während des Spiels zurufen (»Enger« und »Geh ran!«), scheint dem Autor schon fast indexverdächtig. Locker-flockig werden später noch ein paar extrem unwitzige Altherrenwitze wie »Für einen Titelgewinn wird unser Präsident vielleicht jedem Mädchen die Pille spendieren« eingebaut. Immerhin spricht man hier auch mal vom Pimmel, wenn auch nur durch die Blume: »Die weibliche Brust ist in etwa so gefährdet wie der männliche Genitalbereich.«

Das *Kicker*-Sonderheft 90/91 jedenfalls hätte sich auch wirklich keinen besseren Zeitpunkt für Teamfotos in Farbe wünschen können: Vokuhilas soweit das Auge reicht, dazu XXL-Trikots und Trainingsanzüge in den wildesten Farben. Der TSV Siegen mit den Spielerinnen Silvia Neid und Martina Voss gewinnt mit Abstand den Geschmacklosigkeitspreis: pinkfarbenes Trikot mit schwarz-weiß karierter rechter Schulter und schwarz-weiß gestreiften

Ärmeln ... Zweiter Platz an das Torwarttrikot von Susanne Kroiß, SSV Schmalfeld: pinkfarbene untere Hälfte, die obere lila mit gelben Punkten – *What?!* Toll auch die Torwarttrikots beim VfV Rheine: lila-blau mit Sternchen auf dem Ärmel. Und beim FSV Frankfurt gibt es lila-schwarz-weiße Längsstreifen zu diagonalen Streifen und dazu – als wäre das noch nicht genug – verschiedenfarbige Hosenbeine. Und damit es nicht langweilig wird, ist das eine Hosenbein der Trainerinnen/Betreuerinnen auch noch mal in sich gestreift. Alles richtig gemacht hat man dagegen beim SC Bad Neuenahr: weißes Trikot ohne alles, hellblaue Hose und Stutzen.

Egal also, wer jetzt wie schnell kommt und wohin, die bunten Jerseys der frühen 90er haben echten Kultcharakter, das erste und letzte *Kicker*-Sonderheft auch, dumme Schlagzeilen gibt es leider heute immer noch dann und wann, auf dem Feld wird ungeniert »rauf« und »ran« gerufen und natürlich steht man eng – wie es sich halt gehört auf dem Platz.

82. GRUND

Weil man beim ZDF weiß, wie man Wäsche wäscht

Das ZDF weiß, seit es Fernsehen gibt, eigentlich immer alles und alles ganz genau. Und seit Wim Thoelke übernahm es auch locker die Weisheit im Sport. Millionen Menschen folgten seinen Analysen über Männerfußball im *Aktuellen Sportstudio*. 1970 kommt die Zeit des großen Frauenfußball-Neubeginns, und Thoelke, eigentlich ein harter Hund des Sport- und Mediengeschäfts, kann seine Überforderung nicht verbergen. Eine seiner zentralen und hoch qualifizierten Beobachtungen: »Die Frauen waschen ihre Trikots selber!«

Nach jahrzehntelangem Spielverbot war dies seine innigste Sorge: Was, wenn die Hemdchen schmutzig werden? Verständlich – Thoelke war natürlich ein Mann, der sich sehr zu Textilien hingezogen fühlte.

Seit den 50ern interessierte ihn schon das Oberbekleidungsgeschäft und der Kontakt zu Pariser Couturiers. Seine patentierte Dehnbundhose, eine Reaktion auf den changierenden Bauchumfang des modernen Mannes, wurde leider nicht zum Erfolg.

Das war 1970 und Wim Thoelke hat leider echt keine Ahnung von Frauenfußball gehabt, Couture hin oder her. Aber auch 2013 besinnt sich das ZDF bei der Vermarktung von Frauenfußball noch auf ganz ähnlich altmodische Fragen. Zur Europameisterschaft in Schweden kam die Kreativabteilung des ZDF auf einen wirklich tollen Dreher: Ballzauber – Ballsauber. Klar, dass so ein sprachlicher Geniestreich raus muss in die Welt, auch wenn er inhaltlich sehr dumm ist. Es entstand also ein TV-Spot, in dem – Trommelwirbel – ein Fußball gewaschen und dafür zuvor treffsicher in der Trommel versenkt werden muss. Fußballspielerin in blütenweißem Outfit, dreckiger Ball, Waschmaschine, das Runde muss ins Runde und dann werden die Beine während des Waschprogramms übereinandergeschlagen. Dass man einer Fußballspielerin überhaupt zutraut, dass sie die Waschmaschine trifft, ist schon ein starkes Stück für die Herrengedecke vom ZDF. Aber ganz ehrlich, wie soll die arme Frau denn dieses unhandliche Stück Leder am Ende aufhängen oder bügeln, geschweige denn falten? Dann muss sie auch noch den ganzen Waschgang auf der Maschine sitzen und kann das Abendessen nicht vorbereiten. Was soll sie ihrem Mann denn sagen, wenn der von der Arbeit wieder nach Hause kommt? Und noch schlimmer wird's, wenn er erfährt, dass es dieses Jahr kein Kaffeeservice für den Titel gibt, sondern 25.000 Euro, dabei ist das alte Service doch schon so abgenutzt, Erna, was sollen die Nachbarn denken?

Nach kurzem Shitstorm-Intermezzo auf YouTube und Konsorten versuchte das ZDF, sich mit einem erweiterten Spot aus der brenzligen Lage zu retten, ans Ende des Filmchens wurde zum Zweck der Gleichberechtigung ein halb nackter bügelnder Mann gestellt, der einen anerkennenden Daumen hochzeigt. Die Gemüter hat's beruhigt, und wenn manche sich dadurch entschädigt gefühlt haben, in Ordnung. Der eigentliche Punkt ist aber: Fußball hat nicht in allererster Linie etwas mit Hausarbeit zu tun. Mag für manche überraschend klingen, ist aber so. Wir wollen einen Spot, in dem es um Fußball geht, und nicht um etwas, was die verkalkte ZDF-Redaktion sonst noch mit Frauen in Verbindung bringt.

Offenbar stellen die sich auch 2013 immer noch dieselben Fragen wie 1970: »Was sind denn das für Mädchen, die das betreiben, und aus welchen Gründen tun sie das?« Wir glauben, sie tun es nicht, um später einmal die Waschmaschine treffen zu können. Aber beweisen können wir das natürlich nicht.

83. GRUND

Weil man sich musikalisch wirklich für nichts zu schade ist

Fußball und Musik, das ist ja so eine Sache. Anscheinend kommt das eine (leider) ohne das andere nicht aus. Schon 1966 schunkelte Popstar Franz Beckenbauer mit Kollegen am Kaffeetisch und sang über die guten Freunde, die niemand trennen kann. Gerd Müller macht es ihm 1969 nach und verriet enthusiasmiert und gereimt sein Erfolgsrezept: »Dann macht es bumm, ja und dann kracht's. Und alles schreit: Der Müller machts.«[245] Der Schalker Christian Pander (aka Funky Pee) begründete seine Liebe zum Sport mit Hip-Hop-Beats und folgenden Zeilen: »Meine erste große Liebe war rund und aus Leder, auch in der Schule war ich nich so der Streber.«[246] Empfehlenswert sind auch noch die Hits von Toni Polster mit den Fabulösen Thekenschlampen und natürlich der Top-Hit von unserem liebsten Fernsehgesicht Aílton. Der Songtext verdient einen eigenen Absatz:

»Ailton, Sensation, Ailton, Sensation, Ailton, jogibäboassie, Ailton, Emotion, Ailton, Corazon, Ailton, jogibäboassie, Ailton, Kugelblitz, Rampenlicht, Gewinnermann, Champion, schalala – Ailton, alles klar!«[247]

Alles klar?

Die Hitparade konnte also auch den Frauenfußball nicht ignorieren – oder andersherum? Jedenfalls kam es gleich 1971 kurz nach Aufhebung des Frauenfußball-Verbots zu dem Schlager *Trainer beim Damenfußballverein* von dem Schauspieler und Komiker Jürgen Feindt.[248] Die B-Seite der Single: *Auf die Haare kommt's nicht an*. Aus den frühen 70ern stammt auch die wahrscheinlich erste Platte eines Frauenteams. Mit dem einfallsreichen Titel *Alles vor – noch ein Tor* besangen die Fußballdamen vom SV Südwest Ludwigshafen ihren Sport.[249] Der zweite Track hatte Schluckauf und hieß *Hiwipp – Hurra*.

Der erste offizielle Song zu einem Frauenfußball-Turnier entstand zur Weltmeisterschaft 2007 in China. Er hieß *You are the most beautiful in the whole world* und wurde von dem Sänger Gang Chen intoniert. Furore machte der Song wohl nicht, im Netz ist eine Version jedenfalls nicht auffindbar.

Wenn es um Fußball und Musik geht, dann darf eine sicher nicht fehlen: Die Moderatorin, Sängerin und ehemalige Fußballerin Shary Reeves hat es geschafft, Songs sowohl für den Männerfußball als auch für den Frauenfußball erfolgreich auf den Markt zu bringen. Mit ihren drei Geschwistern und unter dem Namen 4 Reeves spielte sie eine wichtige Rolle im deutschen Hip-Hop der 90er-Jahre. 1994 nahm die Combo den Song *Everybody's going to the USA* mit dem Nationalteam auf. Einsatz von Thomas Helmer: »Na gut, wenn wir euch da mit rüberschleppen, dann zeigt uns, wie es geht so supergeil zu rappen.«[250] Toppen konnte sie diesen Auftritt dann 2010 mit ihren Textkünsten für die Hymne des Pokalfinales in Köln. Wenn man in Köln ist, dann sind die Höhner meistens nicht weit und Alkohol schon gar nicht. So kam es zu einer unglücklichen Kombination von Shary Reeves und dem Gassenhauer *Da simmer dabei!*. Wahrscheinlich konnte Reeves noch nicht mal viel dafür und wurde entweder bestochen oder bedroht, jedenfalls drehte sich das Klischeerad von *Auf die Haare kommt's nicht an* lustig weiter. Es geht um Gott und Weiblichkeit (Eva im Paradies?), Tanzen auf 'nem Ball (Aschenputtel?), Spiegel nach dem Spiel (Schneewittchen?) und schließlich darum, was »Mann« wohl denkt.[251]

Aber alles mal einen Gang zurückgeschaltet, auf Gottes grüner Wiese war ja vieles äußerst harmlos gegen den grenzdebilen Après-Ski-Schlager *Frauenfußball* der Komikerin Mirja Boes, die unter dem Musikerinnen-Namen »Möhre« zu den Mallorca Allstars zählt und am Ballermann mit den Hits *Das sind nicht 20 Zentimeter, nie im Leben kleiner Peter* und *Scheiß die Wand an, das ist ja super hier!* bekannt und (leider) beliebt ist. Fußballerfahrung hat sie als Teil der Fabulösen Thekenschlampen, wie bereits erwähnt mit Toni Polster, gesammelt. Auf ihrem Album von 2004 findet sich der Song *Frauenfußball*«, der auf seine Art so dermaßen beknackt ist, dass man es fast schon wieder gut finden könnte. Jedenfalls nach ein paar Schnäpsen. Hörst du:

»Frauenfußball ist viel geiler, Männer sind oft Platzlangweiler. Frauenfußball, zickezacke, Männer spielen oft einfach kacke. Frauenfußball, schalalalala! Männer können nicht Fußball spielen, weil sie alle schielen. Deshalb können sie beim Pinkeln auch nur daneben zielen.«[252]

Nun gut, kommen wir also zu der Zeit, als die Songs zum Frauenfußball nur so aus dem Boden sprossen. Kurz vor der WM 2011 in Deutschland wollten natürlich alle mitspielen. Also gab es fast alles von Pop, Reggae, Gitarrenstrumming, Ibiza-Style, Rock. Meistens natürlich alles eine Frage des Geschmacks. Hervorgehoben sei an dieser Stelle mal ein Songtext ohne Klischee-Verdacht. Die Amateur-Musikerinnen nennen sich Die Sommermädchen und ihren Song *Wir werden wieder Weltmeisterin*. Besonders schöner Abschnitt im Text: »Erst verboten, dann verlacht, in der Sportschau nie gebracht, nach der EM vor vielen Jahr'n gabs Porzellan. Doch Ihr stellt Euch wie richtge Mädchen an, macht weiter Euer Ding und jetzt wird König Fußball endlich Königin!«[253] Kurz vor der WM griffen dann auch erstmalig Spielerinnen zum Mikrofon. Sportrock feat. Poppi & Annike meint natürlich Alexandra Popp und Annike Krahn. *Fußballsommer* heißt der Song, der zwar etwas langweilig, aber längst nicht so schlecht ist wie die Musikverbrechen der männlichen Kollegen.[254] Singen können Poppi und Annike immerhin ein bisschen, Textschnitzer werden auch keine schlimmeren begangen. Alles also nicht so wild.

84. GRUND

Weil immer alle glauben zu wissen, was andere zu wollen glauben, und dabei keiner so richtig weiß, was eigentlich los ist

Wenn jemand bekannt und berühmt ist, dann wollen immer auch andere ein Stück vom Kuchen. Um auch bekannter und berühmter zu werden. Gilt im Fußball natürlich besonders doll, denn wenn Millionen zuschauen, dann wird man gesehen, logisch. Fußball ohne Werbung auf Trikots, Banden oder in der Halbzeit – heutzutage undenkbar. Dahinter steht ein riesiger Markt, mit dem viel Geld zu machen ist. Es gibt ein kompliziertes Dickicht aus Sportfunktionären, Medien- und Wirtschaftsvertretern. Und eine riesengroße und schwer zu definierende Zielgruppe – wir, die wir Fußball lieben und ihn uns deshalb anschauen. Und damit auch die Werbung. Und damit auch die Produkte.

Die Herren Fußballer machen dabei meistens Werbung für Bitburger, Nutella oder irgendein Auto. Wofür aber würden die Frauen Fußballerinnen gerne werben? Steffi Jones würde gerne mal Werbung für Nutella machen, seit sie den Spot mit Boris Becker gesehen hat. Ariane Hingst für Diesel-Jeans: »Allein schon, weil die sehr teuer sind.« Inka Grings für Mercedes, in der Hoffnung auf ein Auto. Conny Pohlers für Schuhe, denn sie hat einen Schuhtick, aber auch für Kartoffelchips, denn sie hat einen Chipstick. Martina

Müller hat sich den Spot für ihre Werbung für Müller-Milch gleich selbst ausgedacht: »Hallo, ich heiße Martina Stürmer und bin Müller – äh – ich heiße Müller und bin Stürmer.« Célia Šašić, geborene Okoyino da Mbabi, ist ganz anspruchslos: Die Werbung sollte gut gemacht sein, »dann kann es auch ruhig ein kleines Produkt sein, wie zum Beispiel eine Socke.« Und Saskia Bartusiak würde gerne für ein Parfüm Werbung machen, den passenden Namen schlägt sie auch gleich vor: »Könnte man ja Sassi nennen.« Am bedachtesten ist Sonja Fuss. Sie würde für »burundikids«, eine wohltätige Organisation, werben, die sich für Kinder in Afrika einsetzt.[255]

Sportwissenschaftlerin Dr. Daniela Schaaf hat im Vorfeld der WM 2011 über genau diese Fragen geforscht: Wie wählen Sponsoren und Medien die Protagonistinnen ihrer Werbung und Berichterstattung aus? Wichtig sei vor allem die Kontextualisierung: Die Spielerinnen sollen am liebsten im Sportdress werben, damit auch die lahmsten Konstument_innen sie schnell und sicher dem Profisport zuordnen können. Wenn nichts mehr hilft, wird eben der Name der Spielerin noch eingeblendet: So durch die Blume geschehen bei Birgit Prinz in der BahnCard-Werbung 2011. Am Ende ist sie es (nicht Michael Ballack), die ihre BahnCard mit Namen drauf ins Bild hält.

Und natürlich wissen alle immer, was alle wollen. Schaaf: »Ich habe einmal eine Vertreterin eines Sponsors gefragt, was denken Sie, warum wir so wenig Fußballerinnen in der Werbung sehen? Wir als Medienwissenschaftler erwarten dann so was wie: Der Bekanntheitsgrad ist nicht so hoch, wir brauchen jemanden, der sehr bekannt ist. Aber die Person antwortete: Das ist doch total klar, warum die keine Werbepartner haben. Das sind doch alles Lesben und wer will schon Lesben in der Werbung sehen. Ich habe dann gedacht: Ist das jetzt die persönliche Meinung? Wird erst auf die sexuelle Orientierung geschaut und dann ein Vertrag verhandelt? Aber sie meinte dann: Nein, nein, meine persönliche Meinung ist das nicht, ich habe überhaupt kein Problem damit. Aber Ähnliches haben auch andere Sponsoren gesagt, dass sie selber kein Problem damit haben, aber von anderen Kollegen wissen, dass es ein Problem für die Konsumenten ist.«[256]

Aha, soso, eigentlich alles gar kein Problem, aber dann doch natürlich ein Riiiesenproblem. Wer diktiert eigentlich die Gesetze des Marktes? Schlussendlich wir. Ein undefiniertes Wir, dessen Ansprüche ganz bestimmt vielfältiger sind, als Nike, Puma, die Commerzbank und REWE zusammen sich vorstellen können. Und weil das zu kompliziert ist für Commerzbank, REWE, adidas und Nestlé, denkt man sich eben was Simples aus, was mit Pepp, was niemanden stört. Und das endet dann irgendwie doch mit der schnellen Schminkstunde kurz vor dem Torschuss, wie in der Werbung von Expert. Als hätte man in einem solchen Moment wirklich nichts Besseres zu tun.

85. GRUND

Weil »Niedlich« die kleine Schwester von »Peinlich« ist

Es reicht ja nicht aus, dass die Massenmedien ständig betonen, dass es beim Frauensport um Frauen geht. Der Otto Normalverbraucher in seinem Ohrensessel sitzt vor der Glotze und ist total verwirrt, warum da jetzt langhaarige Hammerwerfer, Pardon, -werferinnen die Goldmedaille erringen, wo doch sonst alle Frauen im Fernsehen hübsch gestylt sind und mit blütenweißen Zähnen grinsen und kichern über die anzüglichen Scherze des Moderators. Doch glücklicherweise bügelt (sic!) die (Boulevard-)Presse diese Komplettverwirrung bei großen Sportevents immer recht schnell und effektiv aus. Und schnell ist wieder klar, dass die besten Fußballer der Welt mindestens zwei Meter groß sind, mindestens 100 Kilo wiegen, mindestens fünf Liter schwitzen und mindestens einen Vollbart haben. Und die besten Fußballerinnen sehen auch nach

90 Minuten Vollgas noch frisch geduscht und gewettertaftet aus, sie wissen gar nicht, was Pickel sind, und wenn sie sprechen, erklingt ein Engelschor.

Erleichtert sinkt der Otto wieder in seinen Sessel und hört Norbert Galeske von Kärtchen, Fähnchen und Zähnchen flöten, während die zarten Fußballerinnen über das Spielfeld schweben.[257] Die »Mädels« haben's einfach drauf, echte »Goldmädels« und »Turnküken«.[258] Auch die etwas un-boulevardeskeren Zeitungen machen mit und schreiben von der »schärfsten WM aller Zeiten«.[259]

Die Rückversicherung der männlichen Spezies auf ihre überlegene Rolle, aus der heraus sie das Privileg erfanden, Frauen als Objekte betrachten zu können – diese Rückversicherung hat bei Weitem die *Bild*-Zeitung perfektioniert.[260] Schon 1970 hieß es »Lippenstift und Puder im Fußball-Tor«. Berti Vogts war allerdings 1999 immer noch verwirrt. Berti bei der Frauen-WM: »Die spielen ja Mann gegen Mann!« Als es 2009 gegen England ging, machte wohl gerade ein Maniküresprezialist ein Praktikum bei der Zeitung: »Good Lack, Mädels!«, »Heute nageln wir England weg« und ganz fashionable: »Mädels, England steckt ihr ins Täschchen!« Bei der WM 2011 wurde das Ganze noch mal für die Langsamen unter den Herren genau ausbuchstabiert: »Mädels, die bügeln wir weg!« und »Unsere National-Elfen. Mann, frauen wir uns auf die WM!« Auch Mario Baslers linke von den zwei verbliebenen Gehirnzellen hatte was zu melden: »Sorry, das war frauenhaft.« Niedlich, der kleine Mario, findet ihr nicht auch?

86. GRUND

Weil unsere Nationalspielerinnen nebenbei Magisterarbeiten schreiben

Die Annahme, dass Fußballspieler etwas hohl in der Birne sind, ist recht verbreitet. Kein Wunder bei den tollen Verbalgrätschen der Profis. Meister des gepflegten Sprachfouls ist Andi Möller. Erst hat er vom Feeling her ein gutes Gefühl. Dann kann er sich nicht zwischen Mailand und Madrid entscheiden, Hauptsache Italien. Dann ist er an ein Limit gekommen, wo es im Moment nicht drüber geht. Und schließlich ist sein größtes Problem, dass er immer sehr selbstkritisch ist, auch sich selbst gegenüber.[261] Da kann selbst Mario Basler mit seiner rechten Gehirnzelle mehr reißen. Das hat er vermutlich seiner Mama, seinem Papa und ganz besonders seinen Eltern zu verdanken.[262] Basler weigert sich, extra Französisch zu lernen »für Spieler, wo dieser Sprache nicht mächtig sind.«[263] Kann man verstehen, wo er's doch selbst nicht kann. Von ähnlichem Kaliber ist Lothar Matthäus. Zum Koks-Skandal um Christoph Daum meint er ebenso trocken wie unschuldig: »Wichtig ist, dass er nun eine klare Linie in sein Leben bringt!«[264] Ganz besonders klein ist die Welt des portugiesischen Nationalspielers Deco: »Wenn Sie kein Fußballprofi wären – was wären Sie dann?« Antwort: »Irgendwas mit Fußball. Vielleicht Zuschauer.«[265]

Begrenzter Horizont? Dumm kickt gut? Können wir gar nicht für den gesamten Fußball bestätigen. Die Spielerinnen, die wir so anhimmeln, die sind eigentlich durchweg ziemlich klug. Im Kader zur WM 2007 haben mehr als die Hälfte Abitur und sechs studieren. Zum Vergleich: Im Männer-Kader zur WM 2010 hatten gerade mal sechs Abitur und keiner studierte. Ganz klar: »Der deutsche Frauenfußball ist offenbar ein Milieu mit deutlich höherem Bildungsniveau als in den Männerteams.«[266] Birgit Prinz hat ein Diplom in Psychologie und ist unter anderem Mitherausgeberin von folgendem langtiteligen Buch: *Talentmanagement mit System: Von Top-Performern lernen – Leistungsträger im Unternehmen wirksam unterstützen. Der PWS-Ansatz.* Darin veröffentlichte sie außerdem den Aufsatz »Möglichkeiten zur Selbststeuerung im Spannungsfeld von Karriere und persönlicher Entwicklung: Eigenes Talent während aller Phasen der Entwicklung optimal nutzen.« Viola Odebrecht hat ein Diplom in Sport mit Schwerpunkt Marketing. Ihre Diplomarbeit trägt den Titel »Eine sozialpsychologische Analyse über das Publikum der deutschen Frauen-Fußballnationalmannschaft.« Auch Saskia Bartusiak studierte Sportwissenschaften und schrieb ihre Magisterarbeit über »Die Entwicklung von sozioökonomischen Bedingungen im deutschen Frauenfußball am Beispiel von Nationalspielerinnen in der Zeit von 1997–2009.«

Fußballerinnen denken auch über andere Dinge als Fußball nach – notgedrungen, denn Fußballerin ist kein Beruf, der die Spielerin absichert. Für die wenigsten war oder ist Fußballerin die einzige Berufsoption. In den Steckbriefen der Spielerinnen im *FF Frauenfußball-Magazin* oder in *Die Elf* von vor zehn Jahren kann man zu diesem Thema allerlei amüsantes Zeug nachlesen. Da gibt es die Frage: »Was wolltest du mit zehn Jahren werden?« Einzig Melanie Behringer war es wohl klar: Profifußballerin. Wobei, auch Uschi Holl hatte schon eine Vision, allerdings mit einem bestechenden Plan B: Nationaltorhüterin oder Düsenjägerpilotin. Eins von beidem hat sie schon mal geschafft. Anja Mittag wollte eigentlich Polizistin werden, stattdessen machte sie eine Ausbildung zur Sport- und Fitnesskauffrau. Inken Becher wollte Polizistin werden und wurde es auch. Isabell Bachor hatte zwei Wünsche: Managerin eines großen Bundesligaclubs oder Pilotin. Als ausgebildete Bankkauffrau hält sie sich zumindest Ersteres noch etwas offen. Claudia von Lanken war in ihrem Berufswunsch besonders pragmatisch und gab an: Millionärin. Renate Lingor wollte ein Billard-Café aufmachen, Conny Pohlers wünscht sich was mit Fußball und Kindern, am liebsten einen DFB-Kindergarten. Etwas weiter gefächert interpretierte Melanie Soyah vom FSV Frankfurt die Frage, was sie mit zehn Jahren werden wollte: »Ich glaube, ein Junge.«

87. GRUND

Weil »Don't judge a book by its cover«

Tja, was macht man sich im Laufe des Recherchierens und Schreibens wohl noch so für Gedanken nebenbei? Zum Beispiel macht man sich Gedanken darüber, wie das Buch, für das man die ganze Zeit die Sätze hin und her und wieder zurück dreht, am Ende wohl aussehen wird, und man fragt sich, was der Verlag da wohl Schönes vorschlägt. Und dann kommt einem diese Idee ... Man malt sich also spaßeshalber die absolute No-Go-Horrorversion einmal aus – nur um sich ein bisschen abzuhärten: pinkfarbenes Cover, bubbelige Comicschrift und blonder Pferdeschwanz. Und peng! Ein paar Tage später kommt der Entwurf und mit ihm der Pferdeschwanz. Blondes, weiches Haar, ein Gesicht, das noch nie einen Pickel gehabt hat, und geschwitzt wird auch nicht. Die Nummer 27 auf dem Cover des Buches, das Sie gerade in der Hand halten, ebendiese Nummer 27, da müssen wir Sie jetzt leider alle enttäuschen, hat in Wirklichkeit noch nie Fußball gespielt. In Wirklichkeit ist sie hauptberuflich Model, hängt an einem wegretuschierten Bungeeseil und wird von einem Riesenföhn angeweht. Der Ball ist in echt auch gar nicht da, sondern wurde von der Grafikerin nachträglich gephotoshopt. Die hat auch noch die Farbwerte insgesamt ein bisschen satter eingestellt, zum Glück nicht auf Pink, sondern auf Grün und noch ein paar Signalfarben, damit's fetzt.

So eine Bungee-Kickerin hat natürlich ihre Funktion: Die Mütter, die dieses Buch für ihre Töchter gekauft haben, haben sich gedacht, Mensch, echt dynamisch und das Trikot ist immer noch sauber. UNSINN! Die Muttis oder Papis, die das für ihre Töchter gekauft haben, die wissen längst, dass das alles nur so aussieht, damit der Verkauf läuft und ihre Töchter sich noch mehr Lillifee-Merchandise wünschen und bloß nichts von *Jurassic Park*, weil sonst das ganze kapitalistische Verkaufssystem ins Wanken geraten würde. Denen ist auch ganz klar, dass da jetzt dieser feminine Pferdeschwanzlook hermuss, damit keiner denkt: O weh, die ist bestimmt lesbisch – und dann Angst bekommt, dass die Tochter auch lesbisch wird. Nee, die Muttis und Papis schütteln betrübt den Kopf, denn für die ist das doch längst kein Thema mehr, wen jetzt die Tochter irgendwann mal liebt, Hauptsache sie ist glücklich und mit dem Fußballspielen hat das ja vor allem, weiß doch jede_r, gar nix zu tun. Auch die Patenonkels und -tanten wissen ganz genau, dass man nicht so aussehen muss, wenn man Fußball spielen will, man kann auch wie ein Junge aussehen, wenn man das möchte, und das sagen sie den Mädels dann auch. Und die Omis und Opis wissen auch längst, dass ihre Enkelinnen beim Fußball schwitzen und spucken und dreckig werden und sich das Knie aufschlagen auf dem staubigen Ascheplatz und trotzdem nicht heulen, sondern aufspringen und mit dem Ball am Fuß weiterrennen und die Stutzen hängen auf halb acht und der Zopf ist zerwuselt oder gar nicht da, weil Kurzhaarschnitt, soll's ja geben so was, und dann wird der Ball vorgelegt und reingeknallt, ohne viel Gemurks.

Sieht man diesem Buch vielleicht auf den ersten Blick gar nicht an, ist aber so.

7. KAPITEL

WIR MACHEN ALLES, WAS WIR WOLLEN

UND JETZT IST AUCH MAL SCHLUSS MIT LUSTIG!

88. GRUND

Weil manche es immer noch nicht müde sind, die Klischees zu bedienen, und wir immer noch nicht müde, sie zu belächeln

»Barbie liebt die Frauenfußball-Nationalmannschaft« steht in der Pressemitteilung zu »Kick it like Barbie«.[267] Pünktlich zur WM 2011 in Deutschland brachte Mattel die hartnäckige Plastikpuppe als Fußballerin heraus. »Barbie selbst ist größter Fan der deutschen Nationalmannschaft und ermutigt Mädchen und Frauen, ihre Träume zu leben und an sich selbst und ihre Fähigkeiten zu glauben.« Ein dolles Ding! Barbie tut aber nicht nur das. Barbie erinnert auch alle Mädchen und Frauen daran, dass sie ihre Träume vor allem dann leben können, wenn sie die richtige Konfektionsgröße und die richtige Frisur tragen. Einen Fußball-Ken gibt es nicht, dafür aber noch je eine Barbie, die Birgit Prinz und Silvia Neid nachempfunden wurde. Was bei Daniela Schaaf als Frage formuliert ist, scheint Realität: »Lieber Barbie als Lesbe?«[268] 2011 war das Jahr, in dem der Klischeemülleimer großflächig über unsere Gesellschaft ausgekippt wurde. Die Fußball spielenden Frauen wurden explizit als Frauen verkleidet: besonders schlank, besonders sexy, besonders langhaarig und mit besonders vielen Schuhen im Schrank. Maskottchen Karla Kick hatte noch mal doppelt so lange Wimpern wie die Fußball-Barbie und ihre Katzenaugen waren größer als Steffi Jones' Kopf.

Einige von »uns Frauen« hatten ja das Glück, etwas außerhalb der großen Geschlechterfarbtöpfe runterzufallen. Manche mussten leider in den Farbeimer stürzen und so schallt es auch heute noch durch die Straßen und Gassen »was für ein süßes Mädchen« mit Blick in den rosaroten Kinderwagen, »ein niedlicher Junge« mit Blick in den babyblauen. Davor sind auch Fußbälle nicht sicher und der Ball für die Dame ist natürlich — rosa! Derby Star brachte ihn auf den Markt und preist vor allem das reduzierte Gewicht an, das ideal für den Damensport sei. »Normale« Fußbälle sind anscheinend eine Zumutung für den zarten Frauenfuß.

Den Vogel schoss dann zielsicher FIFA-Präsident Sepp Blatter ab. Zwar stammt von ihm der viel zitierte Ausspruch: »Die Zukunft des Fußballs ist weiblich.«[269] Aber anscheinend hatte er ein ganz eigenes Bild davon, wie diese Zukunft so aussehen könnte. In einem Interview schlug er 2004 vor, dass die Fußball-Frauen in anderer Bekleidung, zum Beispiel Hotpants, auflaufen sollen.[270] Er dachte höchstwahrscheinlich an eine sonnige Zukunft im Bikini. Dazu sagte die norwegische Nationalspielerin Solveig Gulbrandsen kühl: »Wenn ich in einem Bikini Sport machen wollte, würde ich Beachvolleyball spielen.«[271] Und US-Nationalspielerin Julie Foudy ließe sich sogar auf den Vorschlag ein, »aber nur wenn Sepp Blatter seine Pressekonferenzen künftig auch im Badeanzug gibt.«[272] Blatter hatte schon ganz andere Ideen: Zugunsten von Werbemöglichkeiten für das Privatfernsehen wollte er das Spiel statt in Halbzeiten in Viertel unterteilen, Unentschieden, Elfmeterschießen und Abseits sollte es gar nicht mehr geben.[273] Witzig, der Seppl. Bald auch Fußball in Katar. Spielen die Herren da vielleicht in Speedos? Nein, sie tragen Batman-Titanmuskeljumpsuits, und sie trinken pures Benzin aus ihren Wegwerfnuckelflaschen, und nach jedem gelungenen Pass brüllen sie, dass das Stadion erzittert, und trommeln sich auf die Brust, und die Frauen sind schön und staunen, und die Männer sind stark, aber dumm, und laufen, sie laufen schnell und immer schneller, bis die Welt anfängt, sich zu drehen, und wir ganz plötzlich im 21. Jahrhundert ankommen, und alle Kostüme verpuffen, und die Steinzeit und die Aufklärung an Herrn Blatter vorbeirauschen wie ein schlimmer Traum und Karla Kick in neuer Gestalt sich zu Sepp herunterbeugt und raunt: Gell, Sepp, merkste selber.

89. GRUND

Weil man sich der kapitalistischen Ausbeutung des Spielerinnenkörpers auch verweigern kann[274]

Es gab einmal eine sehr weise Frau, die sagte folgende sehr weise Worte: »Wir wollen unseren Sport vermarkten, nicht unseren Hintern.«[275] Ein Augen öffnender Satz, der allen, die bis dahin nur auf die Ärsche starrten, mal schön links und rechts die Realität um die Ohren watschte. Hintern vermarktet man auf dem Laufsteg, in Unterwäsche, die auf der Rückseite mit Spezialmuster aufwartet. Hintern vermarktet man vielleicht auch im Bürostuhlbusiness.

Wie es aber so häufig mit weisen Worten ist, sie geraten oft sofort wieder in Vergessenheit und werden erst in 100 Jahren Berühmtheit erlangen. Stattdessen sind wir wieder *back to the roots* und das heißt, um die Anglizismen weiter zu bemühen, *sex sells*. Schnelles Geld lässt sich bekanntermaßen nicht mit verrücktem Andersdenken verdienen, sondern am schnellsten mit eingespielten Gesellschaftskonventionen. Anders gesagt: Das, was ich kenne, finde ich gut und sogar noch besser, wenn es was Neues anhat. Und dann kauf ich's mir auch noch mal, selbst wenn ich's schon hab. Zurück zum Sport. Konfrontiert sind die Spielerinnen und ihre Körper vor allem damit, dass eine unterwürfige Weiblichkeit leider immer noch viel besser ankommt als die unabhängige Powerfrau. Es scheint nur zwei Auswege zu geben: entweder rein in die Konstruktion von der superattraktiven Spielerin oder die beinharte Abgrenzung. Gibt es überhaupt einen Mittelweg? Oder anders gefragt: »Ist es wirklich so, dass nur wer einen Schuhfimmel hat, in unserer Gesellschaft als richtige Frau wahrgenommen wird?«[276] Zur WM 2011 war Shoppen jedenfalls das Sportthema Nummer eins. Als wollte sich die Gesellschaft vergewissern, dass die Spielerinnen auch wirklich noch shoppen gehen und nicht nur so tun als ob. Am Ende hätten sich Bajramaj, Kulig und Co. auch noch dem FIFA-Geschlechtstest unterziehen müssen.

Wie sich dem also entziehen? Gar nicht erst mitmachen wie Birgit Prinz? Nicht zu sexy, aber auch nicht zu tough wirken wie das *girl next door* Alexandra Popp? Oder das Ganze einfach überhaupt nicht ernst nehmen und ein völlig eigenes Ding drehen wie Nadine Angerer und Uschi Holl? Fest steht, dass die Spielerinnen das nicht alleine schaffen müssen sollten. Sportwissenschaftlerin Dr. Daniela Schaaf sieht Management, Vereine und DFB in einer Fürsorgepflicht.[277] Das betrifft »harmlosere« Lippenstift-auf-dem-Fußballplatz-Werbung genauso wie Fotos für den *Playboy*. Schaaf: »Ich kann nicht verstehen, dass da nicht mal jemand vom Verband gesagt hat: ›Passt mal auf, wir können es euch nicht verbieten, aber wir möchten euch mal aufklären darüber, was mit diesen Bildern passieren kann.‹ Stattdessen das Gegenteil: Der DFB hat auf Anfragen immer gesagt: ›Das sind erwachsene Frauen, die sind alt genug und die müssen wissen, was sie tun.‹ Ich sehe das aus einer sportwissenschaftlichen Perspektive nicht so. Ich bin der Meinung, dass der DFB eine gewisse Fürsorgepflicht für seine Spielerinnen hat, die er aber vernachlässigt, weil ihm dieses Sexy-Girl-Image gut in den Kram gepasst hat: Es ist vermarktbar!«[278]

Die Spielerinnen profitieren davon nur scheinbar und kurzfristig. Der eigentliche Profiteur der kapitalistischen Ausbeutung des Spielerinnenkörpers ist die männlich dominierte Sport-Medien-Wirtschafts-Allianz. Lange Wimpern, viel Haut, viele Schuhe im Schrank ist vielleicht immer noch der einfachste Weg zu hohen Verkaufszahlen, aber eines Tages wird die Postmoderne auch in der Werbung ankommen. Mit Verweigerung kann man also schon mal anfangen.

90. GRUND

Weil wir ein Team sind mit Torfrau und Libera

Im Fußball wie im Leben generell gilt: Wer die Sprache hat, hat die Macht. Wer das Wort hat, gestaltet. Das Wort ergreifen bedeutet Empowerment. Ist ja ganz klar, als Kleinkind hatte man noch nichts zu sagen und in der Frühadoleszenz kommt einem dann plötzlich schon mal ein Moment unter, in dem man eine rhetorische Glanzleistung vollbringt und merkt, da geht was, da kann ich was wuppen, dagegen können meine Eltern jetzt auch nichts mehr sagen.

Als Faustregel schön, einziger Wermutstropfen: Die Sprache, die wir gelernt haben, ist die Sprache der Männer. Genauer gesagt die Sprache des weißen, heterosexuellen Mannes. Warum heißt es eigentlich »herrlich« und »dämlich«? Warum sind Frauen einfach genauso Gärtner oder Feuerwehrhauptmann, aber für die männliche Krankenschwester muss das Wort Pfleger erfunden werden? Warum benutzen wir fast immer nur die männliche Form? Oder andersherum: Warum begegnet sie uns im sprachlichen Alltag fast ausschließlich? »Alle hegemonialen Sportarten sind männlich, laut und rau. Warum? Weil sie von Männern für Männer kreiert wurden. Sie wurden zum perfekten Kommunikationsmittel zwischen heterosexuellen Männern – vielleicht sogar zum einzigen.«[279] Können die am Ende gar nicht anders miteinander kommunizieren, die Ärmsten?

Gleichberechtigungsskeptiker_innen sollten sich kurz in Erinnerung rufen, dass Frauen erst vor 150 Jahren ihre Stimme erhoben und dafür von den Männern auch noch als Suffragetten beschimpft wurden. Und auch in den 90er-Jahren haftete dieses Wort noch einigen Frauen an, wie der FSV-Trainerin Monika Koch-Emsermann, – bloß weil sie eine laute Stimme haben.

Fußballsprache ist noch um einiges verschärft männlich. Es gibt die Mannschaft, die Manndeckung und den Tormann. Man ruft

»Hintermann«, die Spieler brauchen Eier, und wenn ein großer Spieler geht, dann ist es ein Mann wie Steffi Graf.[280]

Aber auch die Endung »-innen« geistert in der Sprache umher und weiß nicht so recht wohin mit sich. Benutzt man jetzt das Binnen-I wie in SpielerInnen? Oder doch das Gender-Gap wie in Spieler_innen, in dessen Raum zwischen den Geschlechtern sich angesprochen fühlen darf, wer/wie/was sich außerhalb der Kategorien Mann und Frau identifiziert? Neuerdings liest man häufig die Fußnote am Anfang eines Textes: »Der Lesbarkeit halber wird in dem Text die männliche Form verwendet, die auch die weibliche Form mit einschließt.« Das aber mal andersherum anzuwenden – nämlich immer die weibliche Form zu verwenden, in die dann die männliche als eingeschlossen begriffen wird – ist ziemliche Seltenheit.

Und dann gibt es natürlich die Hardcore-Sprachumkrempler_innen: Frau ist Mitfrau einer Frauschaft. Jeder das Ihrige, für die Sprachsensibilitätsanfänger_innen gibt es Alternativen: Wir spielen gemeinsam in einem Team – und da darf dann auch j_e_d_e_r mitspielen, ehrlich!

91. GRUND

Weil man Blatter der alten Natter dringend ein Gatter vor sein Geschnatter knallen sollte

Ausgerechnet von Sepp »Breschnew« Blatter stammt das geflügelte Wort »Die Zukunft des Fußballs ist weiblich«. Hatte er wohl die ganze Woche lang brav mit seinem Medienberater auswendig gelernt. 1995 sagte er den bekannten Satz zur Eröffnung der WM in Schweden. Bei der Pressekonferenz kurz vor der WM 2011 in Deutschland gibt er selber zu: »Als ich gesagt habe, die Zukunft des Frauenfußballs ist weiblich, habe ich selber nicht dran geglaubt.«[281]

Es gibt immer mal wieder Männer in mächtigen Positionen auf dieser Welt, bei denen man vermuten muss, sie haben eine 50-köpfige Schar an Beratern und Helfern an ihrer Seite. Genauer gesagt ein unsichtbares Komitee zur Schadensbegrenzung, anders kann man sich die lange Zeit, die sie sich in ihren Positionen halten können, nicht erklären. George W. Bush ist sicherlich einer dieser Männer und Joseph »Sepp« Blatter ebenfalls. Beide sind auch ähnlich größenwahnsinnig. Nach nicht überprüfbaren Rechnungen herrscht Imperator Sepp immerhin über ein Sechstel der Weltbevölkerung, die FIFA ist vermutlich größer als die katholische Kirche und Fußball mehr als alle Religionen zusammen.[282] Das alles hat seinen Preis: Seit seinem Antritt als FIFA-Präsident begleiten Blatter Korruptionsvorwürfe und Anschuldigungen wegen Amtsmissbrauchs, natürlich konnte noch nie etwas gerichtlich nachgewiesen werden.

Sicher bewiesen werden kann der Amtsmissbrauch auf rhetorischer Ebene. Dabei hat Blatter natürlich immer nur für alle das Beste im Sinn. Fußball, und damit sein Hoheitsgebiet und seine Untertanen, haben schließlich Auswirkungen auf die Gesellschaft. Ist die Zukunft des Fußballs nun weiblich oder nicht? Die weibliche Fußballzukunft hat laut Blatter zumindest mal eine natürliche Obergrenze. »Ab einer gewissen Altersgrenze hat der Frauenfußball ja keine Möglichkeit mehr, sich weiterzuentwickeln, weil die Frauen dann eine andere Aufgabe haben.«[283] Stimmt ja, die armen Gebärmaschinen müssen sich ja neben den Pokalen noch um ihr Mutterkreuz kümmern. Ach nee, das gibt es ja gar nicht mehr. Ach doch, der Sepp hat sicherlich noch ein paar im Schrank. Gebären für die FIFA!

Damit die Damen aber bis zu ihrer »anderen Aufgabe« auch die richtige Unterstützung finden, lässt sich der Sport noch gut als Heiratsmarkt verwursten. Im Vordergrund natürlich: das Outfit. Das Auge kauft mit, dachte sich Seppl und schlug vor, dass sich die Damen doch bitte mal was Engeres anziehen sollen. Immerhin hatte er längst erkannt, was die Qualitäten der Frau seien, nämlich das tänzerische Element.[284] In seiner neuen Rolle als Lebensberater gefiel sich der kleine Fußball-Diktator anscheinend so gut, dass er auch gleich noch einen Rat für homosexuelle Fans parat hielt: Sollten solche planen, zur WM 2022 nach Katar zu reisen (wo Homosexualität mit Gefängnis und Peitschenhieben bestraft wird), empfiehlt Blatter, auf sexuelle Aktivitäten zu verzichten.[285] War ja klar. Frauen können nur gebären und Homos können nur vögeln. So sieht's aus im Blatterland. Den Friedensnobelpreis würde er übrigens auch nicht ablehnen.[286] Weitere Fernziele könnten beinhalten: Weltherrschaft und die WM 2036 im eigenen Vorgarten – da wird Blatter passenderweise 100 Jahre alt.

92. GRUND

Weil wir im 21. Jahrhundert leben – und der Fußball eine Scheibe ist

Die ehemalige Nationaltorwartin Ursula Holl hat am 18. Juni 2010 etwas Besseres vor, als sich ein Länderspiel der WM anzuschauen: Sie heiratet ihre Partnerin Carina. Die Presse bekommt davon ganz zufällig Wind, Thema der Reportage war eigentlich, wer wohl so parallel zu einem WM-Spiel der Nationalmannschaft heiratet.

So what?, mag sich wohl manche_r dazu denken. Warum müssen wir eigentlich immer wissen, wer homo oder hetero ist? Die Frage muss allerdings noch mal anders gestellt werden, denn es geht ja gar nicht darum, wer mit wem schläft, und auch nicht darum, dass es einem egal ist, was jemand anderes im Bett macht – sondern um Sichtbarkeit. Denn zwei Vorurteile halten sich im Fußball hartnäckig: 1. Es gibt keine schwulen Fußballer. 2. Alle Fußball spielenden Frauen sind lesbisch. In beiden Fällen fällt der Fußball dem gleichen Männlichkeitswahn zum Opfer: Schwulen wird gänzlich abgesprochen, überhaupt Fußball spielen zu können, denn »das ist was für harte Männer«, und »echte« Frauen würden sich diesen Männersport sowieso nicht aneignen wollen – und wenn doch, dann müssen es also Lesben sein.[287] Das ist natürlich Unsinn, denn Fußball ist ein Spiel für alle, ausnahmslos und uneingeschränkt. Homophobie auf dem Platz und in den Stadien ist aber leider immer noch Alltag. Umso mehr braucht es Menschen, die offen über Homosexualität und damit verbundene Diskriminierungserfahrungen sprechen.

Im Januar 2014 outete sich der ehemalige Nationalspieler Thomas Hitzlsperger, der damit zwar bis nach seinem Karriereende gewartet hatte, aber immerhin ein erstes Stück des Tabus brach und dafür sehr viel Unterstützung bekam. Aktiven Spielern wird andererseits von vielen Seiten immer wieder von einem Outing abgeraten, da der Druck einfach zu groß sei. Nadine Angerer und Uschi Holl sind gute Beispiele dafür, wie unaufgeregt ein Outing sein kann. Trotzdem: Der Frauenfußball ist gewiss nicht das Mekka der modernen Lesbe. Gezielte Ausgrenzungsstrategien, sensationslüsterne Boulevardpresse – die Gewalt mag nicht (vordergründig) körperlich sein, sie führt aber immer wieder dazu, dass sich Frauen sogar ganz vom Fußball abwenden.

Glaubt man nicht? Noch 2004 (ja, im 21. Jahrhundert), nachdem im *FF-Magazin* eine Anzeige vom Lesbenmagazin *L-Mag* geschaltet wurde, empörten sich reihenweise (männliche) Funktionäre per Leserbrief: »Aus ethischer und moralischer Sicht hat dies mit Sport absolut nichts zu tun. Nur weil die Gesetzgebung mittlerweile möglich gemacht hat, dass Lesben und Schwule heiraten dürfen, sollten wir als Sportler nicht in dasselbe Horn blasen. Ich glaube, dass der Sport sich durch andere Grundwerte auszeichnen kann als durch eine solche Werbeanzeige. Sie fordern die Gesellschaft förmlich dazu auf, dieses Magazin zu bestellen.« Ein anderer Leser nannte die Annonce, die ihn »sehr verärgerte«, sogar als Grund für die Kündigung des Abos.

Homophobie muss immer auch vor dem Hintergrund einer Gesellschaft gesehen werden, deren heterosexuelle Struktur nach wie vor nicht nur die sexuelle Orientierung, sondern auch die Vorstellung davon, was ein Mann oder eine Frau sein darf, einschränkt. In den Fokus gerückt werden oft jene Spielerinnen, die diesen Vorstellungen gerecht werden. Abweichende Lebensweisen bleiben außen vor, Anpassung wird vorausgesetzt – Hauptsache, es ist offensichtlich, dass hier Frauen spielen, attraktive und vor allem heterosexuelle Frauen. Die Fußballerin kann zum Objekt gemacht werden, Homophobie und Sexismus sind zwei Symptome desselben beschränkten Blicks.

Einen neuen Tiefpunkt erreichte die Diskriminierung bei der WM 2011 in Deutschland. Die nigerianische Trainerin Uche wetterte gegen die »dreckige Lebensweise« der Lesben, die sie in ihrem Team niemals tolerieren würde – auffällig war die Hilflosigkeit der FIFA, sich angemessen zu positionieren. Stattdessen fiel es ihr erschreckend leicht, die Fußballkultur zu zensieren: Banner mit der Aufschrift »Fußball ist alles – auch lesbisch« wurden vor einem der Spiele einfach konfisziert. Homophobe Äußerungen wurden geduldet, die Präsenz alternativer Identitätskonzepte unterbunden. Besonders vor diesem Hintergrund kann man sich nur wünschen: *Out & proud*, alle Frau (und alle Mann) raus ausm *closet*, Sichtbarkeit für die Welt abseits der Heteronormativität! Geoutete lesbische Spitzensportlerinnen können gesellschaftliche Vorurteile abbauen.

Rund um den Sport werden zum Glück immer mehr Menschen aktiv. LGBTTIQ-Fanclubs haben sich 2006 in dem Netzwerk »Queer Football Fanclubs« zusammengeschlossen, um der Arbeit gegen Homophobie mehr Öffentlichkeit zu verleihen.[288] Am 16. November 2011 veröffentlichen Sport-Blogger_innen gleichzeitig eine Stellungnahme gegen Homophobie im Rahmen der Kampagne »Aktion Libero«, denn: Ob jemand lesbisch/schwul/bi/trans/inter/queer ist, oder rund oder grün, das darf keine Rolle spielen.[289] Wir sind alle immer mehr als unsere Sexualität, und wir sind nie nur etwas, sondern wir waren und werden sein. Homophobie ist Ausdruck einer Tendenz zur Unfreiheit, die uns alle betrifft.

93. GRUND

Weil müssen wir eigentlich wissen, wer homo oder hetero ist? Können wir nicht einfach alle lieben und sie danach verurteilen, was für ein Auto sie fahren?

Als Ellen DeGeneres, deren Ausspruch der Titel dieses Grundes ist, 1997 gleichzeitig ihre Fernsehrolle und sich selbst outete, schlug das Ganze milde gesagt recht große Wellen. Ihre Serie *Ellen* wurde bald danach abgesetzt (natürlich hatte das offiziell rein gar nichts mit dem Outing zu tun), DeGeneres schaffte es auf das Cover des Magazins *Time*, bekam ein paar Jahre keine Aufträge mehr und hielt so lange durch, bis sie mit ihrer Sendung *The Ellen DeGeneres Show* riesigen Erfolg hatte und darin bis heute immer wieder eben solche Sachen sagen kann: »Why don't we just judge them by the car they drive?«[290] Eine witzige und gleichzeitig ernste Frage. Warum, um Himmels willen, warum müssen/wollen/sollen immer alle darum wissen, wer sich in wen verliebt? Gute Frage, vor allem im aufgeklärten westlichen Kulturkreis des 21. Jahrhunderts.

Als Nadine Angerer 2010 vermeldete, dass sie ziemlich keine Lust habe, sich auf Männer oder Frauen festzulegen, da war das eine Pressemeldung wert. Während die eine Hälfte der Medienwelt darüber berichtete, fragte sich die andere Hälfte – die ebenfalls darüber berichtete –, warum das überhaupt eine Meldung wert sei. »Dadurch, dass alle immer nur hinter vorgehaltener Hand reden und nie offen damit umgehen, machen sie aus etwas ganz Normalem etwas Anrüchiges«, so Lira Bajramaj in dem Buch *Seitenwechsel* von Tanja Walther-Ahrens.[291] Nadine Angerer outet sich als bi – na und? Hier beginnt die Krux der ganzen Lage: Wenn man will, dass das alles nicht so ein Riesendeal ist, dann sollte man auch selber nicht so einen großen Deal daraus machen.

Gar nicht so leicht in Zeiten, in denen Mann, Frau, Kind immer noch das einzig »natürliche« Familienideal repräsentieren. In Zeiten, in denen man sich immer entweder als Frau oder als Mann zu erkennen geben muss. Dann gewinnt Sichtbarkeit von alternativen Identitäts- und Lebensentwürfen doch wieder eine andere Bedeutung.

Sichtbar sind allerdings auch Autos. Das Statussymbol schlechthin. Sag mir, was du fährst, und ich sage dir, wer du bist. Für die Fußballerinnen war und ist ein Auto immer noch ein willkommenes Sponsoren-Zusatz-Gimmick. Man bezahlt sie quasi in Naturalien. Die Frauen vom 1. FFC Frankfurt fahren BMW mit kleinen FFC-Logos auf den Türen.[292] Birgit Prinz bekam sogar mal eine eigene BMW-Sonderedition mit ihrem Namen versehen. Finden wir jetzt auf den ersten Blick zum Beispiel eher nicht so sympathisch, Werbevertrag hin oder her. Nia Künzer hatte einen Mercedes-C-Klasse-Kombi. Ziemlich bürgerlich. Renate Lingor zunächst einen Fiat, kündigte aber schon den Umstieg auf einen koreanischen Hersteller an. Aha! Da wird's doch schon interessanter! Die Lingor, flink und doch bescheiden auf dem Spielfeld und im Straßenverkehr, und immer eine Überraschungsperspektive für die unmittelbare Zukunft. Pia Wunderlich fuhr ebenfalls Fiat. Ganz bitter: Sandra Minnert hat einen Opel Corsa, hätte aber lieber einen Audi A3 oder VW Touareg. Unsere Väter sagen, Opel fahren nur Leute mit Hut, und zu ihrer Landstreicherzeit wären sie nicht mal bei Regen per Anhalter in so was mitgefahren. Wir sagen, Opel fahren ist überhaupt nicht gegen die Ehre – aber im Opel sitzen und vom Audi A3 träumen schon. Ebenfalls Audi A3: Martina Müller. Wobei das ein Stand von 2007 ist, die Spielerinnen vom VfL Wolfsburg fahren wohl mittlerweile alle Volkswagen, das ist spießig, aber solide. Die brasilianische Nationalspielerin Marta kaufte sich übrigens von einem ihrer ersten Gehälter einen Fiat Palio. Hm. Kommt auf die Generation an, ist aber auf jeden Fall keine Angeberkarre. Ganz weit vorne bei der Autowahl ist mal wieder Nadine Angerer. Früher besaß sie ein altes Feuerwehrauto, danach einen aufpolierten VW-Bus. Der hatte schickerweise Totenkopfventile, und mal wieder wird klar: Die Frau hat Stil.

Automobile hin oder her, es ist schließlich im motorisierten Bereich, im Fußball und in der ganzen Welt so, wie Dieter Hochgesand, Trainer der SG Praunheim, schon sagte: »Und wer dazu hier nun ganz dringend noch was wissen will: Ja, es gab sie alle im Team. Die, die Männer liebten. Die, die Frauen liebten. Die, die Männer und Frauen liebten. Und die, die (so) noch gar nicht liebten.«[293]

94. GRUND

Denn sie gehen zum Punkt, legen ihn hin und knallen ihn ins Eck

Als ich klein war, da hat mich eine Freundin mit zum Verein genommen. Das war in der Grundschule und Anfang der 90er eher außergewöhnlich. Es waren noch die Zeiten, wo man als Mädchen in der großen Pause beim Fußball nicht mitspielen durfte. Nur in Ausnahmefällen und dann zeichneten die Jungs einen Kreis in den Grant und sagten: »Da bleibst du drin und schießt den Ball weg, wenn er kommt.« Wir waren die einzigen Mädchen in der E-Jugend des Vereins, und ich spielte von da an auch jeden Tag nach der Schule auf dem Fußballplatz im Park. Manchmal durfte ich bei den Jungs mitspielen, manchmal nicht. Wenn nicht, dann übte ich mit meinem Ball hochhalten.

Respekt ist sicherlich ein Wort, das mir oft für die Zeit einfällt. Meistens musste ich mir den Respekt der anderen erarbeiten und manchmal bekam ich auch einfach keinen. Es funktioniert irgendwie nach dem Prinzip, dass trotzdem noch der unsportlichste Junge vor dem ersten Mädchen gewählt wird. Und wenn dann doch die Zeit kommt, in der das Mädchen vor dem Jungen für teamwürdig befunden wird, dann wird geraunt, als hätte man den Jungen just durch diesen Akt ins soziale Aus katapultiert. Das andere Prinzip ist das der Aufstellung. Egal wie gut man spielt, als Mädchen landet man immer zuerst in der Abwehr, meistens links außen. Wenn man dann deutlich besser ist als die Hälfte auf dem Platz, dann folgt die Beförderung ins linke Mittelfeld. Bis in den Sturm schaffen es nur die vom Kaliber Birgit Prinz. Die Devise lautet: Man muss immer einen Meter besser sein als die Jungs. Aber das ist im echten Leben ja meistens auch so.

Was bedeutet das eigentlich für ein Mädchen zwischen zehn und 14 Jahren? Ich habe wahrscheinlich einen großen Teil meiner Sturheit und Ausdauer damals ausgeprägt. Ich darf nicht mitspielen? Stur bleiben und immer wieder fragen. Die Jungs wollen unter sich bleiben? Ausdauernd sein und sich Freunde machen. Und ja, es war mein stiller Triumph, wenn die Gegner sich nach dem Spiel zuriefen: »Ey, du hast dich von 'nem Mädchen ausspielen lassen!«

Warum bin ich eigentlich hartnäckig Fußballerin geblieben? Meine erste Antwort ist: Es gibt keinen Moment wie den vor dem Anstoß. Der Mischmasch aus Aufregung und Euphorie ist unvergleichlich. In keiner anderen Situation in meinem Leben habe ich Aufgeregtsein so genossen. Die zweite Antwort ist: Es gibt keine andere Zusammenkunft dieser Art, in der Menschen ein Team bilden und gemeinsam etwas erreichen wollen, völlig unabhängig von Ruhm und Geld. Vielleicht gefällt mir die Art der zweckfreien Selbstverwirklichung. Jeder gelungene Spielzug trägt dazu bei, egal ob man gewinnt oder verliert. Die dritte Antwort ist: Es gibt keine andere Quelle, aus der ich so viel Selbstbewusstsein geschöpft habe. Sämtliche soziale Kompetenz habe ich wahrscheinlich beim Fußball gelernt. Sei es, mich selbst einzuschätzen oder mit anderen zu kommunizieren, gemeinsam Kompromisse zu finden oder Verantwortung zu übernehmen. Und vor allem genau wahrzunehmen. Fußball ist eigentlich ein Wahrnehmungssport. Schließlich hat man, wenn's hoch kommt, den Ball eh nur fünf Prozent der Spielzeit am Fuß kleben. Der Rest ist Stellungsspiel. Aufmerksamkeit für ein Gesamtgefüge, das sich im besten Falle fast intuitiv gemeinsam bewegt. Die vierte Antwort ist: Es gibt keine andere Droge, die den

Kopf so freispielt, die Glückshormone so ausschüttet, dass man hinterher weder einen Kater noch einen kalten Entzug spürt. Eine ungefährliche Form der Leichtigkeit des Seins.

Das alles kommt aber nicht von selbst und schon gar nicht für die, die auf dem Spielfeld immer als irgendwie »anders« wahrgenommen werden. Und gerade weil man irgendwie »anders« ist, soll man sich den Ball nehmen und sagen: »Meiner!« Und dann wieder abspielen, zu denen, die's kapiert haben.

95. GRUND

Weil Fußball Grenzen überwinden kann – ob undercover oder out in the open

2005 geht ein Bezirksligateam aus Berlin-Kreuzberg ein ungewöhnliches Vorhaben an. Die Spielerin Marlene Assmann und ihre Teamkolleginnen haben sich in den Kopf gesetzt, ein Freundschaftsspiel gegen das Nationalteam des Iran zu organisieren – in Teheran. Seit der Islamistischen Revolution 1979 haben die Nationalspielerinnen des Iran nicht gegen ein Team aus einem anderen Land gespielt, ihre Trainingseinheiten finden abgeschottet in einer Halle statt. Lange scheinen die Hindernisse unüberwindbar, doch im April 2006 findet das Spiel tatsächlich statt und zeigt: Fußball überwindet Grenzen.

Die Spielerinnen von BSV Al-Dersimspor werden bei ihren Bemühungen um die Begegnung in Iran von einem Kamerateam begleitet. Entstanden ist daraus der eindrucksvolle Dokumentarfilm *Football Under Cover*[294] über kulturelle Unterschiede, den Kampf mit patriarchalen Strukturen und schließlich vor allem darüber, dass auf dem Platz alle irgendwie doch dieselbe Sprache sprechen.

Der Weg bis zum Spiel ist steinig. Immer wieder werden Genehmigungen verweigert: für die Einreise der Deutschen, für das Spiel vor Publikum (nur Frauen), für die Teilnahme der iranischen Spielerinnen. Die iranische Spielerin Niloofar Basir zum Beispiel, die über das Jahr hinweg Ansprechpartnerin aufseiten des iranischen Teams ist, darf am Ende nicht mitspielen und muss von der Tribüne aus zuschauen – Schikane gegen eine Frau, die ihren Wunsch, Fußball spielen zu dürfen, vehement vertritt. Auch die Spielerinnen aus Kreuzberg werden auf Schritt und Tritt von zwei Sittenwächterinnen begleitet: Es darf nicht geraucht, nicht mit Männern geredet werden und vor allem darf das Kopftuch nicht verrutschen.

Das Kopftuch steht im Iran, dessen Recht den Regeln der Scharia folgt, für alltägliche Diskriminierung und Hierarchiegefälle. Doch trotz der tief verwurzelten kulturellen Unterschiede ähneln sich die Biografien und Träume der Spielerinnen: In einer Szene schlendert Sanna El-Agha, genannt Susu, Spielerin bei Al-Dersimspor und Muslimin, mit ihrem Fußball durch die Straßen von Berlin. Auch sie musste sich ihre Freiräume erkämpfen. Schnitt – in der nächsten Szene verkleidet sich die Iranerin Niloofar Basir mit Baseballkappe als Junge, damit sie ungestört in den Parks von Teheran ihren Fußball jonglieren kann. Für beide trifft zu, was Niloofar später auf der Wohnzimmercouch sagt: »I do everything I want.«[295] Ich mache alles, was ich will. Ein paar Monate später treffen sie sich endlich auf dem Fußballplatz.

Ihr Wille, nicht aufzugeben und für Spielräume zu kämpfen – in vielen Bildern des Filmes wird diese Botschaft spürbar. Irans Spielerin Narmila Farthi übt mit ihrer Mutter auf der Straße Ballannahme und flache Pässe, beide tragen weite schwarze Gewänder. Niloofar kickt einsam und alleine auf einem staubigen Ascheplatz den Ball immer wieder ins Netz. Die Frauen des Nationalteams unterhalten sich im Park über die Spielstärke der Berlinerinnen. Der Sport verbindet und stärkt sie.

»Zum ersten Mal seit der Revolution können Frauen gemeinsam etwas tun, über das wir keine Kontrolle haben«, sagt der iranische Theaterregisseur Ayat Najafi, der das Projekt mit Marlene Assmann angestoßen hat.²⁹⁶ Er wartet vor dem Stadion, in dem gerade das lang ersehnte Freundschaftsspiel stattfindet. Das iranische Team tritt zum ersten Mal vor Publikum an, ausschließlich vor Frauen, die niemals bei einem Spiel der männlichen Nationalmannschaft zuschauen dürften. »Es ist mein Grundrecht, ins Stadion zu gehen«, skandieren die Zuschauerinnen.²⁹⁷ »Passt auf eure Kopftücher auf, die filmen«, schallt es von den Sittenwächterinnen übers Mikrofon.²⁹⁸ Die Frauen aber lassen sich hier nichts mehr sagen und feiern lautstark die Teams auf dem Platz. Das Spiel endet 2:2 und alle liegen sich nach dem Abpfiff in den Armen. Ein unmöglicher Moment, der trotzdem stattgefunden hat – irgendwie undercover und gleichzeitig *out in the open*.

96. GRUND

Weil die FIFA nicht weiß, was eine Frau ist

»Bei FIFA-Männerwettbewerben sind nur Männer spielberechtigt. Bei FIFA-Frauenwettbewerben sind nur Frauen spielberechtigt.«²⁹⁹ Klar so weit?

Die Autorinnen dieses Buches haben eben noch mal nachgeguckt: Wir sind Frauen, mit offiziell anerkannten primären und sekundären Geschlechtsmerkmalen, Eintrag im Pass und dem ganzen Pipapo. Das heißt, wir dürfen in einem FIFA-Frauenwettbewerb Fußball spielen. Nur eine von uns hat auch das fußballerische Talent dazu, aber das tut hier nichts zur Sache – jetzt geht es erst mal nicht um Können, sondern um Ordnung. Sport ist ein sehr ordentliches Metier, das ist zum Teil eine alte Gewohnheit und zum Teil das Bemühen um Fairness. Vermutlich geht es auch darum, die entfesselte Energie körperlicher Betätigung, die Endorphine, den Instinkt, die Kraft durch ein Regelwerk zu kultivieren. Sportliche Ordnung ist also auch Verhandlungssache, weil wir – theoretisch gesprochen –

selbst die Bedingungen aufstellen, unter denen wir unsere Kräfte messen wollen. Die Ordnung der FIFA hat es aber nicht immer leicht mit der Realität. Die Realität ist so schrecklich unordentlich, und sie stellt die Grundordnung des Sports, die Teilung in Männer- und Frauenwettkämpfe, regelmäßig auf die Probe.

2006 qualifiziert sich das westafrikanische Äquatorialguinea souverän für die Frauenfußball-Weltmeisterschaft in Deutschland. Äquatorialguinea ist winzig, aber eines der reichsten Länder Afrikas. Es gibt eine Menge Öl, und es wird immerhin so viel Geld in den Frauenfußball gesteckt, dass sich in einem Land mit 700.000 Menschen eine Nationalmannschaft findet, die den Afrika-Cup gewinnt und sich für die Weltmeisterschaft qualifizieren kann – auch 2010 wieder. Das gibt Anlass zum Staunen, und natürlich wird da mal genauer nachgefragt. Wie kommt ein Underdog wie Äquatorialguinea dazu, das Spiel der großen Jungs mitzuspielen? Also gut, mal überlegen – was könnte das Geheimnis dieses Erfolgs sein? Doping? Bestechung? Fehlanzeige. Von allen möglichen legalen und illegalen Hintergründen des plötzlichen äquatorialguineischen Aufstiegs stürzen sich Konkurrenz und Presse plötzlich auf eine wirklich krude Geschichte: Diese besonders guten Spielerinnen, die sind so gut – das können gar keine Frauen sein. Sie sehen auch einfach nicht weiblich genug aus.

Der Vorwurf der Erschleichung unfairer Vorteile kommt in dieser Zeit auch von Nigerias Trainerin Eucharia Uche, die seit der Afrikameisterschaft 2008 ihre Felle davonschwimmen sieht. Aber nicht nur sie hinterfragt die Legitimität des Teams – die Presse munkelt, und die internationale Diskussion um Geschlechtstests im Sport ist neu entfacht. Chefstürmerin Genoveva Añonma wird des verkehrten Geschlechts verdächtigt. Am Ende darf sie die WM spielen, aber fünf Jahre später wird die Anschuldigung erneuert – und auf weitere Spielerinnen ausgeweitet. Wieder bleibt es bei Gerede, eine begründete Beschwerde bei der FIFA, die konkrete Konsequenzen fordert, kommt nicht. »Der Star Genoveva Añonma wirkt unverdächtig«, kombiniert die *FAZ*.[300] Es ist eine hilflose, aber trotzdem überfällige Diskussion. Als Krönung des Ganzen spielt Añonma schließlich unter einem falschen, aber sehr treffenden Namen: Nach einer Reform in Zentralafrika wird ihr vollständiger Name, Genoveva Añonma Nze, versehentlich auf »Genoveva Añonman« zusammengekürzt, sodass sie die ganze WM mit einem unfreiwilligen Statement auf dem Rücken verbringt. Wir sehen A-ñon-man spielen, einen Nicht-Mann.

Was tut die FIFA unterdessen? Sie ist wie meistens schlecht vorbereitet, weil sie, ähnlich wie der Internationale Leichtathletikverband oder das Olympische Komitee, im Schildkrötentempo (sorry, Kröte) an ein Weltbild herankriecht, das die Wissenschaft schon seit etwa 40 Jahren kennt: Es gibt mehr als zwei Geschlechter, und es gibt mehr als eine Handvoll Kriterien, um das Geschlecht eines Menschen zu beschreiben. Ganz zu schweigen davon, dass von den vielen Faktoren des Geschlechts nur einige biologisch sind, viele dagegen sozial, psychologisch, politisch.

Was aber den Naturwissenschaften schon so lange bekannt ist, kommt in den meisten Bereichen der Gesellschaft noch nicht vor. Seit Ende der 60er-Jahre werden im Leistungssport Geschlechtstests durchgeführt, um eine Ordnung sicherzustellen, die es so in der Natur nie gegeben hat. Nach Sicht- und Tastprüfungen (!) und Chromosomentests ist man mittlerweile bis zu komplexen Gen- und Hormonanalysen vorgedrungen. Immer bleibt der Eindruck, dass auch mit exakteren Untersuchungsmethoden keine Eindeutigkeit geschaffen werden kann, die nicht da ist. In den Anfängen ging es durchaus noch darum, verkleidete Männer zu enttarnen, die Preise erschleichen oder – kein Scherz – als Geheimagenten den Wettbewerb infiltrieren könnten. Zu diesem Zweck sind Geschlechtstest wahrscheinlich schon immer ein probates Mittel gewesen. Verkleidete Männer sind aber nicht die eigentliche Herausforderung, von der wir hier sprechen, auch wenn wir gemischten (und verkleideten!) Sport für eine gute Sache halten – das sind Fragen nach

Scharade und Spielregeln, unfairem Vorteil und alles Dinge, denen die FIFA und auch jeder Verein selbst gewachsen ist.

Komplizierter wird die Sache, wenn die Spielregeln und die gesellschaftliche Ordnung mit dem Geschlecht eines_r Spieler_in so vollkommen überfordert sind, dass er_sie keinen Platz im sportlichen Geschehen einnehmen kann. Dann wird ein Geschlechtstest, der mir nach einem Wangenabstrich sagt, ob ich mit Jungs oder Mädels trainieren soll, die Situation nicht klären können. Er wird nur feststellen, dass die Ordnung, so wie sie ist, nicht vollständig ist. Sollte eine XY-Frau, also ein genetischer Mann, die wegen einer Androgenresistenz nur geringe Mengen an männlichen Sexualhormonen produziert, nicht bei den Frauen starten, obwohl ihre Gene keine höheren Leistungen begünstigen? Dürfen genetisch eindeutige Frauen, die wegen des Adrenogenitalen Syndroms (AGS) deutlich mehr Testosteron als die Durchschnittsfrau produzieren, bei den Männern mitspielen? In den 90ern stellte man verpflichtende Geschlechtstests zunächst ein. Eine Weile wurde es still um die Geschlechter, bis die Diskussionen um das Geschlecht der südafrikanischen Läuferin Caster Semenya 2009 neue Debatten bei den großen Sportverbänden auslösten: Eine medizinische Kommission konferierte 2010 in Miami Beach – ohne Vertreter_innen einer Inter- oder Transsexuellenorganisation.[301] Das Olympische Komitee IOC und der Leichtathletikverband IAAF einigten sich im Anschluss an diese Konferenz auf ein Regelwerk, das die Trennung in Männer- und Frauensport beibehält, Geschlechtstests aber nur noch in begründeten Verdachtsfällen möglich macht. Intersexuelle Athlet_innen werden nach einem solchen Test auf Grundlage ihrer Hormonwerte in die eine oder andere Hälfte zu integrieren versucht. Der Test soll seit 2011 nicht mehr festlegen, wer eine Frau ist und wer nicht, sondern wer mit welcher Geschlechtsbeschaffenheit bei den Frauen starten darf. In manchen Fällen werden trotzdem noch immer Hormonbehandlungen nahegelegt. Die FIFA schloss sich diesen Regelungen 2011 an, schiebt die Verantwortung aber auch auf die Verbände: Der Verband soll »bei sämtlichen Spielern, die für ein Aufgebot in Frage kommen, das korrekte Geschlecht feststellen. Zu diesem Zweck muss er sämtliche festgestellten Abweichungen bei sekundären Geschlechtsmerkmalen aktiv untersuchen und die Ergebnisse lückenlos dokumentieren.«[302]

Klar kann man alle testen – aber so richtig Ruhe bringt das nicht ins Trainingscamp. Wir bezweifeln auch, dass man so die Ordnung wiederherstellen kann. Natürlich ist es zwielichtig, wenn alle von der Konkurrenz sich einig sind, dass Sportlerinnen zu schnell, zu stark und äußerlich einfach zu unweiblich sind, um als Frauen durchzugehen. Nicht, weil die Sportler_innen verdächtig sind, sondern weil es zwielichtige Argumente sind, die auf ein Frauenbild aus Bilderbüchern von 1900 fußen, weil es unoriginell, durchschaubar und unsportlich ist, und weil es das Problem nicht löst, das nicht die Sportler_innen, sondern wir alle haben: Wir haben unseren Umgang mit Geschlechtern noch nicht gefunden, und wir müssen uns gefälligst mehr Mühe geben. Wir wissen möglicherweise nicht von allen Menschen dieser Welt, welches Geschlecht sie genau haben. Und offen gesagt, das erfreut unser Herz. Was nun, wenn jemand auftaucht, der nicht in den FIFA-Regeln vorkommt? Verdacht schöpfen, genau. Kommt uns aber doch so vor, als seien Personen weniger verhandelbar als Regelwerke. Oder, FIFA?

97. GRUND

Weil Fußball stärkt

Wer auf den Platz geht, beansprucht eine Position. Wer sich im Team aufstellt, ist stärker als alleine. Wer mit anderen an einem Strang zieht, der kann die Ziele höher stecken. Wer für die anderen mitläuft, verliert den Anschluss nicht. Wer den Ball abspielt, bekommt ihn irgendwann auch wieder. Wer einfach mal abzieht, muss sich nicht verstecken.

Was bedeutet eigentlich Empowerment? Power heißt Kraft, Stärke, Fähigkeit und Macht. Empowerment heißt sich selbst stärken, sich zum Handeln ermächtigen, Einfluss nehmen, selbstbestimmt agieren. Das heißt also auch, die eigenen Möglichkeiten ergreifen, ausschöpfen, austesten, ausreizen. Und auch das Umfeld, in dem man lebt, aktiv mitzugestalten und im besten Fall zu verändern. Insbesondere Frauen nützen Empowerment-Strategien, wirkliche Gleichstellung ist noch in keinem Land dieser Welt Realität. Wir haben eine Frau als Bundeskanzlerin, trotzdem verdienen Frauen in Deutschland durchschnittlich immer noch 22 Prozent weniger als Männer – bei gleicher Qualifikation. Gender Pay Gap nennt man das, da hilft uns leider im Moment auch die Bundeskanzlerin nicht weiter. Das ist natürlich nur ein kleines Beispiel aus einem vergleichsweise privilegierten Land. In vielen Teilen der Welt geht es bei Empowerment nicht nur um Selbstbewusstsein, Fairness und Geld, sondern auch um körperliche Unversehrtheit. Die kanadische Schriftstellerin Margaret Atwood fasst das asymmetrische Verhältnis in folgende Worte: »Men are afraid that women will laugh at them. Women are afraid that men will kill them.«* [303] Auch in der Geschichte des Fußballs steht Verklärung von Gewalt gegen Frauen an einer prominenten Stelle. Der Psychologe Fred J. J. Buytendijk behauptete 1953: »Das Fußballspiel als Spielform ist also wesentlich eine Demonstration der Männlichkeit. Das Treten ist wohl spezifisch männlich; ob darum das Getretenwerden weiblich ist, lasse ich dahingestellt. Jedenfalls ist das Nichttreten weiblich!«[304] Da hat jemand die Aufgaben klar verteilt. Gehen wir zu weit, wenn wir den Wissenschaftler wegen dieser Äußerung als Gewalttäter beschimpfen? Sagen wir es mal so: Ob Herr Buytendijk das Prügeln von Frauen für verwerflich hielt, lassen wir dahingestellt. Dem DFB war's aber recht, hatte das Verbot doch nach einer solchen wissenschaftlichen Untermauerung Hand und Fuß.

---

* (dt.: Männer haben Angst davor, dass Frauen sie auslachen. Frauen haben Angst davor, dass Männer sie umbringen.)

Die Ungleichheit gibt es aber nicht erst seit gestern, sondern hat sich über Jahrtausende in die Köpfe der Menschen eingebrannt. Dabei gibt es keinerlei vernünftigen Grund, warum die Frau am Herd stehen sollte. Trotzdem wachsen alle Kinder mit diesem dubiosen Gefühl auf, dass da irgendwas unterschiedlich ist. Und bevor man dazu kommt, bewusst über das eigene Geschlecht zu sinnieren, wird man auch schon mit Konzepten von Weiblichkeit und Männlichkeit überschüttet. Getrennte Umkleidekabinen beim Sportunterricht, Badehose versus Bikini, Blau gegen Pink. Die meisten dieser Konzepte sind restlos bekloppt und trotzdem unfassbar mächtig.

Beim Fußball ist das nicht anders. Lange Zeit dachten die Männer noch, dass Frauen gar keinen Fußball spielen können. Gesponnen wurden folgende Mythen: Sport macht Frauen unweiblich, Sport ist gefährlich für die weiblichen Geschlechtsorgane und kann die Gebärfähigkeit beeinträchtigen (und das ist durch die Blume gesprochen natürlich die einzige Aufgabe der Frau, die Reproduktionsindustrie am Laufen halten), Frauen müssen nicht auf dem Spielfeld fürs Leben lernen wie die Männer, Frauen werden eh niemals als echte Athleten akzeptiert, weil sie nicht so stark und muskulös sind wie die Männer, Frauen werden niemals so berühmt wie die männlichen Sportler, deshalb werden sie nie so viel Publikum anziehen und Geld in die Kassen spülen, Frauen interessiert Sport eh nicht so sehr wie Männer, deshalb sollte man Ressourcen nicht an sie verschwenden. Wie gesagt: bekloppt, aber mächtig. Um so wichtiger, dass Mädchen und Frauen mit zunehmender Selbstermächtigung die Gelegenheit bekommen, solche Annahmen zu überdenken, abzulehnen und andere Möglichkeiten einzufordern. Oder eben überhaupt mal in Ruhe darüber zu sinnieren, welche Geschlechterrollen man annehmen will und welche nicht.

Die Sportwelt ist zum Bersten gefüllt mit Figuren und Vorstellungen, die dem Nachwuchs als Idol und Richtwert dienen sollen. Wir brauchen aber Vorbilder als Perspektive und als Inspiration, nicht als unerreichbare Idole. Und dabei ist es wichtig, dass nicht alle Vorbilder gleich sind. Sonst braucht man eh nur eins und kann dann genauso werden, wie langweilig ist das denn?! Nein, Vielfalt ist viel spannender und deshalb brauchen wir vielfältige Vorbilder. Am besten solche, die einem vor Augen halten, dass es nicht nur einen Weg gibt, sondern viele, und dass auch rund um den Normalitätenschlund noch einiges geht. Unsinn, »einiges« – im Grunde alles. Normalitätenschlund war gestern. Und wir spielen schon seit vorgestern mit ihm »Schweinchen in der Mitte«, immer rundherum.

98. GRUND

Wegen »Lasst sie spielen«

1987 in Mathare, dem zentralsten Slum von Kenias Hauptstadt Nairobi. Der kanadische Entwicklungshelfer Bob Munro gründet die Mathare Youth Sports Association und Doreen Nabwire Omondi wird geboren. Beide verbindet die Liebe zum Fußball und der Ehrgeiz, gegen alle Widerstände zu spielen.

In Mathare leben die Menschen auf engstem Raum in notdürftigen Unterkünften. Die Armut ist groß, die medizinische Versorgung schlecht, für Bildung bleibt weder Zeit noch Raum. Das Sozialprojekt Mathare Youth Sports Association (MYSA)[305] versuchte, genau in diese Kerbe zu schlagen: über den Sport Kindern und jungen Erwachsenen Selbstvertrauen zu geben und ihnen zu helfen, ihre Chancen zu ergreifen. Als Gründungsmoment gilt Folgendes: Bob Munro war zu Gesprächen und Beratungen in Mathare, als ihn Kinder des Slums zu einem mit Scherben und Müll bedeckten Fußballplatz führten. Munro zu den Kids: »Wir räumen jetzt zusammen den Platz auf und dann wird gespielt.«[306] Genau das ist das MYSA-Prinzip geworden: Man gibt und nimmt, man engagiert sich und bekommt etwas wieder, man räumt auf und kann dafür spielen.

Die Spieler_innen werden ermutigt mitzuhelfen, zum Beispiel bei der Müllbeseitigung im Viertel. Und werden dann wiederum durch Schulgeld oder Bildungsangebote unterstützt. Die MYSA klärt auch über Drogen- und Alkoholmissbrauch und HIV/Aids auf.

Was mit 22 Teams begann, hat sich mittlerweile zur größten Jugendliga Afrikas entwickelt. Seit 1992 gibt es auch einen Ligabetrieb der Mädchen, der sich trotz aller Widerstände durchsetzte und heute ein Drittel des Spielbetriebs ausmacht.

Die MYSA vermeldet auf ihrer Webseite, dass sie mit ihrem Angebot für Mädchen diesen helfen möchte, mehr Selbstvertrauen zu entwickeln. Außerdem bietet der Fußball oder auch das Engagement innerhalb der Vereinigung die Chance, in Führungspositionen zu kommen und darüber Führungsqualitäten zu gewinnen, zu erfahren, wie sich das anfühlt, und darüber zu eigenen Zielen für die Zukunft zu gelangen. Das ist schon eine ganze Menge, im besten Fall hinterfragen die Mädchen aus dieser Unabhängigkeitserfahrung heraus die Konventionen, die sie beschränken oder angreifen.

Eins der Mädchen, das von dem Angebot der MYSA profitierte und sich ihre eigenen Chancen erarbeitete, ist Doreen Nabwire, genannt Dodo.[307] Sie lernte das Fußballspielen auf der Straße und fing mit zehn Jahren bei dem MYSA-Club North Villas an. Schnell machte sie sich einen Namen als Dribbelkünstlerin mit hartem Torschuss. Manche sagen heute, Nabwire sei das größte Fußballtalent des Landes. Seit sie 15 Jahre alt ist, kickt sie für das kenianische Nationalteam. 2002 gründet man bei MYSA ein Frauenteam, den Mathare United Women FC, um ambitionierten Spielerinnen die Möglichkeit zu geben, Fußball auf höchstem Niveau zu spielen. Mit dabei natürlich Doreen Nabwire. 2006 fährt sie mit einer MYSA-Auswahl zur Straßenfußball-WM (Initiative für Sozialen Wandel)[308] nach Berlin und räumt den Pokal ab.

Dass Fußball sozialen Wandel möglich machen kann, hat Doreen Nabwire bei MYSA selbst erlebt, und sie engagierte sich selbst als Trainerin und als Teamleiterin in der Aids-Prävention –

Aufklärungsarbeit über Aids und gemeinnütziges Engagement sind die Voraussetzungen für die Spieler_innen, um bei einem Verein der MYSA mitzuspielen. Bob Munro über die talentierte Spielerin: »Doreen ist ein Naturtalent auf und neben dem Platz, die mit aller Macht ihre Familie aus der Armut führen will. Sie ist ein Positivbeispiel für unsere Arbeit. An ihr sieht man, wie Fußball den ganzen Charakter eines Menschen prägt und positiv verändern kann.«[309]

So versucht eine, die vom Fußball für ihr Leben profitieren konnte, anderen das Gleiche zu ermöglichen. 2008 gründet Nabwire das Projekt GIRLS!UNLIMITED Nairobi. Das Motto: »Wir sind alle fähig und Gerechtigkeit ist unsere Sprache!« Sport und Kunst werden als mächtige Instrumente für die Entwicklung von Selbstständigkeit und Unabhängigkeit begriffen. Es geht dem Projekt um einen geschützten Raum fernab von Diskriminierungen, in dem junge Menschen ihre Fähigkeiten entdecken und ausprobieren können – unter dem Motto: »Let them play! – Lasst sie spielen!«[310]

99. GRUND

Weil »It's not about the bra«

WM Finale 1999. Es steht 4:4 im Elfmeterschießen. China hat bereits einen Elfer verschossen. Brandi Chastain tritt an, schießt mit links genau ins rechte Eck, 90.000 reißen die Arme in die Luft, die USA sind Weltmeisterin und Brandi Chastain reißt sich das Trikot vom Leib. Was später als sogenannter »bra incident« in die Geschichte eingehen sollte, schaffte es als Titelbild auf sämtliche Magazincover. Brandi und der schwarze Sport-BH in Jubelpose, das wohl am häufigsten abgebildete Foto einer Fußballerin. Was die Männer viel zu oft machen, machen die Frauen eher selten. Das Trikot über den Kopf zog sich bei der EM 2001 Claudia Müller nach ihrem Golden Goal im Finale, genauso Simone Laudehr nach ihrem

2:0 im WM-Finale 2007. Überschwänglichkeit in Momenten der unaushaltbaren Freude ist natürlich dringend notwendig. Trotzdem ist wahrscheinlich auch das Ausziehverbot dringend notwendig – es verhindert, dass die Fußballer_innen sich mit der Präsentation von BHs und eiweißhaltigen Sixpacks verzetteln, und es bringt die Presse dazu, ein bisschen weiter zu denken als bis zum nächsten Nackedei. Sogar auf Cristiano Ronaldo oben ohne können wir tatsächlich gut verzichten – mal ehrlich, seinen Oberkörper nach einem Elfmetertor in der Verlängerung zum 4:1 so zu feiern, als wär's ein Golden Goal (geschehen beim Champions-League-Finale 2014), ist wirklich ein bisschen albern.

Dass sich irgendwer irgendwas auszieht ist, aber offenkundig Menschheitssehnsucht, seit Adam in den Apfel biss. Seitdem sind die Menschen drangeblieben an dem Thema. Besonders witzig und relevant sind die Trikottausch-Kommentare zu den Anfängen des Frauenfußballs – nicht! Auch Ilona Christen griff mitten in das Klischee der Klischees. Am 28. Mai 1984 berichtet das Vorabendmagazin *tele-illustrierte* vom ersten EM-Finale der Frauen. Schweden gewinnt gegen England und Ilona Christen beendet die Moderation mit dem Satz: »Und alle warten wahrscheinlich aufs Trikotwechseln.«[311] Wen sie mit »alle« meinte, ist immer noch unbekannt und Christen hatte auch nicht gut recherchiert: Frauenfußballteams konnten sich in den 80er-Jahren das Verschleudern von Trikots nach dem Spiel noch gar nicht leisten.

Aber wir wollen auch fair sein: Der Trikottausch ist seit jeher eine Geste der Freundschaft nach dem Kampf. Man zeigt, dass man auch mit den anderen spielt, dass man durchaus die Seite wechseln kann und trotz einer zweistelligen Niederlage die Hand zu reichen bereit ist. Es wird aber auch von den unbekannteren Akteur_innen auf die Shirts der Stars gelauert. Kurzzeitig verbot die FIFA 1998 den Trikottausch sogar. Begründung: Durch die globalisierte Vermarktung des Sports sehen immer mehr Menschen in immer mehr Ländern immer mehr Spiele. Da müsse man dann auch an die Frauen in der arabischen Welt denken, die an den nackten Oberkörpern Anstoß nehmen könnten.[312] Wirklich sehr aufmerksam von den weißen, westlichen, greisen Funktionären, konnte sich komischerweise überhaupt nicht durchsetzen. Die Hosen darf man übrigens nicht tauschen (Ivan Rakitić und Stéphane Mbia tauschten bei der WM 2014 heimlich vor der Kabine ihre Buxen) und bei manchen Vereinen mit kleinem Etat gibt es eine Triktottausch-Obergrenze.[313]

Und um das Geheimnis zu lüften: Natürlich gibt es auch bei den Frauen regelmäßig den Trikottausch nach Länderspielbegegnungen. Das Ganze spielt sich aber meistens erst nach dem Umziehen in der Kabine ab, alles also ziemlich unaufgeregt und überhaupt nicht des Wartens wert.

Zurück zum »bra incident«: Chastain nutzte den ganzen Trubel um ihren BH für was anderes: Sie befasste sich mit der Situation des Wettbewerbs, warb darum, Lösungen zu finden, statt Probleme zu schaffen, füreinander zu jubeln und die Gemeinschaft zu genießen. Darüber schrieb sie in dem Buch *It's not about the bra – How to play hard, play fair, and put the fun back into competitive sports.*[314] Eine Anekdote aus ihrem frühen Leben: Ihr Großvater gab ihr einen Dollar für jedes Tor, das sie erzielte. Aber 1,50 Dollar für jede Torvorlage. Chastain schreibt darüber, Vorbilder zu haben und zum Vorbild zu werden. Darüber, dass es auf dem Spielfeld nicht um den Kampf bis zum Letzten geht, sondern um Respekt für die Mitspieler_in und das Spiel selbst. Über Fairness und dass man die Schiedsrichterin nicht für alles verantwortlich machen kann. Über ihre Liebe zum Spiel und über Teamwork. Über das Spielfeld als leere Leinwand, voller Möglichkeiten und Inspirationen. Und über den Jungen, der sich ein Autogramm von Chastain auf einen Sport-BH geben ließ und ihn dann zum Kicken anzog: »Maybe it is about the bra!«[315]

100. GRUND

Weil Fußball entdecken und entdeckt werden kann

Discover – das bedeutet entdecken, aufdecken, von etwas das Cover wegnehmen. Den Blick auf etwas Verstecktes richten. Das Versteckte sichtbar machen. Discover bedeutet auch etwas finden, herausfinden, dahinterkommen. Das eigene Wissen, die eigene Welt, den eigenen Horizont erweitern.

Den Fußball in all seinen Facetten auf der ganzen Welt entdecken, dafür steht Discover Football.[316] Inspiriert ist die Initiative von der Begegnung zwischen dem Berliner Team Al-Dersimspor und dem iranischen Frauennationalteam, die 2006 in Teheran ein Freundschaftsspiel absolvierten.[317] Ursprünglich sollte es auch ein Rückspiel in Berlin geben, das Vorhaben scheiterte allerdings zweimal daran, dass das iranische Team nicht ausreisen konnte. »Technische Probleme« hieß es von offizieller Seite. Es lässt sich nur spekulieren, aus welchen Gründen die Ausreise tatsächlich nicht möglich war. Die wiederholten Widerstände nahmen die Berlinerinnen jedenfalls zum Anlass, 2009 das Projekt Discover Football auf die Beine zu stellen, um in Kontakt mit Teams auf der ganzen Welt zu kommen und einen Austausch zu fördern.

2010 startete die Initiative mit einem »Frauenfußball-Kulturfestival« in Berlin, zu dem nicht bloß irgendwelche Teams aus aller Welt anreisten, sondern vor allem solche, die sich in ihrem Land auf sozialer und politischer Ebene für Gleichberechtigung und gegen Diskriminierung engagieren. Das Festival mit Fußballturnier gibt es jetzt immer während der Frauen-WMs und -EMs. 2013 war unter anderem ein Team aus Tunesien dabei, das Frauen als Trainerinnen und Betreuerinnen stärken will. Aus dem Libanon kam eine Initiative, die Frauen und Mädchen unabhängig von Alter und Konfession das Spielen ermöglicht. Dass es sich oftmals um Initiativen aus prekären und teilweise bedrohten Umfeldern handelt, wurde in der

Turnierorganisation wieder ganz real spürbar: Das Team aus Libyen durfte kurzfristig nicht ausreisen, offiziell wegen »Problemen mit dem Visum«.

Fußball ist für Frauen oft nicht einfach nur ein Spiel, sondern kann zu einem starken Forum für die Auseinandersetzung mit Geschlechterklischees, für die Bekämpfung von Ungleichheit und die Stärkung von Frauenrechten werden. Bei den Festivals von Discover Football ist die Begegnung innerhalb des Rahmenprogramms genauso wichtig wie die Begegnung auf dem Spielfeld. Dafür gibt es jeden Tag Podiumsdiskussionen mit den Teilnehmerinnen zu Fußball und Frauenrechten in ihrem Land und gesellschaftlichen Umfeld. Frauen-Empowerment steht im Mittelpunkt der Workshops, in denen sich die Spielerinnen der unterschiedlichen Teams begegnen und sich über Vorurteile und Möglichkeiten im Sport und in der Gesellschaft austauschen. Die Ergebnisse des Workshops werden im Rahmen des Festivalprogramms präsentiert.

Discover Football lädt aber nicht nur nach Deutschland, sondern reist seit 2012 regelmäßig auch in andere Länder, um dem Frauenfußball und seinen Protagonistinnen vor Ort zu begegnen. Zum ersten Mal auf Tour ging es 2012 zur Europameisterschaft der Männer nach Polen und in die Ukraine. 2014 zog es die Kampagne zur Männer-WM nach Brasilien. Ziel ist es unter anderem, in Zeiten, in denen so viel Aufmerksamkeit dem Männerfußball geschenkt wird, direkt vor Ort Frauenfußball direkt vor Ort sichtbar zu machen und gleichzeitig die Vernetzung von Frauen und deren Engagement zu stärken. Immer mit im Gepäck: eine interaktive Ausstellung mit dem Titel »Women Conquer the Pitch«. Jede_r kann sich mit dem Discover-Football-Schild fotografieren lassen, auf dem der Name, ein Gedanke und die Position stehen. Die Bilder und Geschichten der unterschiedlichen Protagonist_innen werden vor Ort ausgestellt und vermehren sich mit jedem Tag. Auch immer mit dabei ist das Handbuch, das die Macherinnen von Discover Football 2013 herausgegeben haben.[318] Unter dem Titel *Frauen macht Fußball*

(Englisch: *Claiming the pitch*) werden viele der reichhaltigen Begegnungen und Geschichten festgehalten und darüber hinaus konkrete Tipps zum Engagement gegeben. Das beginnt bei der Ermutigung zur Selbstermächtigung und bei Strategien zu Empowerment, geht über die Dimensionen und Möglichkeiten von sozialen Projekten im Kontext von Fußball bis hin zu hilfreichen Erfahrungsberichten und Hilfestellungen zur Vereinsgründung, Finanzierung und Öffentlichkeitsarbeit. Denn die Initiative möchte nicht nur selbst Fußball auf der ganzen Welt entdecken, sondern auch dazu beitragen, dass Fußball von möglichst vielen Frauen und Mädchen entdeckt werden kann – als Möglichkeit, sich ein bestimmtes Maß an Freiheit zu erspielen.

Auf ihren Reisen wollten die Akteurinnen von Discover Football aber auch noch ganz real in einen Austausch kommen. Etwas von den Orten mitnehmen und etwas dort lassen. Schnürsenkel lagen sofort auf der Hand, oder besser gesagt auf dem Fuß. Jede_r kann im Rahmen der Ausstellung einen eigenen Schnürsenkel, mit Namen beschriftet, gegen einen pinken Discover-Football-Schnürsenkel austauschen. So gibt es mittlerweile eine vielfältige Sammlung von internationalen Schnürsenkeln und viele pinke Schnürsenkel an vielen Füßen auf der ganzen Welt.

8. KAPITEL

DIE ZWÖLFTE FRAU

101. GRUND

Weil das Stadion fetzt und der Fernseher nur flimmert

Mein erster Stadionbesuch fand sehr spät statt und hat wenig mit dem zu tun, was Freunde mir von ihrer Jugend im Millerntor-Stadion in Hamburg erzählen oder was Feinde im Stadion des FC Bayern München zu sehen glauben. Mein erster Stadionbesuch war kein Bad in der entfesselten Menge, die zwischen Andacht und Wutanfall das routinierte Spiel gefeierter Stars verfolgt. Es gab keine Pyro und keine Hools, kein Bier für fünf Euro und wir wurden auch nicht gefilzt. Meine Karte hatte nur einen Fünfer gekostet, die besten Stehplätze waren noch frei und ich fing langsam an, das Ganze für einen Scherz zu halten. War es aber nicht, und so fand ich mich beim Anpfiff des Spiels vom 1. FFC Frankfurt im Stadion am Brentanobad gefühlte zwei Meter entfernt von einem ganzen Haufen Nationalspielerinnen wieder. Die großartige WM 2007 war ungefähr ein Jahr her, und hier standen wir, auf einem Platz, der auch ein guter Ort für die Bundesjugendspiele gewesen wäre, und sahen einigen der besten Fußballerinnen der Welt bei der Arbeit zu. Es wurde heftig gebrüllt an diesem Nachmittag, und die beiden Autorinnen dieses Buches mussten sich hinterher erst mal hinsetzen.

Diese paradiesische Kombination aus bombigen Sichtverhältnissen und entspannter Festivalatmosphäre ist ein Privileg des Frauenfußballs, versuchen Sie mal, beim Heimspiel des BVB vor den Hotdogverkäufern wegzulaufen, da sind Hopfen und Malz verloren, genauso wie bei den ausgebufften Bierverkäufern, die Ihnen von der anderen Seite auflauern und den letzten Eurocent aus Ihnen herauspressen.

Wer bei aller Liebe zum Spektakel also den Konsumapparat schweigen sehen will, der kann in der Frauenfußball-Bundesliga trotzdem noch die Meisterinnen kicken sehen, und zwar aus der Nähe. Das Ganze hat natürlich eine Kehrseite – so eine Bundesliga, die an guten Tagen entspannte 2.000 Live-Zuschauer_innen zum Spiel erwartet, wird von Sponsoren nicht gerade überrannt. Und darum haben eben viele Spielerinnen auch immer noch einen »bürgerlichen« Zweitberuf, mit dem sie ihre Weltklasse-Kickerei finanzieren. Trotzdem fragen wir uns: Gibt es irgendeine magische Möglichkeit, die entspannte Stimmung eines Frauenfußballspiels mit den guten Arbeitsbedingungen des Männerfußballs zu verbinden?

Ein bisschen mehr Remmidemmi gab es 2011 im Frankfurter Waldstadion (offizieller bescheuerter Name: Commerzbank-Arena). Es war WM-Vorrunde, Brasilien gegen Äquatorialguinea, und das Spiel fesselte mich derart, dass auch ich mir zur Beruhigung ein Hotdog kaufen musste: Es war, wie jeder durchgenudelte Kommentator sagen würde, der Inbegriff von David gegen Goliath, und ich war fasziniert von Äquatorialguinea. Wer dieses Spiel heute auf Wikipedia recherchiert, erfährt nur, dass das kleine westafrikanische Land sich nach einigem Erfolg bei den Afrikameisterschaften vollkommen überraschend für die WM qualifizierte und von den Brasilianerinnen mit 0:3 in der Vorrunde nach Hause geschickt wurde. Aber wer im Stadion war, bekam wunderliche 45 Minuten lang zu sehen, wie Fußballgroßmacht Brasilien vom afrikanischen WM-Überraschungsgast amtlich rumgeschickt wurde. Es war sehr schön und ein bisschen merkwürdig – als würde man mit 35.000 Leuten zusammen »verkehrte Welt« spielen. Kollektives Augenreiben, Kinnladenklappen, Laolen. Leider vergaßen Añonma und ihre Kolleginnen vor lauter Schreck, auch ein paar Tore zu schießen, und in der zweiten Halbzeit stellten die Brasilianerinnen mit drei Toren die gewohnte Ordnung wieder her. Trotzdem stand eine Halbzeit lang die Welt so auf dem Kopf, wie man es im Fernsehen nie hätte sehen können, und in der Reihe vor mir brüllte ein aufgelöster Brasilienfan ins Telefon: »Ich muss es doch wissen, Mann! Ich bin hier im Stadion!«

102. GRUND

Weil man die ganze Schönheit nicht sieht, wenn man beide Augen zudrückt

Uns hat mal jemand erzählt, dass man in Japan keinen Käse isst, jedenfalls nicht so, wie wir ihn kennen. Folgender Hintergedanke: »Das gegorene Drüsensekret eines Huftiers? Niemals!« Das ist lange her, und mittlerweile hat die Globalisierung dieses Misstrauen vermutlich in die Knie gezwungen. Uns hat diese Geschichte trotzdem sehr beeindruckt, weil sie zeigt, wie einfach es ist, eine Sache vollkommen zu entwerten, indem man sie einfach nur beschreibt.

Mit Genussmitteln funktioniert das natürlich super, versuchen Sie mal, jemandem Ihre Liebe zum Alkohol oder zu Schokolade verständlich zu machen, ohne über die physischen Tatsachen hinauszugehen. Alkohol: Hopfen, Malz, im besten Fall Weintrauben und auf jeden Fall Gärprozesse. Schokolade: schon wieder Drüsensekret und pulverisierte braune Bohnen. Es ist hoffnungslos! Die Dinge sind eben nicht nur, was sie sind, sie sind die magische Verbindung ihrer Zutaten und wachsen in der Gesamtheit über ihre Einzelteile hinaus. Und wer den Dingen diese übergeordnete Bedeutung absprechen will, der braucht bloß ein bisschen Ignoranz und ein loses Mundwerk.

Beim Fußball taucht diese Unsitte immer dann auf, wenn ein Ungläubiger – der im Zweifel einer anderen Disziplin anhängt oder Sport grundsätzlich für überflüssig hält – versucht, dem Spiel seine Berechtigung zu nehmen. Weil er zu der betreffenden Sendezeit lieber einen Krimi sehen will oder weil ihm das nahe gelegene Spielfeld zu laut ist, oder weil die Fans nerven und er vergessen hat, dass er auch mal jung war. Unter uns gesagt: Uns zum Beispiel fällt es schwer, in der Formel 1 mehr zu sehen als Männer in Strampelanzügen, die in zu lauten Autos im Kreis fahren. Aber das ist es eben: Das ist unsere arme, reduzierte Sicht auf diesen speziellen Bereich des Sports ... Wer die richtigen Augen dafür hat, dem offenbaren sich auf dem Nürburgring existenzielle Momente. Ich und der Turbo gegen die Zeit. Ein Mann und sein Auto gegen das Unrecht.

So, grundsätzlich sind wir also gegen sprachliche Ignoranz, aber wir sagen es jetzt auch noch mal in aller Deutlichkeit: Objektiv gesehen ist diese Respektlosigkeit gegenüber der Formel 1 natürlich noch tragbar, beim Fußball dagegen sieht ein Blinder mit dem Krückstock, dass da nicht nur elf Mann oder Frau hoch gegen den Ball treten. Es sagt auch wirklich etwas über den Sprecher aus, wie und was er mit seiner Sprache vernichtet. Motorsport ist einfach SO NEUNZIGER, da kann man schon mal das Interesse verlieren. Fußball dagegen ist zeitlos und bietet Raum für artistische Bewegungseinlagen und kommunikative Wunder, der grüne Rasen ist der Platz für moderne Künstler_innen, die Gedichte erspielen und fantastische Bilder inszenieren, die Freiheit suchen und sich nach Gemeinschaft sehnen – da lohnt sich das genaue Hinschauen einfach.

Aber selbst Paul Breitner, seines Zeichens gehassliebter Krawallbruder in der DFB-Elf der 70er, sagt zu dem Thema: »Ich finde Frauen, die gegen den Ball treten, schlichtweg unästhetisch. Frauenfußball ist geschmacklos.«[319] Ja und nein, lieber Paul. Wir wären die Ersten, die es bei der FIFA reklamieren würden, wenn die Frauen gegen den Ball treten würden. Das wäre sehr unästhetisch. Elf Frauen gegen einen Ball, und dann einfach nur dagegentreten. Nee du. Paul Breitner ist natürlich auch, was Ästhetik anbelangt, ein verlässlicher Maßstab. Backenbart und Minipli-Afro hat der in den 70ern getragen, und fürs Foto manchmal eine Mao-Bibel. Bis hierhin also völlig richtig, aber jetzt, lieber Paul, kommt der Irrtum: Das mit dem Dagegentreten wäre zwar geschmacklos, aber auch kein Frauenfußball.

Wir sagen es jetzt zum allerletzten Mal, für alle, die immer noch nicht begriffen haben, dass es beim Fußball um alles geht und beim Frauenfußball erst recht: Wenn Frauen gegen den Ball treten oder elf Mann einem Ball hinterherrennen, dann seid ihr nicht beim Fußball, sondern einfach am falschen Ort und höchstens in der F-Jugend. Dass ihr beim Fußball seid, erkennt ihr daran, dass das runde Leder, auf das sich von An- bis Abpfiff Zigtausende Träume und Utopien projizieren, von traumwandlerischen Füßen in Stollenschuhen, die mehr sind als nur Schuhe, vielmehr das Handwerkszeug von Superheld_innen, wenn also diese Füße in diesen Schuhen dieses runde Leder in eine Choreografie bringen, in eine Erzählung, vielleicht sogar ein Märchen oder am Ende noch einen Mythos, dann brauchen wir auch keine Wahrheit mehr und keine Wissenschaft und keine Religion und keine logischen Zusammenhänge, denn dieser eine Spielzug, der erklärt die Welt und den Sinn des Lebens. So ist das nämlich. Wer über eine Sache sprechen will, der sollte die Idee der Sache begriffen haben oder sich zumindest dafür interessieren, sonst wird er vermutlich nicht besonders viel zu sagen haben. Übrigens: Menschen bestehen zu etwa 70 Prozent aus Wasser, Gurken zu 96 Prozent. Ist Paul Breitner deswegen eine dehydrierte Gurke?

103. GRUND

Wegen des Aufstellungsballetts

Am liebsten gucken wir Fußball. Und am zweitliebsten, wirklich nur ganz knapp dahinter, gucken wir das, was VOR dem Fußball kommt, und zwar nicht im Fernsehen, sondern im Stadion.

Erstes Highlight: Die Nationalhymne von hinten. Wir haben uns noch nie sonderlich etwas aus der Nationalhymne gemacht und es als Fernsehzuschauerinnen oft genug befremdlich gefunden, wenn erwachsene Leute mit der Hand auf dem Herzen in einer Reihe stehen und zwischen den Zähnen heraus ihr Vaterland besingen – besonders merkwürdig sieht das bei Militärs aus, da kann ein sportliches Stirnband im Vergleich natürlich schon einiges rausreißen. Trotzdem schrillt bei der Kamerafahrt über die Hymnen singenden Gesichter immer ein bisschen der Fremdscham-Alarm: Kann die den Text? Warum zwinkert die jetzt in die Kamera? Und die daneben ist jetzt ernsthaft gerührt oder wie? Obwohl die Verteidigung so wahnsinnig schief singt? Die Rückansicht im Stadion ist jedenfalls wirklich die beste Lösung – wir müssen uns diese unwichtigen Fragen gar nicht stellen, dafür können wir an trippelnden Füßen und hinter dem Rücken heimlich herumfuchtelnden Händen erkennen, was die Stunde hier eigentlich geschlagen hat, und das hat zum Glück wenig mit Vaterland und viel mit Toreschießen zu tun. Wir sehen, wie sich die Spidercam, oh Wunder der Technik, spidermäßig vor der singenden Doppelelf entlanghangelt, sich warmmacht für die Videoakrobatik über dem freien Feld und den waghalsigen Schwenk auf den Torschuss.

Die Zeremonie verleiht den Spielerinnen liebevoll den Nimbus der Unschlagbarkeit (jeder Einzelnen! Und nur elf können gewinnen!), und es lässt sich gut an, ein wirklich wichtiges Spiel zu werden.

Während die TV-Zuschauer_innen auf dem Bildschirm nun die Aufstellung serviert bekommen und sich dabei vermutlich sogar gut informiert vorkommen, passiert auf dem Platz gemeinerweise das Allerschönste – Synchronschwimmen auf Rollrasen, ein weißes Ballett in Komplementärfarben nämlich: Die zwei gegnerischen Elfen formieren sich exakt symmetrisch zu Einschwörkreiseln und verharren dort erstaunlich lange während der Soli der Linienrichterinnen, die in vollendetem Gleichtrab diagonal über das Feld ihrer Position zuschweben. Man hat Ruhe ohne den Kommentator. Zugleich meißeln die Ordner am Spielfeldrand ihre Aufstellung in Beton und werden sich ab sofort auf keinen Fall mehr bewegen. Auch nicht den Kopf!

Wenn dieser Prolog abgeschlossen ist und das Spiel beginnt, wissen wir im Stadion also, dass alles an seinem Platz ist. Nicht einfach dort, wo es gemäß irgendeinem Paragrafen eines FIFA-Ordnungsreglements zu sein hat, sondern dort, wo es einen tieferen Sinn ergibt. Und damit stürzen wir uns ins Getümmel, brüllen, fiebern, schmeißen Pyro – und wenn's schlimm läuft, rekapitulieren wir: Spidercam – Synchronschwimmen – Kreisel – alles an seinem Platz. Wird also schon alles seine Richtigkeit haben.

104. GRUND

Weil es süchtig macht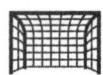

Wenn man jedes Wochenende unterwegs ist, mit nach Malmö oder London reist – »ja, wir sind süchtig«[320], geben Damaris Gernand und Catharina Schwenke sofort zu. Beide sind im Fanclub des 1. FFC Frankfurt, Damaris engagiert sich als zweite Vorsitzende, Catharina schreibt im Netz über die Auswärtsfahrten.[321] Der Börner ist auch schon da, er sitzt eine Reihe vor den zweien. Michael Börner, auch schon seit einer gefühlten Ewigkeit dabei, ist der Ecke-Ecke-Mann. Nichts steht so sehr für den FFC wie dieser Ruf. Börner: »Ecke! Ecke! Ecke!« FFC-Fans: »Tor! Tor! Tor!«. Das Ganze dreimal, am Ende noch mit Danke und Bitte und dann rhythmisches Trommeln und Klingeln, der Börner hat dafür immer die Kuhglocke mit FFC-Aufkleber dabei.

Petra ist auch im Fanclub. Sie mag am Frauenfußball vor allem, dass das alles so nah und familiär ist. Man kennt sich gegenseitig und man kennt auch die Spielerinnen. Fühlt sich alles wie eine eingeschworene Gemeinschaft an. Früher natürlich umso mehr, als nur so zwischen 200 und 300 Leute zum Spiel kamen. Da konnte man sich nach dem Spiel noch direkt am Spielfeldrand mit den Spielerinnen unterhalten.

Damaris und Catharina sind seit 2001 dabei und reisen mit dem FFC, egal wohin es geht. Und falls es doch mal terminlich gar nicht passt, irgendwer ist immer da, der oder die vom Spiel tickern kann.

Über die Jahre kommen da natürlich einige Erfolge zusammen, besonders schön war es 2008 mit dem Gewinn des Triples. Die Mitglieder des Fanclubs fuhren mit zum Römer, so um die 40 Leute, um das Team zu feiern. Und Petra Roth entschied ganz spontan: »Kommt doch mit rein, feiert direkt mit dem Team. Kommt doch einfach mit hoch.«

Aber es gibt immer gute und auch schlechte Zeiten. 2003 stand der FFC im Halbfinale des UEFA-Cups gegen Umeå IK. Elfmeterschießen, es ist der zehnte Elfer, alle können schon nicht mehr und keine hat mehr Kraft. »Aber eine musste dann halt schießen und trifft dann den Pfosten und wir sind raus. Auch so Momente gibt's.« Die Auswärtsfahrten werden von Gernand, Schwenke und Co. immer so geplant, dass die Reise über das Spiel hinausgeht. Ein Wochenende in München, ein Wochenende in Wolfsburg, dabei Stadtprogramm und am Sonntag das Spiel. »Halt ein cooles Erlebnis draus machen, damit es sich lohnt.« Auch mit dem Nationalteam wird mitgereist. So etwa zur EM 2013 nach Schweden. »Für alle Spiele hatten wir Karten. Unsere Herberge war in der Mitte von Schweden und von da aus sind wir dann überall hingefahren.« Zum Halbfinale nach Göteborg dauerte es so circa zweieinhalb Stunden. »Und erst vor dem Stadion, wir sind mit Steffi Jones Richtung Stadion gelaufen, erst da ist uns aufgefallen, dass wir die falschen Tickets eingepackt hatten. Nämlich die für das Halbfinale am nächsten Tag. Was für ein Schock! Gott sei Dank hatten wir eine Bestätigung auf dem Handy dabei und die Schweden konnten das dann ohne Probleme so einbuchen. Aber wir standen schon da und dachten: Wenn wir da nicht reinkommen – was für eine Katastrophe!«

105. GRUND

Weil der Vereinspräsident auch mal im Kassenhäuschen aushilft

Als 2012 beim Heimspiel Bad Neuenahr gegen Turbine Potsdam einige der Helfer_innen krank wurden, da fackelte Vereinspräsident Bernd Stemmeler nicht lange und setzte sich als Aushilfe ins Kassenhäuschen. Als Ehrengäste hatten sich DFB-Präsident Wolfgang Niersbach und Steffi Jones angekündigt. Um die beiden kümmerte sich Stadion- und Pressesprecher Peter Eckhardt. »Wo ist denn der Herr Vereinspräsident?«, fragte Niersbach.[322] »Oh, der sitzt noch im Kassenhäuschen und hilft dort. Gelebte Vereinskultur halt, Herr Niersbach«, antwortete Eckhardt. Steffi Jones grinste, Niersbach schaute konsterniert. Peter Eckhardt ist ein, wie man so schön sagt, Urgestein beim Sportclub aus Neuenahr. Seit zehn Jahren ist er als Stadionsprecher dabei, seit drei Jahren übernimmt er die Verantwortung in der Presse- und Öffentlichkeitsarbeit. Außerdem ist er »Oberfan«, wie er selbst sagt.

Wie bei allen Fangruppierungen im Frauenfußball, so ging es auch beim SC 07 Bad Neuenahr langsam und bedächtig voran. Die Dauergäste schlossen sich schließlich zusammen und gaben sich einen Namen. Erst nannte man sich Ahrtallöwen, später dann Celtics Bad Neuenahr. Eigene Choreografien wurden entwickelt, bei denen man Plastiktüten in den Vereinsfarben Rot und Schwarz einsetzte. Zu der Melodie von *My darling Clementine* sang man: »SC 07, SC 07 in den Farben Schwarz und Rot, deutscher Meister 78, echte Liebe bis in den Tod.«

Das alles ist in der Vergangenheit geschrieben – denn in Neuenahr ist seit letztem Jahr vieles anders. Der engagierte Vereinspräsident Bernd Stemmeler verstarb plötzlich nach kurzer schwerer Krankheit, kurz darauf musste man Insolvenz anmelden. Mit der Neugründung konnte man das Team retten, ab sofort heißt der

Verein SC 13 Bad Neuenahr. Der Gegenvorschlag, das Gründungsjahr der Frauenfußballabteilung 1969 in den Vereinsnamen aufzunehmen, konnte sich wegen Furcht vor schweinischen Assoziationen nicht durchsetzen.

Peter Eckhardt ist auch unter dem neuen Clubnamen weiter Stadion- und Pressesprecher. Die Wochen von Trauerfall und Insolvenz beschreibt er als die schlimmste Zeit in seinem Fußballgedächtnis. Er war nicht der Einzige, der ein paar Tränen vergoss, als die Celtics Bad Neuenahr beim nächsten Spiel der U-17 ihr Transparent entrollten: »Bernd – unvergessen!« Immer in Erinnerung bleibt ihm auch das DFB-Pokal-Halbfinale in der Saison 2010/11. Ein voller und gut gelaunter Fanbus fuhr von Bad Neuenahr nach Frankfurt. Vor Ort lärmten die 50 kleinen Neuenahrer_innen die 1.200 restlichen Besucher_innen vollkommen nieder. »Das Spiel wurde 1:3 verloren, gefeiert wurde trotzdem. Einige Mädels hatten einen dicken Kloß im Hals. Jeder Mitgereiste hatte Gänsehaut.« Die Kurstädter_innen können laut sein.

Besonders gerne erinnert sich Peter Eckhardt an den Besuch von Ex-DFB-Präsident Theo Zwanziger. Den hielt es nicht lange auf den gemütlichen VIP-Plätzen, und so stand der Präsident plötzlich ganz vorne neben Eckhardt am Spielfeldrand. Zwanziger: »Ich bin lieber nahe beim Geschehen. Das ganze Brimborium ist ja ganz schön, aber ich fachsimpele lieber mit einem Fachmann.« Eine andere Begegnung mit einem Promi gab es beim Auswärtsspiel in München, bei Blitzeis und viel Schnee schon auf der Hinfahrt ein Abenteuer. Der Fan Rainer Knebel traf in der Halbzeit auf dem Weg zur Toilette die Schauspielerin Maria Furtwängler. Furtwängler unvermittelt: »Ihr seid eine tolle Truppe. Ihr macht mit acht Leutchen mehr Stimmung, als unsere 300 Schickimicki-Fans der Bayern.« Manchmal ist weniger eben mehr.

106. GRUND

Weil da wo ihr spielt, sind wir

Seit der Saison 2006/07 gibt es bei Turbine Potsdam die Rückennummer 12 nicht mehr für Spielerinnen. Ariane Hingst übergab das Trikot mit der Zwölf hinten drauf feierlich an das Rückgrat des Teams: Die Fans. Die Zwölften. Die, die immer dabei sind.[323]

Fans von Turbine Potsdam gibt es natürlich schon, seit es Turbine Potsdam gibt. Als eingetragener Verein organisiert sind sie seit 2008. Bei jedem Spiel ihrer Turbine sind sie mit dabei und machen mit ihren Trommeln ordentlich Lärm. Gesungen wird zum Beispiel: »Turbine, Turbine, mit voller Kraft voraus!« Auch hier hört man immer wieder von den Fans: Es ist familiärer, die Spielerinnen reden mit den Fans. Außerdem wird nicht so viel gemeckert wie bei den Männern. Rivalitäten gibt es traditionellerweise mit Frankfurt und neuerdings auch mit Wolfsburg, da ist die Stimmung während der Spiele schon mal etwas aufgeheizt. Eine Fanfreundschaft gibt es mit Jena, die ist sogar auf einem Fanschal »Jena–Potsdam« festgehalten. Aggressivität im Stadion, das kann bei den Fans von Turbine Potsdam niemand gebrauchen. Die Fans lieben den Fußball ihrer Mädels. »Der ist ehrlich, die kämpfen und hängen sich da voll rein!«

Für die Vorsitzende Dagmar »Daggi« Koebe ist immer noch das Champions-League-Finale 2010 in Madrid das Spiel ihrer Fangeschichte. Zu zwölft waren sie hingeflogen, kamen alle heimlich im Hostel unter, das eigentlich nur für fünf gebucht war. Bei der Stadtrundfahrt waren die Turbine-Fans schon voll im Dienst, wurden fotografiert, zum Singen und Trommeln aufgefordert. Kurz vor dem Stadion dann noch Hektik, erst geht die Trommel von Mario Koebe kaputt, händeringend sucht man in den umliegenden Geschäften nach Klebeband zum Flicken. Dann darf Dagmar Koebes Kuhglocke nicht mit ins Stadion. Sie soll sie wegschmeißen, die Glocke, die sie immer dabeihat, mit allen Unterschriften drauf. »Da hab ich gesagt:

Das mach ich nicht! Ich geb die nicht her!« Nach viel Überzeugungsarbeit darf die Glocke mit rein. Am Ende des Finales dann der Elfmeterkrimi. Koebe: »Ich habe dann gesagt: Wenn Felix den jetzt hält, dann werd ich gläubig. Und dann hält die den. Wir haben vor Freude geweint.« Zwei Wochen später trifft sie beim Spiel der 2. Mannschaft auf einen ihr unbekannten Fan. »Und? Warst du schon in der Kirche?«, fragt er. Koebe schwärmt von den unterschiedlichen Menschen, die im Stadion oder auf den Auswärtsfahrten zusammenkommen. Vor zwei Jahren wurde gemeinsam Fasching gefeiert und am Morgen stiegen alle kostümiert, von Kuh über Hippie bis Räuber, in den Bus zum Spiel nach Leverkusen. Die Auswärtsfahrten sind sowieso immer ein Highlight, die Stimmung im Bus ist blendend, es wird getanzt und gesungen. Und manchmal geht es für die Fans ganz schön ans Limit. Zum Champions-League-Qualifikationsspiel in Brüssel etwa fuhr man morgens um fünf Uhr los, noch etwas Stadtbummel, dann abends das Spiel, um elf Uhr abends Rückfahrt. »Ich habe den Fahrer gebeten, mich bei der letzten Raststätte vor Potsdam zu wecken, damit ich mich noch frisch machen konnte. Denn es ging gleich weiter zur Arbeit.« Dagmar und Mario Koebe organisieren auch die Deko, das Banner »Da wo ihr spielt, sind wir«, die Fahnen, die Cheerleader-Puschel. »Wenn wir zum Spiel losfahren, dann sehen wir so aus, als wollten wir auswandern.« Die Fans der Turbine sehen nicht nur fetzig aus, sie sind auch sehr deutlich zu hören. Mit sechs Trommeln sorgen die Fans bei den Heimspielen für Stimmung und den richtigen Rhythmus. »Eurosport wollte sogar einmal die Übertragung abbrechen, weil wir so laut waren.«

Manchmal begleiten die Koebes und ihre Fankollegen ihr Team bei einer Niederlage – oder auch durch eine längere Schieflage. Gerade jetzt erst, in der Saison 2013/14: Am vorletzten Spieltag fuhr man nach Frankfurt, um sich dort drei Punkte für einen Platz in der Champions League zu sichern. Das Spiel war hochklassig und spannend, aber am Ende reichte es nicht für die Potsdamerinnen und man verlor 2:1. Die Turbine-Fans steckten den Tiefschlag weg und zeigten ihrer Mannschaft ihre Treue. »Wahre Liebe braucht keine Titel« verkündeten die Plakate, die sie am letzten Spieltag im Stadion verteilten.

Gespielt hat Dagmar Koebe auch selbst einmal auf einem Fanturnier. In den letzten drei Minuten des letzten Spiels das große Pech: Kreuzbandriss ohne Fremdeinwirkung, klassisch im Rasen hängen geblieben. »Da hat's mir dann doch erst mal gereicht mit dem Fußballspielen.« Trommeln ist auch etwas ungefährlicher.

107. GRUND

Weil die Fans in Duisburg versuchten, ihren Verein zu retten

»Tradition hält zusammen« steht auf dem Fanschal, auf dem sich der FCR Duisburg und der MSV Duisburg symbolisch die Hand geben. Anfang 2013 ging es dem Topclub FCR finanziell richtig mies, Gehälter konnten nicht gezahlt werden und man musste schließlich Insolvenz anmelden. Die Spielberechtigung für die 1. Liga stand auf dem Spiel. Vier Jahre zuvor hatte man noch vor einer sensationellen Kulisse von 28.112 Zuschauenden in der MSV-Arena den Europapokal gewonnen.

Lautstark immer mit dabei: die FCR Fanatics 2001. Hartgesottene treue Fans, die kompromisslos und bei jedem Wetter für die Mädels am Spielfeldrand standen. Natürlich auch in dieser letzten herzzerreißenden Saison 2013/14. Besonders im November 2013 ging es hoch her, die Meldungen über die Auflösung des FCR überschlugen sich und das Team reiste am neunten Spieltag zum Auswärtsspiel nach München. Bis dahin hatte man gerade mal vier Punkte auf dem Konto und verständlicherweise nicht die allerbeste Laune. 20 fanatische FCR Fanatics reisten natürlich trotz allem mit, machten Radau, als wären sie 200, und verhalfen den Duisburgerinnen zu einem 1:0-Sieg.

Überhaupt wichen die Fans des FCR nicht mal in den düstersten Stunden von ihrem Verein. Ganz im Gegenteil – man kam, um zu helfen, zu mobilisieren, packte mit an und versuchte, einen Stein ins Rollen zu bringen. Es ist dieser großen Liebe und Motivation zu verdanken, dass der Fußballclub überhaupt die Saison 2012/13 noch zu Ende spielen konnte. In Anlehnung an die große Retter-Kampagne des FC St. Pauli 2003 druckte der FCR in Kooperation mit dem MSV Duisburg »Löwinnen-Retter«-T-Shirts und -Schals. Die Fans schmissen sich ins neue Outfit und bolzten beim »Löwinnen-Retter-Cup: Das Turnier für die ganze Familie!« gegen andere Fanclubs, unter anderem auch gegen ein Team vom Fanclub des 1. FFC Frankfurt, die mit dem Motto »Einer für alle; alle für den FCR« antraten. Am Ende brachte die ganze lokale Retter-Aktion 200.000 Taler ein. Über einen Spendenaufruf im lokalen Wochenblatt *stadt-panorama* konnte man noch mal 60.000 Euro zusammenkratzen und so zumindest die Katastrophe abwenden.

Im Januar 2014 war dann aber trotzdem Schluss und aus dem FCR 2001 Duisburg wurde die Frauenabteilung des MSV Duisburg. Aus den Löwinnen wurden Zebras, aus grün-weiß wurde blau-weiß und die Fans mussten sich den Kleiderschrank umsortieren. Und so bekam auch der Fanclub einen neuen Namen. Seit 2014 wird als »MSV Zebrinas 2014« getrommelt, zusammen mit den Fans vom Fanclub »Chaoten Zebras«. Und Zebras können ja wohl mal mindestens genauso laut brüllen wie Löwen!

108. GRUND

Weil wenn Sie unsere Frauen nicht atemberaubend finden, dann haben Sie was mit den Bronchien

Wer sagt eigentlich, die Fans beim Frauenfußball wären entweder vor sich hin murmelnde Rentner oder hochfrequent fiepsende

Mädchen? Unter den Enthusiasmierten tummelt sich alles, was Fußball liebt und begehrt. Das Einzige, was fehlt, sind die Hools, und seien wir mal ehrlich, die vermissen wir auch nicht. Frauenfußballfans sind voll dabei, machen gute Stimmung, sehen gut aus und haben Humor. Das bewiesen sie vor allem bei der WM 2011. Mit einem großen Plakat analysierte man zunächst den gesundheitlichen Status anderer Fans: »Wenn Sie unsere Frauen nicht atemberaubend finden, dann haben Sie was mit den Bronchien.« An anderer Stelle präsentierte sich ein wortwitziger Heiratsantrag an die US-Torhüterin Hope Solo: »Marry me, Hope, I'm Solo« wurde gedichtet. Hope Solo war während des Turniers erste Anwärterin für Anträge. Ein anderer versuchte dem Kollegen aus *Star Wars* den Schneid abzukaufen: »Forget Han, make me Mr Solo.« Der Klassiker natürlich: »All you need is Hope!« – das passte sowohl zum US-Team als auch zu den Engländerinnen mit Trainerin Hope Powell. Eine andere machte auf ihre Marta-Sympathie aufmerksam: »I'm a Marta Maniac.«

Auch auf Vereinsebene sind die Fans kreativ. Die Saarbrücker reagierten auf die Lärmbelästigungsklage der Nachbarn mit einem Transparent: »Laut und stolz seit 1903, was juckt uns Nachbars Nörgelei?!?« Als der USV Jena im Halbfinale des DFB-Pokals gegen Essen-Schönebeck spielte, da hängten die Fans folgenden Spruch an den Zaun: »Hunger aufs Finale? Da kommt Essen gerade recht!« Ziemlich kreativ waren auch die Fans von Portland Thorns, die 2013 ein riesiges Banner aufhängten, auf dem die Spielerinnen als Comic-Superheldinnen zu sehen waren, betitelt mit »You are SUPER, you are our HEROES«. Den Tag Arbeit war es auf jeden Fall wert!

109. GRUND

Denn ich habe Männerfußball immer sehr geliebt und dennoch gehe ich fast nie mehr hin

Das ist ein Wandel, der mich selbst befremdet. Was ist geschehen? Wann ist es geschehen? Habe ich mich verändert? Oder der Männerfußball? Liebe ich ihn nicht mehr, oder liebe ich ihn zu sehr?[324]

Die Frage stellen wir uns doch alle ein ums andere Mal. Schließlich sind wir notgedrungen mit einer Liebe zum Männerfußball aufgewachsen. Wir mussten uns zwischen dem HSV und St. Pauli entscheiden. Wir mussten mit ansehen, wie der FC Bayern das magische Dreieck zerstörte und jahrelang den halben KSC wegkaufte. Wir mussten Panini-Sticker kaufen und tauschen, wollten wir nicht im sozialen Abseits versauern. Und ja, wir haben es geliebt. Echte Alternativen gab's ja aber auch nicht. Frauenfußball war in unserer unmittelbaren Umgebung nicht vorgesehen. Damals jedenfalls noch nicht, damals, als die Spieler sich noch trauten, in superknappen Sporthosen und mit wilden Trikotfarben aufzulaufen. Mittlerweile ist viel passiert, das Golden Goal wurde wieder abgeschafft, die Torlinientechnologie (fünfmal ganz schnell hintereinander sagen!) eingeführt. Lieben wir ihn nicht mehr, den Männerfußball, oder lieben wir ihn zu sehr? Natürlich lieben wir vor allem Frauenfußball. Eigentlich immer schon, aber seit einem guten Jahrzehnt auch selbstbewusst und mit Live-Bildern im TV. Und wir gehen auch viel lieber und öfter hin. Das, was uns im Männerfußball fehlt, das gibt es dort, nämlich Bodenständigkeit. Auf das ganze Gehoole, gemischt mit dem Eventfantum und den Prinzipien-Bierduschen, darauf können wir recht gut verzichten – zugunsten eines hochklassigen Spiels auf direkter Augenhöhe, wo unter den Fans ernsthaft gefachsimpelt wird. Männerfußball ist, was das angeht, wirklich *so last year*.

Einerseits lieben wir Männerfußball also nicht mehr so doll. Er hat sich verändert. Er langweilt uns. Die ganzen Starschnitte über die dollen Individualisten interessieren uns nicht mehr. Und taktisches Neutralisieren auch nicht. Andererseits lieben wir ihn zu sehr. Wir sind mit ihm aufgewachsen und vermissen jetzt etwas. Etwas, was uns wichtig war. Und letzten Endes haben auch wir uns natürlich verändert. Das ist manchmal hart, aber auch sinnvoll und gut. Frauenfußball ist hier und da an die Stelle des Männerfußballs getreten, weil es endlich geht. Den lieben wir jetzt sehr und wir gehen oft hin. Und hoffen, dass das noch eine Weile so bleibt.

110. GRUND

Weil »Lasst die Fans gewahren, dass ihr arbeitet und nicht zaubert, Freundinnen«

»Für mich ist Frauenfußball das allergrößte Rätsel. Dass so viele Frauen diesen steinigen Weg gehen … Es gibt kein Geld, keine Trainer, keinen Platz, akzeptiert ist man auch nicht, und trotzdem schreien alle: Mein Gott, ist Fußball schön!«[325] Fußball ist kein Spektakel. Es geht nicht darum, ein Star zu werden oder ein reicher Pinkel. Es geht darum, seinen Job zu machen – und weil viele den so gerne machen, sieht es manchmal so aus, als würden sie schweben. Wir sind aber nicht im Zirkus und auch nicht in Hollywood, das ist hier kein Karnevalsverein und wir sind nicht im Urlaub – nein, lasst die Fans gewahren, dass ihr arbeitet und nicht zaubert, Freundinnen![326]

Wenn jemand seinen Beruf sehr gerne macht, kann das eine magische Wirkung haben – vor allem, wenn er oder sie dann noch einen Job macht, der kollektive Sehnsüchte weckt. Astronautinnen, Schauspieler, Geheimagentinnen und Nationaltorhüter stellen wir uns nicht unbedingt in ihrer Mittagspause vor, wie sie in der Kantine ihre Linsensuppe auf den Tisch knallen und sagen: »Und, Birgit, wie lang hast du noch bis zur Pension?« Es gibt kein lebendiges Bild von ihrem Arbeitsalltag – im Wesentlichen erleben wir sie dann, wenn sie vor Publikum einen Preis gewinnen oder zumindest sensationell verlieren. Was die Linsensuppenanekdote angeht, ist das kein großer Verlust. Aber wir verpassen eben auch, wie das Magische im Alltag dieser speziellen Arbeiter_innen, die Mondlandung, der große Coup oder eben das Tor des Monats, wundersamerweise aus stinknormaler Arbeit entsteht. Beim Frauenfußball ist die Sache noch etwas komplizierter: Kickerinnen haben zwar den Zauberinnen-Bonus, der ihr Handeln leicht und mühelos erscheinen lässt, sie haben aber nicht die entsprechenden Privilegien. Und wenn wir schon mal dabei sind: Nicht nur Fußballerinnen müssen ihre Koffer und manchmal ihre Reisekosten selber tragen. In den Berufen, die Flügel verleihen, lebt nur ein Bruchteil der Berufstätigen unter richtig fetzigen High-Society-Bedingungen, alle anderen kämpfen nach Feierabend glanzlos mit ihrer Waschmaschine, verzweifeln in der Drehpause an ihrer Steuererklärung und kommen manchmal direkt vom Kundentermin ihres Zweitberufs an den Ort des Geschehens. »Wir haben eine Spielerin, die fährt 130 Kilometer zum Training und 130 Kilometer wieder zurück. Die steht morgens um sechs Uhr auf, geht ins Büro und hat um halb fünf Feierabend. Setzt sich in den Berufsverkehr, fährt hierher, trainiert anderthalb Stunden, duscht, trinkt noch was und ist dann irgendwann um elf, halb zwölf wieder zu Hause.«[327]

Fälschlicherweise gehen viele davon aus, dass Menschen, die ihre Arbeit gerne und freiwillig tun, dafür nicht auch noch Geld kriegen müssen. Das ist nicht richtig. Wer in seiner Lebensqualität durch einen besonders traurigen Job beeinträchtigt wird, sollte vielleicht mit Geld ein Stück weit entschädigt werden. Umgekehrt muss aber die Freude am Beruf nicht vom Lohn abgezogen werden! Geld stinkt nicht, hatten wir das schon erwähnt? Wer sich dennoch von seinem übermäßigen Vermögen bedrängt fühlt, kann bei uns oder einem beliebigen Frauenfußballverein als Mäzen vorsprechen, wir helfen weiter. Es gibt Männer, die hätten die WM 2014 nicht vom

Knast aus verfolgt, hätten sie ihr überschüssiges Geld der Duisburger Mädchenjugend gespendet.

Aber mal ganz abgesehen von hinderlichen, ja manchmal prekären Bedingungen: Auch in einer vergleichsweise komfortablen Fußballerinnenanstellung – zum Beispiel beim Werksverein Wolfsburg oder bei günstiger Sponsorenlage – ist Fußballspielen nicht nur Glanz und Zauberei, sondern eine ziemlich weltliche Veranstaltung. Die Basis bilden Kraft- und Konditionstraining, Strategieeinheiten und das ständige Feilen an den Standards. Derselbe Pass wird zum hunderttausendsten Mal gespielt. Die Flanke wird bis zur absoluten Verinnerlichung geschlagen. Das ist kein Spiel, sondern harte Arbeit, da kann man den roten Teppich getrost einrollen und schon mal ein bisschen mit dem Schwitzen anfangen. Es wird also geschwitzt und sich konzentriert, die Waden kriegen Krämpfe und lösen sie wieder. Der Kopfball ist kein Wunder, sondern oft ein bisschen schmerzhaft, und aus dem Zweikampf komme ich mit schneller Beinarbeit und zur Not mit körperlichem Nachdruck heraus, niemals aber mit Zauberei.

Die gute Nachricht: Zur Belohnung gibt's nicht nur ein gutes Foto und Oooh und Aaaah, sondern persönliche Fortschritte, tolle körperliche *skills* und manchmal ein Tor. Für uns als Fans bedeutet das: Wenn wir die Arbeit sehen, die dort verrichtet wird, sehen wir, was wirklich geschieht. Warum aber sollten wir das sehen wollen? Wollen wir wirklich auf das Spektakel verzichten? Auf keinen Fall – aber eben deshalb müssen wir der Arbeit huldigen und fachsimpeln über die Technik: Weil der wahre Zauber des Spektakels erst entsteht, wenn wir wissen, wie's gemacht wird und es trotzdem nicht fassen können, wenn wir die Tricks der Zauberin bis ins Detail studiert haben und dennoch glauben können, dass sie schwebt.

111. GRUND

Weil wir uns vorstellen, es ist Frauenfußball und alle gehen hin

In seinen Anfängen war Frauenfußball für die Mehrheit der Bevölkerung nichts Geringeres als der kulturelle Niedergang. Man befürchtete, die Frauen könnten zu Mannsweibern mutieren und die Männer vor Hunger ganz schwach werden, weil die Frauen nicht kochten, sondern kickten, und schließlich würden sie vor Hunger und Langeweile sterben, weil sie sich, allein gelassen von ihren fußballwütigen Frauen, den Schrott zu allem Überfluss auch noch im TV ansehen müssten. Die Öffentlich-Rechtlichen, diese Wimpelchen, würden einknicken und aufspringen, alles wäre voll mit Frauenfußball-Bundesliga und nicht einmal im heimischen Fernsehsessel wäre man sicher vor den ballbewaffneten Berserkerinnen.

Nichts davon ist geschehen, nicht einmal das mit den Öffentlich-Rechtlichen. Diese Wimpelchen. Und doch ist sehr viel passiert: Wir kochen nicht, wir kicken, und wir haben Torwart-, Co- und Cheftrainer_innen, wir spielen mit Kopftuch und ohne und mit all unseren lesbischen Freundinnen, wir tragen wahnsinnig elegante Frisuren oder haben uns eben noch kurz selbst die Haare geschnitten, weil es nervte (ohne Spiegel). Für alle, die es verpasst haben: Frauenfußball hat in seiner vergleichsweise winzig kurzen Geschichte das Feld von hinten aufgerollt, da wird geklotzt und nicht gekleckert, und was im Männerfußball von der Gründerzeit bis heute gebraucht hat, da düsen wir in zwei Wochen durch. Oh ja, jetzt ist ein guter Moment, um ein bisschen Angst zu kriegen vor uns, denn jetzt geht's erst richtig los. Mit Seitfallziehern und Dribblingzauber, mit La-Ola-Wellen und Hotdogorgien. Kein Ball, kein Platz, kein Stadion ist sicher vor uns, ab morgen werden die Profis bezahlt wie Profis und die Amateure, ach, denen geht's jedenfalls auch irgendwie saugut. Der Nachwuchs blockiert nicht mehr die Plätze mit Ballverfolgung im Rudel, sondern kriegt eine solche Wahnsinnsausbildung, dass Messi Angst vor der C-Jugend kriegt. Manchmal kommen die Jungs vorbei, um sich Tipps abzuholen, und zu denen ist man dann schon auch nett. Aber manchmal denken wir an Wim Thoelke und Sepp Blatter und 1955 und das Verbot und dann foulen wir einen und sagen: »Tut mir total leid, war taktisch.«

Und die Trainerin gibt uns hinterher einen druff und sagt: »Mensch, das hast du doch gar nicht mehr nötig. Wir wollen hier keine mit Rot auf der Bank sitzen haben, wenn wir nächste Woche ein ausverkauftes Heimspiel haben.« Und dann gucken wir zur Entspannung ein bisschen Männerfußball auf Eurosport Drei und finden, dass die Frauenfußball-Champions-League zu viele Sendeplätze einnimmt, weil wir uns seit unserer heftigen Gehaltsaufstockung so gerne Naturdokus angucken, zur Inspiration für unsere Fernreisen. Und samstags ist Spektakel im Stadion, ohne Prügel, aber schon mit Pyro, und wir haben die bunteste Rakete, und damit schießen wir. Laut.

Bibliografie

Bücher und Artikel

Mein Leben für den Fußball. Hg. von den Fußballspielerinnen des USV Jena e.V. anlässlich des 70. Geburtstages von Hugo Weschenfelder, Selbstverlag, 2002.

Azzellini, Dario / Thimmel, Stefan (Hg.): *Futbolistas: Fußball und Lateinamerika: Hoffnungen, Helden, Politik und Kommerz*. Assoziation A, 2006.

Bartusiak, Saskia: *Die Entwicklung von sozioökonomischen Bedingungen im deutschen Frauenfußball am Beispiel von Nationalspielerinnen in der Zeit von 1997 – 2009*. Magisterarbeit Universität Frankfurt am Main, 2009.

Bauer, Snejanka / Zacharuk, Richard (Hg.): *Pionierinnen des deutschen Frauenfußballs*. Legat-Verlag, 2011.

Bausenwein, Christoph: *Das große Buch vom Frauenfußball*. Die Werkstatt, 2013.

Brändle, Fabian / Koller, Christian: *Goal! Kultur- und Sozialgeschichte des modernen Fußballs*. Orell Füssli Verlag, 2002.

Buss, Wolfgang (Hg.): *SportZeiten, Geschichte der Frauenfußball-Weltmeisterschaften*. Die Werkstatt, 2011.

Chastain, Brandi: *It's Not About the Bra: Play Hard, Play Fair, and Put the Fun Back Into Competitive Sports*. William Morrow, 2004.

Deutscher Olympischer Sportbund: *Faktor Sport*, 1/11.

Dorer, Johanna: »Mediensport und Geschlecht«, in: *medienimpulse*, Nr. 62/2007.

Fechtig, Beate: *Frauen und Fußball*. Edition Ebersbach, 1995.

Galczynski, Ronny: *Frauenfußball von A – Z. Das Lexikon für den deutschen Frauenfußball. Spielerinnen, Vereine und Rekorde. Viele Hintergrundgeschichten*. humboldt / Schluetersche, 2010.

Gundel, Okka: *Elf Freundinnen müsst ihr sein: Warum Frauenfußball begeistert*. Knaur, 2011.

Jones, Steffi: *Der Kick des Lebens: Wie ich den Weg nach oben schaffte*. Fischer Taschenbuch, 2007.

Kieffer, Stefan: *Der Fußball wird weiblich: Die Geschichte des Frauenfußballs in Rheinland-Pfalz*. Höma-Verlag, 2011.

Klasen, Birgit / Klasen, Heiko: *Elf Freundinnen. Die Turbinen aus Potsdam.* Das neue Berlin, 2005.

Meuren, Daniel / Hennies, Rainer: *Frauenfußball: Der lange Weg zur Anerkennung.* Die Werkstatt, 2009.

Nabwire, Doreen / Ostwald, Herbert: *Traumpass.* VGS Verlag, 2011.

Nendza, Jürgen / Hoffmann, Edward: *Verlacht, verboten und gefeiert. Zur Geschichte des Frauenfußballs in Europa.* Weilerswist: Landpresse, 2005.

Pauli. Offizielle Stadionzeitung des FC St.Pauli von 1910 e.V., Ausgabe Nr. 6, April 2001.

Ratzeburg, Hannelore / Biese, Horst: *Frauen-Fußball-Meisterschaften.* Agon, 1995.

Saavedra, Martha: »Football Feminine – Developement of the African Game: Senegal, Nigeria and South Africa«, in: Hong, Fan (Hg.): *Women, Soccer and Sexual Liberation.* Routledge/Curzon, 2003.

Schaaf, Daniela / Nieland, Jörg-Uwe: »Der Widerspenstigen Zähmung. Zur Sexualisierung des Frauenfußballs«, in: *DAS ARGUMENT*, 290/2011.

Schaaf, Daniela: »›Lieber Barbie als Lesbe?‹ Dispositionen von Sportjournalisten und Sponsoren zum heteronormativen Körperideal im Frauenfußball«, in: Sobiech, Gabriele / Ochsner, Andrea (Hg.): *Spielen Frauen ein anderes Spiel? Geschichte, Organisation, Repräsentationen und kulturelle Praxen im Frauenfußball.* VS Verlag für Sozialwissenschaften, 2012.

Schock, Harald / Hinkel, Christian: *Ein Jahrhundert FSV Frankfurt.* Agon Sportverlag, 1999.

Schöndorfer, Simone: »Darstellungsarten von Sportlerinnen in deutschen Tageszeitungen. Eine Untersuchung zur Frauenfußball-Weltmeisterschaft 2011«, in: *kommunikation.medien*, 3. Ausgabe, 2014.

Simon, Sven: *Frauen-Fussball-Weltmeisterschaft Deutschland 2011.* Stiebner Verlag, 2011.

Staab, Monika / Hochgesand, Dieter: *Früchte des Traums: wie die Frauen den Fußball eroberten.* Röschen-Verlag, 2011.

Walther-Ahrens, Tanja: *Seitenwechsel: Coming-Out im Fußball.* Gütersloher Verlagshaus, 2011.

Zeyringer, Klaus: *Fußball, eine Kulturgeschichte.* S. Fischer, 2014.

Zwanziger, Theo / Kieffer, Stefan: *Die Zwanziger Jahre.* Bloomsbury Berlin, 2012.

Zeitungen

FF-Magazin, Die Elf, Dieda, L-Mag, 11 Freundinnen, 11 Freunde, Die Zeit, ZEIT-magazin, Spiegel, taz, Frankfurter Rundschau, Hamburger Abendblatt, Kicker Sportmagazin, Süddeutsche Zeitung, Sport Bild, Die Fußballwoche, women's soccer – Das Frauenfußball-Magazin, Sports Illustrated

Filme und TV-Sendungen

ARD/SWR: *Auf Los Geht's Los*, Fernsehshow, Deutschland, Folge 12 vom 27.05.78.

Becker, Britta: *Die besten Frauen der Welt*. Dokumentarfilm, Deutschland, 2008.

Cho, Sung-Hyung: *11 Freundinnen. Sie wollen nicht nur spielen*. Dokumentarfilm, Deutschland, 2013.

Harzer, Erika: *Adelante Muchachas!* Dokumentarfilm, Tegucigalpa/Berlin, 2004.

Loriot: *Pappa ante Portas*. Spielfilm, Deutschland, 1991.

Najafi, Ayat / Assmann, David: *Football Under Cover*. Dokumentarfilm, Deutschland, 2008.

Frauen am Ball. DEFA-Dokumentation, DDR, 1988. (www.dailymotion.com/video/xxzp6g_defa-doku-1988-frauen-am-ball-ddr-frauenfussball-turbine-potsdam_sport)

Internetseiten

spielfeldschnitte.de, f-in.org, maedchenmannschaft.net, aktion-libero.de, queer-footballfanclubs.org, womensoccer.de, framba.de, ff-forum.net, fansoccer.de, discoverfootball.de, goalsforgirlsthemovie.org, turbinefans.de, aktive-fans.de, queer.de, 11freunde.de, jensweinreich.de, spartacus-educational.com, donmouth.co.uk, mysakenya.org, streetfootballworld.org, emma.de, dfb.de, munzinger.de, sueddeutsche.de, berliner-zeitung.de, focus.de, argifutbol.wordpress.com, spiegel.de, thueringer-allgemeine.de, stern.de, nyaryum.de, zeit.de, tagesspiegel.de, spox.com, welt.de, wdr.de, wikipedia.de, flankengoetter.com, faz.de, faz.net, taz.de, ingenieur.de, adidas.com, galerie-des-sports.de, fussballzitate.de, teamnorden.de, derstandard.at, pnn.de, blick.ch, badische-zeitung.de, polizei-studium.de, wn.de, vice.com, youtube.com, dailymotion.com, twitter.com, facebook.com, fifa.com, rhein-zeitung.de, reviersport.de, mattel.de, karl-valentin.de, sportschau.de, archive.today, waldportal.org, performance.psychologie.de, songtextemania.com, golyr.de, fc45.de, kult-kicker.de, bild.de, rp-online.de, torgeflüster.de, bpb.de, strassenauszucker.blogsport.de

Anmerkungen

1 »Fußballsprüche und Fußballzitate – TEAM NORDEN«, www.teamnorden.de/tl_files/download/WM_Frauen_Zitate.pdf (Stand: 31. Juli 2014)

2 Im Original heißt es: »Kunst ist schön, macht aber viel Arbeit.« Vgl.: www.karlvalentin.de/zitate/zitate.htm (Stand: 31. Juli 2014)

3 Aphorismus von Oscar Wilde: www.aphorismen.de/zitat/2221 (Stand: 31. Juli 2014)

4 Die vorhergegangen Zitate von: www.fussballzitate.de/ (Stand: 31. Juli 2014)

5 www.sportkomplott.de/sprueche-zitate-von-otto-rehhagel (Stand: 31. Juli 2014)

6 »Nur Fußball zu spielen ist mir zu langweilig«, www.bpb.de/gesellschaft/sport/fussball-wm-2006/73602/interview-birgit-prinz

7 Bartusiak, Saskia: *Die Entwicklung von sozioökonomischen Bedingungen im deutschen Frauenfußball am Beispiel von Nationalspielerinnen in der Zeit von 1997 – 2009.* Magisterarbeit Universität Frankfurt am Main, 2009, S. 49.

8 Steffens, Kristina: »Vom Fußball kriegst du dicke Beine«, 22. Juni 2011, www.reviersport.de/159794---frauen-viele-wollten-nur-brueste-sehen.html (Stand: 31. Juli 2014)

9 Küppers, Kirsten: »Als Lore den DFB besiegte«, 21.05.2011, www.taz.de/1/archiv/digitaz/artikel/?ressort=hi&dig=2011%2F05%2F21%2Fa0030&cHash=627096dfbbdd13a64e05b2baad82533c (Stand: 31. Juli 2014)

10 Hoffmann, Eduard / Nendza, Jürgen: *Verlacht, verboten und gefeiert. Zur Geschichte des Frauenfußballs in Europa.* Weilerswist: Landpresse, 2005, S.20.

11 Ebd.

12 Hellmann, Frank: »Die mutige Pionierin«, www.fr-online.de/frauen-fussball-wm-2011/historie-des-frauenfussballs-die-mutige-pionierin,8487620,8511126.html (Stand: 31. Juli 2014)

13 Ebd.

14 »Lily Parr«, www.girlsfootballne.com/1lilly-parr.php (Stand: 31. Juli 2014)

15 Peco Bauwens: de.wikipedia.org/wiki/Peco_Bauwens (Stand: 31. Juli 2014)

16 Homepage des DFB: www.dfb.de/index.php?id=501451 (Stand: 31. Juli 2014)

17 Zit. nach Hoffmann, Eduard / Nendza, Jürgen: *Verlacht, verboten und gefeiert. Zur Geschichte des Frauenfußballs in Deutschland.* Landpresse, 2005, S. 28.

18 Ebd., S. 32.

19 Ebd., S. 32.

20 Ebd., S. 32.

21 Originalzitat von Spartacus Educational: »Nettie Honeyball«, www.spartacus.schoolnet.co.uk/Fhoneyball.htm (Stand: 31. Juli 2014)

22 Brennan, Patrick: »The British Ladies' Football Club«, www.donmouth.co.uk/womens_football/blfc.html (31. Juli 2014)

23 Gundel, Okka: *Elf Freundinnen müsst ihr sein: Warum Frauenfußball begeistert.* Knaur, 2011, S. 19.

24 Ebd., S. 35.

25 *Hamburger Abendblatt* vom 21.10.1995.

26 Wetzner, Uwe, in: *Pauli, offizielle Stadionzeitung des FC St.Pauli von 1910 e.V.*, Ausgabe Nr. 6 von April 2001, S. 6 und 7.

27 Vgl.: Decker, Kerstin: »Das wollen wir auch!«, 20.06.2011, www.tagesspiegel.de/sport/pioniertaten-

im-frauenfussball-das-wollen-wir-auch/4301104.html (Stand: 31. Juli 2014)
28 Bartusiak, Saskia: *Die Entwicklung von sozioökonomischen Bedingungen im deutschen Frauenfußball am Beispiel von Nationalspielerinnen in der Zeit von 1997 – 2009.* Magisterarbeit Universität Frankfurt am Main, 2009, S. 49.
29 Ebd., S. 49.
30 Azzellini, Dario / Thimmel, Stefan (Hg.): *Futbolistas: Fußball und Lateinamerika: Hoffnungen, Helden, Politik und Kommerz.* Assoziation A, 2006, S. 76.
31 Ebd., S. 77.
32 Pfister, Gertrud (Hg.): »Frau und Sport«, zit. nach Nendza, Jürgen: *Verlacht, verboten und gefeiert. Zur Geschichte des Frauenfußballs in Europa.* Weilerswist, Landpresse, 2005, S. 12.
33 Westmann, Stephan: »1930«, zit. nach Nendza, Jürgen: *Verlacht, verboten und gefeiert. Zur Geschichte des Frauenfußballs in Europa.* Weilerswist, Landpresse, 2005, S. 16.
34 Nationalsozialistischer Reichsbund für Leibesübungen, Fußball-Pressedienst, 1936, zit. nach Hoffmann, Eduard / Nendza, Jürgen: *Verlacht, verboten und gefeiert. Zur Geschichte des Frauenfußballs in Europa.* Landpresse, 2005, S. 24.
35 »Rangers erhält die Medaille«, www.sportschau.de/tdm/archiv/chronik70er/juni75tdm100.html (Stand: 31. Juli 2014)
36 Bardow, Dominik: »Schau dir das Negerlein an«, 13.07.2011, www.tagesspiegel.de/sport/fussballerin-beverly-ranger-schau-dir-das-negerlein-an/4390886.html (Stand: 31. Juli 2014)
37 Ebd.
38 *FF-Magazin*, 7/8/2008, S. 32.
39 Jones, Steffi: *Der Kick des Lebens: Wie ich den Weg nach oben schaffte.* Fischer Taschenbuch, 2007.
40 Steinbichler, Kathrin: »Steffi Jones: Die Fußball-Kaiserin«, 1. April 2011, www.emma.de/artikel/steffi-jones-die-fussball-kaiserin-265465 (Stand: 31. Juli 2014)
41 Munzinger Archiv: Steffi Jones.
42 Ebd.
43 Walther-Ahrens, Tanja: *Seitenwechsel: Coming-Out im Fußball.* Gütersloher Verlagshaus, 2011.
44 Stand: Juni 2011.
45 www.fussballzitate.de (Stand: 31. Juli 2014)
46 www.sportwissenschaften.info/dbquotations/p-1-b-1-t-Eike%20Immel-c-and-o-.html (Stand: 31. Juli 2014)
47 Bartusiak, Saskia: *Die Entwicklung von sozioökonomischen Bedingungen im deutschen Frauenfußball am Beispiel von Nationalspielerinnen in der Zeit von 1997 – 2009.* Magisterarbeit Universität Frankfurt am Main, 2009, S. 81.
48 Küppers, Kirsten: »Als Lore den DFB besiegte«, 21.05.2011, www.taz.de/1/archiv/digitaz/artikel/?ressort=hi&dig=2011%2F05%2F21%2Fa0030&cHash=627096dfbbdd13a64e05b2baad82533c (Stand: 31. Juli 2014)
49 Fechtig, Beate: *Frauen und Fußball.* Edition Ebersbach, 1995, S. 53.
50 Bauer, Snejanka / Zacharuk, Richard (Hg.): *Pionierinnen des deutschen Frauenfußballs.* Legat-Verlag 2011, S. 23.
51 Ebd., S. 32.
52 Ebd., S. 41.
53 Laak, Ellis: »Dem Ball ist egal, wer ihn tritt – Fußball und Rassismus«, archiv.aktive-fans.de/01a9d793ed0d8ca08/01a9d793ed0d8dd0b/501460979407ea209.html (Stand: 31. Juli 2014)

54 »Ausstellung ›Tatort-Stadion‹ online«, archiv.aktive-fans.de/01a9d793ed0d8ca08/01a9d793ed0d8dd0b/501460974d0150054/index.html (Stand: 31. Juli 2014)

55 »FIFA gegen Rassismus: Die Meilensteine eines Jahrzehnts«, 2. März 2011, de.fifa.com/aboutfifa/socialresponsibility/news/newsid=1386143/ (Stand: 31. Juli 2014)

56 22. Juni 2011, sz.de/1.1107006 (Stand: 31. Juli 2014)

57 Wernecke, Rosa / Zimmermann, Mayte: »Rudi Völlers verbales Foul«, 2. Mai 2011, spielfeldschnitte.blogspot.de/2011/05/platzverweis-rudi-vollers-verbales-foul.html (Stand: 31. Juli 2014)

58 www.ff-forum.net/board/thread.php?threadid=41071 (Stand: 1. August 2014)

59 Rüttenauer, Andreas: »Schluss mit dem Vorspiel!«, 29.05.2007, www.taz.de/1/archiv/archiv/?dig=2007/05/29/a0204 (Stand: 31. Juli 2014)

60 Kirschneck, Jens: »Müssen Torhüterinnen eine Macke haben?«, in: *11 Freundinnen*, #05/2010, S. 34.

61 Ebd.

62 Bolz, Mathias, zit. nach Kittmann, Matthias: »Der Bessermacher«, in: *11 Freundinnen*, #01/2009, S.31.

63 »Leah: ›Sprünge‹ des Lebens«, archive.today/a3JR (Stand: 31. Juli 2014)

64 www.fussballzitate.com (Stand: 31. Juli 2014)

65 Alle Zitate von: www.fussballzitate.com (Stand: 31. Juli 2014)

66 Hennies, Rainer: »Heute vor 25 Jahren – DFB-Elf holt ersten EM-Titel«, 2. Juli 2014, www.womensoccer.de/2014/07/02/heute-vor-25-jahren-dfb-elf-holt-ersten-em-titel/ (31. Juli 2014)

67 Munzinger Archiv: Christina Theune.

68 Ebd.

69 Die Zeit, 48/1996, www.zeit.de/1996/48/So_Gewinnertypen (Stand: 31. Juli 2014)

70 Ebd.

71 Zu sehen in dem Film *Die besten Frauen der Welt*.

72 Die Zeit, 26/2011, S. 19, www.zeit.de/2011/26/WM-Interview-Bundestrainerin (Stand: 31. Juli 2014)

73 Nachzulesen auf der FIFA-Homepage: de.fifa.com/mm/document/footballdevelopment/refereeing/81/42/36/log2013de_german.pdf (Stand: 31. Juli 2014)

74 Ramge, Thomas: »Das Elend der Perfektion«, www.zeit.de/2010/15/Interview-Gumbrecht-Kreativitaet-Fussball (Stand: 31. Juli 2014)

75 Wernecke, Rosa / Zimmermann, Mayte: »Hans Ulrich Gumbrecht über Kreativität im Frauenfußball«, spielfeldschnitte.blogspot.de/2010/04/im-abseits-hans-ulrich-gumbrecht-uber.html (Stand: 31. Juli 2014)

76 Ebd.

77 Leffers, Jochen: »Und was machen Sie so beruflich?«, 27.06.2011, www.spiegel.de/karriere/berufsleben/profi-fussballerinnen-und-was-machen-sie-so-beruflich-a-770408-16.html (Stand: 31. Juli 2014)

78 Loriot: *Pappa ante portas*. Spielfilm, Deutschland, 1991.

79 »Fußballsprüche und Fußballzitate – TEAM NORDEN«, www.teamnorden.de/tl_files/download/WM_Frauen_Zitate.pdf (Stand: 31. Juli 2014)

80 Aphorismus von Robert Frost: www.waldportal.org/sprichworte/ (Stand 31. Juli 2014)

81 Im Original heißt es »Birne Helene« statt »Frauenfußball«.

82 »Die besten Fußball-Sprüche«, www.focus.de/sport/fussball/bundesliga1/

klopp-guardiola-sammer-lahm-mueller-die-besten-bundesliga-sprueche-zur-rueckrunde_id_3587750.html (Stand: 31. Juli 2014)
83 *FF-Magazin,* 02/05, S. 39.
84 Linda Bresonik in dem Film *Die besten Frauen der Welt.*
85 www.sueddeutsche.de/sport/sprueche-zum-frauenfussball-ernst-kuzorra-seine-frau-ihr-stadion-1.1107006-6 (Stand: 31. Juli 2014)
86 Thomsen, Claudia: »Widernatürlich männlich oder feministisch?«, 1. Mai 1998, www.emma.de/artikel/widernatuerlich-maennlich-oder-feministisch-316241 (Stand: 31. Juli 2014)
87 Neveling: »›Jabulani‹ – oder warum das ›runde Leder‹ ausgedient hat«, 11.06.2010, www.ingenieur.de/Themen/Produktion/Jabulani-runde-Leder-ausgedient (Stand: 31. Juli 2014)
88 »SPEEDCELL – adidas und die FIFA präsentieren den offiziellen Spielball für die Frauen-WM 2011 in Deutschland«, news.adidas.com/de/Latest-News/SPEEDCELL---adidas-and-FIFA-Present-Official-Match-Ball-for-FIFA-Women-s-World-Cup-2011-in-Germany/s/42ea5612-c95e-4ab2-b849-d67c157e9a91 (Stand: 31. Juli 2014)
89 galerie-des-sports.de/fussball/spielball/em-ball-history/ (Stand: 31. Juli 2014)
90 Klasen, Birgit / Klasen, Heiko: *Elf Freundinnen. Die Turbinen aus Potsdam.* Das neue Berlin, 2005, S. 11.
91 *Frauen am Ball,* DEFA-Doku, 1988, www.dailymotion.com/video/xxzp6g_defa-doku-1988-frauen-am-ball-ddr-frauenfussball-turbine-potsdam_sport (Stand: 31. Juli 2014)
92 Meyer, Michael: »Turbine trennt sich von Vidarsdottir«, 29.05.2012, www.pnn.de/regionalsport/651353/ (Stand: 31. Juli 2014)
93 TEAMNORDEN: »333 Fußball-Zitate, geflügelte Worte, Weisheiten, Versprecher und Kommentare«, www.teamnorden.de/tl_files/download/WM_Frauen_Zitate.pdf (Stand: 31. Juli 2014)
94 Zitat von Veit Mölter, der in der *Münchner Abendzeitung* über das Eröffnungsspiel der deutschen Auswahl schrieb. Brändle, Fabian / Koller, Christian: *Goal! Kultur- und Sozialgeschichte des modernen Fußballs.* Orell Füssli Verlag, 2002, S. 224.
95 »Neuer Verein: SC 2013 Bad Neuenahr gegründet«, 01.10.2013, www.rhein-zeitung.de/sport/regionalsport/lokalsport-bad-neuenahr-ahrweiler_artikel,-Neuer-Verein-SC-2013-Bad-Neuenahr-gegruendet-_arid,1046731.html#.U9aZdqjVwao (Stand: 31. Juli 2014)
96 Munzinger Archiv: Bettina Wiegmann.
97 Ebd.
98 *FAZ,* 10.07.1999, S. 39.
99 Munzinger Archiv: Martina Voss.
100 Alle Zitate von Monika Schmidt stammen aus einem Telefonat.
101 www.dailymotion.com/video/xxzp6g_defa-doku-1988-frauen-am-ball-ddr-frauenfussball-turbine-potsdam_sport (Stand: 31. Juli 2014)
102 Kieffer, Stefan: *Der Fußball wird weiblich: Die Geschichte des Frauenfußballs in Rheinland-Pfalz.* Höma-Verlag, 2011, S. 40.
103 Hellmann, Frank: »Interview mit Bärbel Wohlleben«, 14. Juni 2011, www.fr-online.de/frauen-fussball-wm-2011/interview-zur-fussball-wm--viel-attraktiver-als-maennerfussball-,8487620,8552500.html (Stand: 31. Juli 2014)

104 Kieffer, Stefan: *Der Fußball wird weiblich: Die Geschichte des Frauenfußballs in Rheinland-Pfalz.* Höma-Verlag, 2011, S. 37.
105 Ebd., S. 38.
106 Ebd., S. 40.
107 Ebd., S. 43.
108 Ebd., S. 46.
109 Ebd., S. 46.
110 Ebd., S. 54.
111 twitter.com/hashtag/alsrudelsindwirstark (Stand: 31. Juli 2014)
112 *FF-Magazin*, 02/2005.
113 »SC Frauen: Melanie Behringer wechselt zu Bayern München«, 12.06.08, fudder.de/artikel/2008/06/12/sc-frauen-melanie-behringer-wechselt-zu-bayern-muenchen/ (Stand: 31. Juli 2014)
114 Munzinger Archiv: Melanie Behringer.
115 Wernecke, Rosa / Zimmermann, Mayte: »Als Gratulation zur gewonnenen Meisterschaft wird die zweite Mannschaft des HSV aufgelöst«, 16. Mai 2011, spielfeldschnitte.blogspot.de/2011/05/im-abseits-als-gratulation-zur.html (Stand: 31. Juli 2014)
116 Das Zitat von Claudia von Lanken stammt aus einem E-Mail-Austausch.
117 Dieses Zitat von Verena Bentin und die folgenden von Ivonne Bärthel und Gaby König-Vialkowitsch entstammen alle persönlichen Gesprächen.
118 Kieffer, Stefan: *Der Fußball wird weiblich: Die Geschichte des Frauenfußballs in Rheinland-Pfalz.* Höma-Verlag, 2011, S. 119.
119 Ebd., S. 118.
120 Munzinger Archiv: Heidi Mohr.
121 Ebd.
122 Böhne, Rudi (Hg.): *women's soccer. Das Frauenfußball-Magazin*, Nr. 16/99.
123 Vgl.: Ratzeburg, Hannelore / Biese, Horst: *Frauen-Fußball-Meisterschaften.* Agon, 1995.
124 *Mein Leben für den Fußball.* Herausgegeben von den Fußballspielerinnen des USV Jena e.V. anlässlich des 70. Geburtstages von Hugo Weschenfelder. Selbstverlag, 2002.
125 Ebd.
126 Ebd.
127 Sämtliche nachfolgenden Infos aus: Schock, Harald / Hinkel, Christian: *Ein Jahrhundert FSV Frankfurt.* Agon Sportverlag, 1999.
128 *Kicker*, Nr. 42, 21.5.1990.
129 www.sueddeutsche.de/sport/wutreden-in-der-bundesliga-leere-flaschen-volle-faesser-und-muelleimer-1.1490940-7 (Stand: 31. Juli 2014)
130 Die Zitate von Gaby König-Vialkowitsch entstammen einem persönlichen Gespräch.
131 Vgl.: Bausenwein, Christoph: *Das große Buch vom Frauenfußball.* Die Werkstatt, 2013.
132 *FuWo, Die neue Fußballwoche*, Nr. 9/1986.
133 Juchem, Markus: »Stars der WM-Geschichte: Michelle Akers (1991)«, 7. September 2007, www.womensoccer.de/2007/09/07/stars-der-wm-geschichte-michelle-akers-1991/ (Stand: 31. Juli 2014)
134 Original: Wahl, Grant: »The power to rule«, in: *Sports Illustrated*, Volume 114, No. 26, S. 51.
135 Simon, Sven: *Frauen Fussball Weltmeisterschaft Deutschland 2011.* Stiebner Verlag, 2011, S. 53.
136 Deutscher Olympischer Sportbund: *Faktor Sport*, 1/11, S. 52.
137 Munzinger Archiv: Sun Wen.

138 Vgl.: Buss, Wolfgang (Hg.): *SportZeiten, Geschichte der Frauenfußball-Weltmeisterschaften*. Verlag Die Werkstatt, 2011.

139 Stand: Juli 2014.

140 Oeffentlicher Anzeiger, Meldung zur U-20-WM 2010, in: *11 Freundinnen*, #05/2010, S.10.

141 Linda Bresonik in dem Film *Die besten Frauen der Welt*.

142 »Sundhage: ›Gehe dahin, wo der Fussball ist‹«, 12.09.05, de.fifa.com/aboutfifa/footballdevelopment/women/news/newsid=100078/index.html (Stand: 31. Juli 2014)

143 »WNT Head Coach Pia Sundhage Sings in Frankfurt«, https://www.youtube.com/watch?v=TB10rJJX3dM (Stand: 31. Juli 2014)

144 »Sundhages Appell an die Leidenschaft«, 17.7.08, de.fifa.com/tournaments/archive/womensolympic/beijing2008/news/newsid=826416/index.html

145 »Homophobie im Fußball«, de.wikipedia.org/wiki/Homophobie_im_Fu%C3%9Fball (Stand: 31. Juli 2014)

146 Wernecke, Rosa / Zimmermann, Mayte: »Dominik Müller über Frauenfußball in Ghana«, 21. Juni 2010, spielfeldschnitte.blogspot.de/2010/06/im-abseits-dominik-muller-uber.html (Stand: 31. Juli 2014)

147 Insgesamt sind Frauen in der Sportforschung und -wissenschaft in Afrika extrem unterrepräsentiert. Das ist zwar keine Entschuldigung dafür, dass auch dieses Buch in dieser Hinsicht viele Lücken hat, aber es muss zumindest Erwähnung finden.

148 Saavedra, Martha: »Football Feminine – Developement of the African Game: Senegal, Nigeria and South Africa«, in: Hong, Fan (Hg.): Women, Soccer and Sexual Liberation. Routledge/Curzon, 2003.

149 Original: »I believe when you pay them well and their coaches, things will move. Everybody will put in her best. The Falcons must be given their dues. Treat the girls the same way you treat your Super Eagles, you'd be surprised what they'll do.«

150 Originalzitat aus: »Falcons deserve same treatment as Eagles, says Bola Jegede«, www.thenationonlineng.net/archive2/tblnews_Detail.php?id=2534 (Stand: 31. Juli 2014)

151 Munzinger Archiv: Carolina Morace.

152 »Raising Their Game: Blazing the way in 1991«, youtu.be/83Q4PSuR34c, (Stand: 31. Juli 2014)

153 Christian Bernhard: »Die unangenehme Signora Morace«, 22.03.2011, www.spox.com/de/sport/fussball/frauen-fussball/1103/Artikel/carolina-morace-portraet-italien-fussballerin-legende-birgit-prinz-luciano-gaucci.html (Stand: 31. Juli 2014)

154 Aus: taz, 11.5.95, S. 20.

155 Müksch, Daniel: »Diegos kleine Macho-Welt«, 17.06.2010, www.focus.de/sport/fussball/wm-2010/protagonisten/wm-2010-argentinien-diegos-kleine-macho-welt_aid_520260.html (Stand: 31. Juli 2014)

156 Coco, Viktor: »Diego Maradona, der Sprücheklopfer«, 17. Oktober 2009, argifutbol.wordpress.com/2009/10/17/diego-maradona-der-spruecheklopfer/ (Stand. 31. Juli 2014)

157 Originalzitate auf Englisch: goalsforgirlsthemovie.org und spielfeldschnitte.blogspot.de/2010/07/im-abseits-ginger-gentile-about-goals.html

158 Ebd.

159 Tom Schlimme: »Die Nominierten aus Mittel/Südamerika Marta

und Maribel Dominguez«, 28.11.2005, www.fansoccer.de/ ffallgemein/fifawahl/martamaribel/ martamaribel123.htm (Stand: 31. Juli 2014)

160 Anna Schulte: »Mario, Marimacho, Marigol«, in: Azzellini, Dario und Stefan Thimmel (Hg.): *Futbolistas: Fußball und Lateinamerika: Hoffnungen, Helden, Politik und Kommerz*. Assoziation A, 2006, S. 77.

161 »U.S. Women's Soccer Team Dance Parody Video«, www.wsoctv.com/ videos/sports/us-womens-soccer-team-dance-parody-video/vcyCh/, (Stand: 13.06.2014)

162 »FIFA Frauen WM 2011 Siegerinnen-tanz«, https://www.youtube.com/ watch?v=1pJL3BCAZBI (Stand: 31. Juli 2014)

163 »Fifa World Cup 2011 – New Zealand ›Haka‹«, https://www.youtube.com/ watch?v=JO6S46TusZ4 (Stand: 31. Juli 2014)

164 »Abby Wambach's Head«, https:// www.facebook.com/pages/Abby-Wambachs-Head/204106879641033 (Stand: Stand: 31. Juli 2014)

165 »Abby Wambach's Head«, https:// twitter.com/WambachsHead (Stand: 31. Juli 2014)

166 »Rapinoe's Hair«, https://twitter.com/ RapinoesHair (Stand: 31. Juli 2014)

167 Beide Zitate von »Fußball-Weltmeisterschaft der Frauen 2011«, de.wikipedia.org/wiki/ Fu%C3%9Fball-Weltmeisterschaft_ der_Frauen_2011 (Stand: 31. Juli 2014)

168 »›Wunder von Frankfurt‹ tröstet Japan«, 18. Juli 2011, www.stern.de/ sport/fussball/frauenfussball-wm/ teams/freude-nach-dem-wm-sieg-wunder-von-frankfurt-troestet-japan-1707224.html (Stand: 31. Juli 2014)

169 Staab, Monika / Hochgesand, Dieter: *Früchte des Traums: wie die Frauen den Fußball eroberten*. Röschen-Verlag, 2011, S. 87.

170 Weinreich, Jens: »Und es sprach Sepp Blatter …«, 30.09.2008, www. jensweinreich.de/2008/09/30/und-es-sprach-sepp-blatter/ (31. Juli 2014)

171 Kehren, Marion: »Im Auftrag der FIFA unterwegs – Entwicklungshilfe im Frauenfußball«, 26.07.2009, www. fansoccer.de/ffausland/interviews/ monikastaab/monikastaab260709. htm (Stand: 31. Juli 2014)

172 Staab, Monika / Hochgesand, Dieter: *Früchte des Traums: wie die Frauen den Fußball eroberten*. Röschen-Verlag, 2011, S. 93.

173 Ebd, S. 159.

174 www1.wdr.de/fernsehen/kultur/west-art-talk/sendungen/staab100.html (Stand: 31. Juli 2014)

175 Für den Fall, dass der DFB dafür noch nicht ausreichend beschimpft wurde: Was für eine Scheißidee. 1989 – da hatte meine Mutter asymmetrische Frisuren schon hinter sich.

176 Schulz, Maike: »Wer drei hält, kann auch einen schießen«, in: *11 Freundinnen*, #01/2009, S. 18.

177 Ebd.

178 Aus Kieffer, Stefan: *Der Fußball wird weiblich: Die Geschichte des Frauenfußballs in Rheinland-Pfalz*. Höma-Verlag, 2011.

179 Becker, Britta: *Die besten Frauen der Welt*. Dokumentarfilm, Deutschland, 2008.

180 Kraft, Alexandra: »Eine, die nie verstanden hat«, 27. März 2012, www. stern.de/sport/fussball/birgit-prinz-zum-abschied-eine-die-nie-verstanden-hat-1805718.html (Stand: 31. Juli 2014)

181 Ebd.

182 TEAMNORDEN: »333 Fußball-Zitate, geflügelte Worte, Weisheiten, Versprecher und Kommentare«, www.teamnorden.de/tl_files/download/WM_Frauen_Zitate.pdf (Stand: 31. Juli 2014)

183 »Stimmen und Zitate«. www.performancepsychologie.de/Stimmen-und-Zitate.html (31. Juli 2014)

184 Becker, Britta: *Die besten Frauen der Welt*. Dokumentarfilm, Deutschland, 2008.

185 Wernecke, Rosa / Zimmermann, Mayte: »Es gibt nur eine Nummer Neun!«, 27. März 2012, spielfeldschnitte.blogspot.de/2012/03/my-blog-has-something-to-tell-you-about_27.html (Stand: 31. Juli 2014)

186 Wernecke, Rosa / Zimmermann, Mayte: »Es gibt nur eine Birgit Prinz!«, spielfeldschnitte.blogspot.de/2012/03/my-blog-has-something-to-tell-you-about_25.html (Stand: 31. Juli 2014)

187 Bartusiak, Saskia: *Die Entwicklung von sozioökonomischen Bedingungen im deutschen Frauenfußball am Beispiel von Nationalspielerinnen in der Zeit von 1997 – 2009*. Magisterarbeit Universität Frankfurt am Main, 2009, S. 59.

188 Ebd.

189 Ebd., S. 69.

190 Hellmann, Frank: »Der Verlierer ist die Bratwurst«, 17. September 2011, www.badische-zeitung.de/frauenfussball/der-verlierer-ist-die-bratwurst--49605096.html (31. Juli 2014)

191 Bartusiak, Saskia: *Die Entwicklung von sozioökonomischen Bedingungen im deutschen Frauenfußball am Beispiel von Nationalspielerinnen in der Zeit von 1997 – 2009*. Magisterarbeit Universität Frankfurt am Main, 2009, S. 61.

192 Langmaack, Werner: »Die vergessene Weltmeisterin«, 14.10.2007, www.welt.de/wams_print/article1264021/Die-vergessene-Weltmeisterin.html (Stand: 31. Juli 2014)

193 Ebd.

194 www.zehn.de/heidi-mohr-6404653-5 (Stand: 31. Juli 2014)

195 Vgl.: www.munzinger.de/search/go/document.jsp?id=01000003597 (Stand: 31. Juli 2014)

196 www.sueddeutsche.de/sport/schoenheitswahn-der-schnubbes-war-fest-1.782293 (Stand: 31. Juli 2014)

197 Vgl.: https://de.wikipedia.org/wiki/Chrysokoll (Stand: 31. Juli 2014)

198 www.dfb.de/index.php?id=504420 (Stand: 31. Juli 2014)

199 www.dfb.de/index.php?id=160600 (Stand: 31. Juli 2014)

200 www.dfb.de/?id=504420 (Stand: 31. Juli 2014)

201 TEAMNORDEN: »333 Fußball-Zitate, geflügelte Worte, Weisheiten, Versprecher und Kommentare«, www.teamnorden.de/tl_files/download/WM_Frauen_Zitate.pdf (Stand: 31. Juli 2014)

202 Wikipedia-Eintrag Martini: de.wikipedia.org/wiki/Martini_%28Getr%C3%A4nk%29 (Stand: 31. Juli 2014)

203 »Madame Hammer«, *Spiegel*, 45/1982, S. 216.

204 Christoph Bausenwein: *Das große Buch vom Frauenfußball*. Die Werkstatt, 2013, S. 52.

205 All diese Daten stammen aus: Buss, Wolfgang: *SportZeiten. Geschichte der Frauenfußball-Weltmeisterschaften*. Verlag Die Werkstatt, 2011.

206 Vgl. Britta Becker: *Die besten Frauen der Welt*. Dokumentarfilm, Deutschland, 2008.

207 »2003 WOMENS WORLD CUP USA vs. Germany (Match 5)«, https://www.youtube.com/watch?v=7OuTohT4reM (Stand: 31. Juli 2014)
208 Vgl. Britta Becker: *Die besten Frauen der Welt*. Dokumentarfilm, Deutschland, 2008.
209 Ebd.
210 Sung Hyung Cho: *11 Freundinnen*. Dokumentarfilm, Deutschland, 2013.
211 Sämtliche unnütze Informationen in diesem Grund: spielfeldschnitte.blogspot.de/search/label/Schnittini (Stand: 31.Juli 2014)
212 Ruf, Christoph / Leffers, Jochen: »Spielern ist egal, ob ein Mann oder eine Frau pfeift«, 28.06.2011, www.spiegel.de/karriere/berufsleben/schiedsrichterin-steinhaus-spielern-ist-egal-ob-ein-mann-oder-eine-frau-pfeift-a-770925.html (Stand: 31. Juli 2014)
213 Bibiana Steinhaus: www.polizeistudium.de/Bibiana_Steinhaus,54.html?ws_session=00l2k0lkp37ig0u5ia1lsv91u4 (Stand: 31. Juli 2014)
214 sportschau.ndr.de/uefafrauenem/nachrichten/steinhaus133.html (Stand: 31. Juli 2014)
215 *dieda*, Nr. 1/1993, S.60–61.
216 Ebd.
217 »Fandel träumt von doppeltem deutschen Olympia-Finale«, 24.07.2012, www.wn.de/Welt/Sport/Olympia-2012/2012/07/Olympia-2012-Fandel-traeumt-von-doppeltem-deutschen-Olympia-Finale (Stand: 31. Juli 2014)
218 Kemper, Anna: »Toll wäre es, wenn der Fußball uns Schiedsrichter irgendwann nicht mehr bräuchte«, 9. Dezember 2012, www.zeit.de/2012/50/Traum-Bibiana-Steinhaus (Stand: 31. Juli 2014)
219 Meuren, Daniel: »Zehn Jahre nach dem ›Golden Goal‹«, 12.10.2013, www.faz.net/aktuell/sport/nia-kuenzer-zehn-jahre-nach-dem-golden-goal-12614521.html (Stand: 31. Juli 2014)
220 Zwanziger, Theo / Kieffer, Stefan: *Die Zwanziger Jahre*. Bloomsbury Berlin, 2012.
221 Ebd.
222 Munzinger Archiv: Theo Zwanziger.
223 Zwanziger, Theo / Kieffer, Stefan: *Die Zwanziger Jahre*. Bloomsbury Berlin, 2012, S. 248.
224 Ebd., S. 252.
225 Ebd., S. 261.
226 Ebd., S. 263.
227 Ebd., S. 264.
228 Buss, Wolfgang: *SportZeiten. Geschichte der Frauenfußball-Weltmeisterschaften*. Verlag Die Werkstatt, 2011.
229 www.fifa.com/womensworldcup/organisation/mascot/ (Stand: 31. Juli 2014)
230 Zit. nach Töpperwein, Jennifer: »Zwischen Tabus und Schönheitswahn«, in: *L-Mag*, Juli/August 2011, S. 39.
231 Wernecke, Rosa / Zimmermann, Mayte: »Im Abseits: Ein Jahr danach«, 8. Juni 2012, spielfeldschnitte.blogspot.de/2012/06/im-abseits-ein-jahr-danach.html (Stand: 31. Juli 2014)
232 de.fifa.com/womensworldcup/organisation/media/newsid=2374634/ (Stand: 31. Juli 2014)
233 www.faz.net/aktuell/gesellschaft/menschen/interview-meine-frau-die-wm-spielerin-11446773-p3.html (Stand: 31. Juli 2014)
234 All diese Thoelke-Stilblüten stammen aus der genannten Sendung von 1970, vgl. https://www.youtube.com/watch?v=0e0eUJYkHQA (Stand: 31. Juli 2014) und https://www.youtube.

com/watch?v=tR02y7pxIDE (Stand: 31. Juli 2014)
235 https://www.youtube.com/watch?v=V4Pk0XynVA4 (Stand: 31. Juli 2014)
236 ARD/SWR: *Auf Los Geht's Los*. Fernsehshow, Deutschland, Folge 12 vom 27.05.78.
237 Bergisch Gladbach gewinnt übrigens den Pokal und 5.000 Mark, Olé, Olé, nur die SSG!
238 Fechtig, Beate: *Frauen und Fußball*. Edition Ebersbach, 1995, S. 114.
239 Nyary, Josef: »ARD-Humor 1989: Kohl als Gummipuppe auf dem ›Birnenmarkt‹«, 2. Juli 2014, www.nyaryum.de/17634-ARD-Humor-1989-Kohl-als-Gummipuppe-auf-dem-Birnenmarkt (Stand: 31. Juli 2014).
240 *Sport Bild*, 17.5.1999
241 www.dfb.de/news/de/archiv/zur-ersten-seite/4728.html (Stand: 31. Juli 2014)
242 Canal, Ralf: »Frauen kommen langsam, aber gewaltig«, in: *Kicker – Sportmagazin Sonderheft Damen-Fußball-Bundesliga 90/91*, September/Oktober 1990, S. 4–5.
243 »Hand am Busen«, 26.10.1970, www.spiegel.de/spiegel/print/d-43787213.html (Stand: 31. Juli 2014)
244 »Hand auf die Brust«, 19.08.1974, www.spiegel.de/spiegel/print/d-41651532.html (Stand: 31. Juli 2014)
245 »Gerd Müller Dann macht es bumm«, https://www.youtube.com/watch?v=1DBqE--j_tE (Stand: 31. Juli 2014)
246 »Meine Story Lyrics«, www.golyr.de/christian-pander-aka-funky-pee/songtext-meine-story-645687.html (Stand: 31. Juli 2014)
247 »Ailton Sensation Songtext«, www.songtextemania.com/ailton_sensation_songtext_ailton.html (Stand: 31. Juli 2014)
248 Jürgen Feindt: *Trainer beim Damenfußball-Verein*, www.fc45.de/Juergen-Feindt/Trainer-beim-Damenfussball-Verein.html (Stand: 31. Juli 2014)
249 Fußballdamen vom S.V. Südwest Ludwigshafen, www.fc45.de/Die-Fussballdamen-vom-SV-Suedwest-Ludwigshafen/Alles-vor-noch-ein-Tor.html (Stand: 31. Juli 2014)
250 www.kult-kicker.de/spieler/ailton-goncalves-da-silva/ailton-goncalves-da-silva-news/wenn-fusballer-singen/1834/1347528929000/ (Stand: 31. Juli 2014)
251 Wernecke, Rosa / Zimmermann, Mayte: »Platzverweis: nach dem Spiegel ist vor dem Platzverweis«, 18. Dezember 2009, spielfeldschnitte.blogspot.de/2009/12/platzverweis-nach-dem-spiegel-ist-vor.html (Stand: 31. Juli 2014)
252 »Frauenfußball Lyrics«, www.golyr.de/mirja-boes/songtext-frauenfussball-601030.html (Stand: 31. Juli 2014)
253 Wernecke, Rosa / Zimmermann, Mayte: »WM Songs Teil 1«, spielfeldschnitte.blogspot.de/2011/06/my-blog-has-something-to-tell-you-about.html (Stand: 31. Juli 2014)
254 Ebd.
255 Alle Infos aus den Steckbriefen der Spielerinnen im *FF-Magazin*.
256 Wernecke, Rosa / Zimmermann, Mayte: »Daniela Schaaf über Vermarktung im Frauenfußball«, 10. Januar 2011, spielfeldschnitte.blogspot.de/2011/01/im-abseits-daniela-schaaf-uber.html (31. Juli 2014)
257 Nowak, Mario: »Der Vollnorbert«, 25. Juli 2013, www.flankengoetter.com/wie-norbert-galeske-frauenfussball-kommentiert/ (Stand: 31. Juli 2014)

258 Vgl.: Dorer, Johanna: »Mediensport und Geschlecht«, in: *medienimpulse*, Nr. 62/2007.
259 Dem *taz*-Kolumnisten Deniz Yücsel sind beispielsweise folgende Zitate zuzuschreiben: »Pfui ihr Schlampen!«, »Die schärfste WM aller Zeiten« oder »Lirja, die Kosovo-Schnalle«. Vgl.: Schöndorfer, Simone: »Darstellungsarten von Sportlerinnen in deutschen Tageszeitungen. Eine Untersuchung zur Frauenfußball-Weltmeisterschaft 2011«, in: *kommunikation.medien*, 3. Ausgabe, 2014.
260 Sämtliche Zitate von: »Guck mal, ZDF! *BILD* war auch ganz schön Macho«, www.bild.de/sport/fussball/fussball-em-frauen/so-berichtete-bild-frueher-ueber-frauenfussball-31284734.bild.html (Stand: 31. Juli 2014)
261 www.fussballzitate.de (Stand: 31. Juli 2014)
262 In genau dieser Reihenfolgen grüßte Basler einmal in vollster Medienöffentlichkeit seine Eltern.
263 www.rp-online.de/sport/fussball/die-besten-sprueche-von-mario-basler-bid-1.570260 (Stand: 31. Juli 2014)
264 www.torgefluester.de/Unterhaltung_Archiv/unterhaltung_archiv2.htm (Stand: 31. Juli 2014)
265 www.torgefluester.de/unterhaltung_aktuell.html (Stand: 31. Juli 2014)
266 Zeyringer, Klaus: *Fußball, eine Kulturgeschichte*. S. Fischer, 2014, S. 368.
267 Pressemitteilung: www.mattel.de/spielzeug/presseinformation/Kick_it_like_Barbie/1305032354/y (Stand: 31. Juli 2014)
268 Schaaf, Daniela: »›Lieber Barbie als Lesbe?‹ Dispositionen von Sportjournalisten und Sponsoren zum heteronormativen Körperideal im Frauenfußball«, in: Sobiech, Gabriele / Ochsner, Andrea (Hg.): *Spielen Frauen ein anderes Spiel? Geschichte, Organisation, Repräsentationen und kulturelle Praxen im Frauenfußball*. VS Verlag für Sozialwissenschaften, 2012.
269 »Eine andere Liga. Das A-Z des Frauenfußballs«, www.bpb.de/themen/MYHVNJ.html (Stand: 31. Juli 2014)
270 »Heiße Höschen: Blatter-Idee empört Fußballerinnen«, 16.01.2004 www.spiegel.de/sport/fussball/heisse-hoeschen-blatter-idee-empoert-fussballerinnen-a-282316.html (Stand: 31. Juli 2014)
271 Ebd.
272 Muras, Udo: »Eigentor im Bikini: Fifa-Chef Blatter will Bier und Zigaretten in den Stadien verbieten«, 19.12.12, www.welt.de/print/die_welt/sport/article112114259/Eigentor-im-Bikini.html (Stand: 31. Juli 2014)
273 Raack, Alex: »Schockdiagnose: Blattern!«, www.11freunde.de/artikel/die-schlechtesten-ideen-von-fifa-praesident-sepp-blatter (Stand. 31.Juli 2014)
274 Zitat aus Schaaf, Daniela / Nieland, Jörg-Uwe: »Der Widerspenstigen Zähmung. Zur Sexualisierung des Frauenfußballs«, in: *DAS ARGUMENT*, 290/2011 S. 63.
275 Birgit Prinz: www.stern.de/sport/fussball/fussballerin-birgit-prinz-wir-wollen-unseren-sport-vermarkten-nicht-unseren-hintern-518825.html (Stand: 31. Juli 2014)
276 Berendsen, Eva: »Shoppen mit Tante Käthe«, 21.06.2011, www.faz.net/aktuell/sport/frauenfussball-wm/frauenfussball-shoppen-mit-tante-kaethe-1651816.html (Stand: 31. Juli 2014)
277 Wernecke, Rosa / Zimmermann, Mayte: »Im Abseits: Ein Jahr danach.

278 Interview mit Daniela Schaaf«, 8. Juni 2012, spielfeldschnitte.blogspot.de/2012/06/im-abseits-ein-jahr-danach.html (Stand: 31. Juli 2014)
278 Ebd.
279 Bunjes, Miriam: »»Männlich, laut und rauh««, 22.06.2006, www.taz.de/1/archiv/print-archiv/printressorts/digi-artikel/?ressort=wi&dig=2006%2F06%2F22%2Fa0031&cHash=c0aa00ee31 (Stand: 31. Juli 2014)
280 Vgl.: Jörg Dahlmann: www.fussballzitate.de/ (Stand: 31. Juli 2014)
281 Völker, Markus: »Sepps Chauvi-Show«, 26. 06. 2011, www.taz.de/!73258/ (Stand: 31. Juli 2014)
282 Jungholt, Thorsten: »Imperator vom Sonnenberg«, 10.03.06, www.welt.de/print-welt/article203022/Imperator-vom-Sonnenberg.html (31. Juli 2014)
283 Schallenberg, André: »»Unsere Rhizom-Mädels, oder warum Margot Honecker nicht besser als Sepp Blatter war«, 27. Juni 2011, spielfeldschnitte.blogspot.de/2011/06/einwurf-unsere-rhizom-madels-oder-warum.html#more (31. Juli 2014)
284 »»Ich kann die Wahl nicht verlieren««, 17. Mai 2011, derstandard.at/1304552106939/FIFA-Ich-kann-die-Wahl-nicht-verlieren (31. Juli 2014)
285 »Sepp Blatter: Kein Sex für Schwule bei WM 2022«, 14.12.2010, www.queer.de/detail.php?article_id=13339 (31. Juli 2014)
286 »Blatter würde Friedensnobelpreis nicht ablehnen«, 04.12.2009, www.blick.ch/sport/fussball/wm2010/blatter-wuerde-friedensnobelpreis-nicht-ablehnen-id1670794.html (31. Juli 2014)
287 Vgl.: Wernecke, Rosa / Zimmermann, Mayte: »Aktion Libero – Sportblogs gegen Homophobie im Fußball«, 16. November 2011, spielfeldschnitte.blogspot.de/2011/11/denkanstoaktion-libero-sportblogs.html (Stand: 31. Juli 2014)
288 Vgl.: queerfootballfanclubs.org (Stand: 31. Juli 2014)
289 Vgl.: aktion-libero.de (Stand: 31. Juli 2014)
290 9buz.com/ellen-degeneres-do-we-have-to-know-whos-gay-and-whos-straight-cant-we-just-love-everybody-and-judge-/ (Stand: 31. Juli 2014)
291 Walther-Ahrens, Tanja: *Seitenwechel*. Gütersloher Verl.-Haus, 2011, S. 102.
292 Fast alle Infos über die Autos der Spielerinnen: *FF-Magazin*, 2004–2007, Meyer & Meyer-Fachverl. & -Buchh.
293 Staab, Monika / Hochgesand, Dieter: *Früchte des Traums: wie die Frauen den Fußball eroberten*. Röschen-Verlag, 2011, S. 51.
294 Najafi, Ayat / Assmann, David: *Football Under Cover*. Dokumentarfilm, Deutschland, 2008, www.football-under-cover.de/ (Stand: 31. Juli 2014)
295 Ebd.
296 Media-Kit von: www.football-under-cover.de/ (Stand: 31. Juli 2014)
297 Najafi, Ayat / Assmann, David: *Football Under Cover*. Dokumentarfilm, Deutschland, 2008.
298 Ebd.
299 »FIFA-Reglement für Geschlechtskontrollen«, S. 55, de.fifa.com/mm/document/footballdevelopment/medical/01/45/42/02/genderverification_efsd.pdf (Stand: 27.2.2014)
300 Vgl. Meuren, Daniel: »Sehen Sie hier Männer auf dem Platz?«, in: *FAZ* Online, 14.6.2011, www.faz.net/aktuell/frauenfussball-sehen-sie-hier-maenner-auf-dem-platz-1656636.html (Stand: 13.7.2014)

301 Vgl. Tolmein, Oliver: »Wer legt eigentlich fest, was als normal gilt?«, in: *FAZ* Online, 15.2.2010, www.faz.net/aktuell/sport/mehr-sport/geschlechtstests-im-sport-wer-legt-eigentlich-fest-was-als-normal-gilt-1937502.html (Stand: 25.2.2014)

302 »FIFA-Reglement für Geschlechtskontrollen«, S. 55, de.fifa.com/mm/document/footballdevelopment/medical/01/45/42/02/genderverification_efsd.pdf (Stand: 13.7.2014)

303 Zitate von Margeret Atwood im Original: en.wikiquote.org/wiki/Talk:Margaret_Atwood (Stand: 31. Juli 2014)

304 Hirschberg, Anita: »Das Treten ist männlich«, 15.05.2010, www.focus.de/wissen/mensch/geschichte/tid-17592/frauenfussball-das-treten-ist-maennlich_aid_490476.html (Stand: 31. Juli 2014)

305 www.mysakenya.org/Sports/girls-football.html (Stand: 31. Juli 2014)

306 de.wikipedia.org/wiki/Mathare_Youth_Sports_Association (Stand: 31. Juli 2014)

307 Vgl.: Nabwire, Doreen / Ostwald, Herbert: *Traumpass*. VGS Verlag, 2011.

308 www.streetfootballworld.org (Stand: 31. Juli 2014)

309 Ostwald, Herbert: »Ballzauber zwischen Blechhütten«, 03.10.2008, www.fansoccer.de/ffausland/portraets/dodo/dodo.htm (Stand: 31. Juli 2014)

310 https://www.facebook.com/pages/GIRLSUNLIMITED-Nairobi-Kenia/115991941760412?sk=info (Stand: 31. Juli 2014)

311 tele-illustrierte, 28. Mai 1984, www.youtube.com/watch?v=OlxATZc1hy4&feature=share&list=PL7F886ADD6439677B&index=9 (Stand: 31. Juli 2014)

312 Klimke, Barbara: »Die Fifa entdeckt ihr Schamgefühl«, 20.06.1998, www.berliner-zeitung.de/archiv/der-fussballweltverband-verbietet-den-trikottausch-und-legt-sich-selbstverordnete-sittsamkeit-auf-die-fifa-entdeckt-ihr-schamgefuehl,10810590,9445024.html (Stand: 31. Juli 2014)

313 Freiberg, Robert: »Trikottausch im Fußball: Was steckt dahinter, welche Regeln gibt es?«,15.9.2010, sport.germanblogs.de/trikottausch-im-fussball-was-steckt-dahinter-welche-regeln-gibt-es/ (Stand: 31. Juli 2014)

314 Chastain, Brandi: *It's Not About the Bra: Play Hard, Play Fair, and Put the Fun Back Into Competitive Sports*. William Morrow, 2004.

315 Ebd., S. 89.

316 www.discoverfootball.de (Stand: 31. Juli 2014)

317 Dokumentiert in dem Film *Football Under Cover*.

318 www.discoverfootball.de/home/handbuch/ (Stand: 31. Juli 2014)

319 »Gefährlicher als Pyrotechnik«, strassenauszucker.blogsport.de/2013/12/01/gefahrlicher-als-pyrotechnik/ (Stand: 31. Juli 2014)

320 Alle Zitate aus diesem Grund entstammen einem persönlichem Gespräch mit Damaris Gernand und Catharina Schwenke.

321 Schwencke, Catharina: Ffcfrankfurt-on-tour.blogspot.de (Stand: 31. Juli 2014)

322 Alle Zitate aus diesem Grund entstammen einem persönlichen Gespräch mit Peter Eckhardt.

323 www.turbinefans.de (Stand: 31. Juli 2014)

324 Das Zitat stammt ursprünglich von Roland Barthes und richtet sich an das Theater. Hätte er sich aber mit dem Fußball befasst, wie er sich mit

den Theater beschäftigt hat, so wäre unsere Frage sicher auch für ihn unvermeidlich gewesen. Vgl. Barthes, Roland: »Ich habe das Theater immer sehr geliebt, und dennoch gehe ich fast nie mehr hin«. *Schriften zum Theater.*

325 Monika Koch-Emsermann, zit. nach Fechtig, Beate: *Frauen und Fußball.* Edition Ebersbach, 1995, S. 51.

326 Original von Bertolt Brecht: »Lasst die Zuschauer gewahren, dass ihr arbeitet und nicht zaubert, Freunde.«

327 Monika Staab, zit. nach Fechtig, Beate: *Frauen und Fußball.* Edition Ebersbach, 1995.

Wir danken

Prof. Dr. Werner Riebel, Mayte Zimmermann, Jan Rohwedder, Peter Eckhardt, Ronja und Gunhild vom St. Pauli-Archiv, Johanna Seitz für ihren Artikel zu Frauenfußball in Brasilien, Monika Schmidt, dem FC Bayern München, außerdem Karin Danner und Tanja Wörle, Camp Hartmutkoppel, Damaris Gernand und Catharina Schwenke vom FFC Frankfurt Fanclub, Christina Selders, Ivonne Bärthel, Verena Volz, Gaby König-Vialkowitsch, Claudia von Lanken, Wolfgang Muzenhardt, Dagmar Koebe von den Turbine Potsdam Fans, Sara Schlote von Discover Football, Swantje Karich und Caroline von Brück, Jule Kremberg.

SCHWARZKOPF & SCHWARZKOPF

Das neue Fußball-Programm

www.zwoelftermann.de

 ROSA WERNECKE stand unter Co-Nationaltrainerin Ulrike »Uli« Ballweg schon mit einem Bein in der DFB-Auswahl, wurde dann aber leider doch auf der Ersatzbank vergessen. Statt Fußballerin nun also freie Theaterschaffende und Autorin des Blogs spielfeldschnitte.de.

STINE HERTEL, ebenfalls Theatermacherin, wurde in ihrer Karriere als Tischtennisspielerin kürzlich durch einen Stunt mit Kreuzbandriss schwer zurückgeworfen und schlägt sich seitdem sportlich auf der Couch bei Spielen der Frauen-Nationalelf durch.

Rosa Wernecke & Stine Hertel
111 GRÜNDE, FRAUENFUSSBALL ZU LIEBEN
Eine Liebeserklärung an den großartigsten Sport der Welt

ISBN 978-3-86265-405-5
© Schwarzkopf & Schwarzkopf Verlag GmbH, Berlin 2014
Alle Rechte vorbehalten. Dieses Werk ist urheberrechtlich geschützt. Jede Verwendung, die über den Rahmen des Zitatrechtes bei korrekter und vollständiger Quellenangabe hinausgeht, ist honorarpflichtig und bedarf der schriftlichen Genehmigung des Verlages. | Lektorat: Madeleine Lampe
Coverfoto: © Pete Saloutos/thinkstock.de, © Daniel Kaesler/thinkstock.de, © Vectoraart/thinkstock.de | Illustrationen im Innenteil: © incomible/thinkstock.de, © Marvid/thinkstock.de, © majivecka/thinkstock.de

KATALOG
Wir senden Ihnen gern kostenlos unseren Katalog.
Schwarzkopf & Schwarzkopf Verlag GmbH
Kastanienallee 32, 10435 Berlin
Telefon: 030 – 44 33 63 00
Fax: 030 – 44 33 63 044

INTERNET | E-MAIL
www.schwarzkopf-schwarzkopf.de
info@schwarzkopf-schwarzkopf.de